云南师范大学学术文库

社会主义
和谐文化建设研究

STUDY ON THE CONSTRUCTION
OF SOCIALIST HARMONIOUS CULTURE

鄢本凤 著

人民出版社

目　录

中文摘要

胡锦涛同志指出:"繁荣社会主义先进文化,建设和谐文化,为构建社会主义和谐社会作出贡献,是现阶段我国文化工作的主题。"党的十七大报告进一步提出"推动社会主义文化大发展大繁荣"、"建设和谐文化,培育文明风尚"的文化任务,凸显了和谐文化建设和研究在当前的重要性。

文化在推动社会进步中起着重要而独特的作用。以进步思想为核心的先进文化,从来都是人类社会前进的伟大旗帜。建设和谐文化是构建社会主义和谐社会的重要内容和基础。构建社会主义和谐社会,既包含和谐文化的建设和发展,又需要和谐文化的引导和支撑。没有和谐文化,和谐社会发展就会失去根基和方向。和谐文化为和谐社会建设提供理论基础、思想保证、舆论环境、智力支持、价值观念、文化条件。当前更应深刻认识和谐社会的文化内涵和文化意义,坚持用和谐文化建设引领和谐社会建设。

本研究尝试将文化的一般理论与我国现代化建设以及和谐社会构建的实际结合起来,寻求现存文化中哪些方面阻滞着和谐社会的构建,什么样的文化能够促进和谐社会的构建,进而对如何建设社会主义和谐文化等问题作出自己的探索和思考。

本书将社会主义和谐文化建设的研究置于中国现代化和世界全球化的背景下,运用文化与社会变迁的理论,来审视观照社会主义和谐社会中的和谐文化建设问题。全书以人类社会追求和谐的历程为经,以社会发展的文化向度为纬;以文化的一般理论为前提和基础,以文化在构建社会主义和谐社会中的实践为落脚点;按照"提出问题——分析问题——解决问题"的进路,展开理论研究;由对社会主义和谐文化建设意义的追问到追溯社会主义和谐文化的思想渊源;由社会主义和谐文化的目标诉求到反思社会主义和谐文化建设的当代困境;最后提出对于社会主义和谐文化建设的路径思考。

全书由导论、结语和正文六章共八个部分组成。导论部分介绍了本研究的目的及意义、研究现状、研究思路及基本框架、研究方法及创新点等。第一章是社会主义和谐文化建设的意义探寻:这一部分主要涉及文化的基本理论,奠定和谐文化研究的理论前提和基础。首先对于理解上歧义众多的"文化"作了界定和阐释;进而剖析了文化的基本社会功能和价值;落脚于和谐文化对于和谐社会的价值与功能。

第二章追溯了社会主义和谐文化的思想渊源:中国传统文化中蕴涵着深厚的和谐文化思想;西方的空想社会主义理论家对和谐社会的初步尝试;马列经典作家关于社会和谐的文化思想;以毛泽东、邓小平、江泽民、胡锦涛为核心的几代中国共产党人对于和谐社会的不懈追求。从"古今中西"全方位视角对人类追求和谐的历程作了系统的梳理和阐释。第三章主要阐释社会主义和谐文化的目标追求:围绕和谐社会的内涵和特征,阐述了和谐社会的文化理念诉求:民主法治、公平正义、诚信友爱、充满活力、安定有序、人与自然和谐相处。

第四章是关于社会主义和谐文化建设的困境分析,重点剖析了当前思想文化领域中影响、阻滞和谐文化发展的重大现实文化矛盾。内容主要涉及:市场经济的消极影响对和谐文化建设的挑战;传统文化与现代文化中非和谐因素分析;主流文化与多元文化的冲突造成的和谐文化难题;身心和谐、人际和谐、天人和谐实现的现代文化困境;科学精神与人文精神的双重不足与缺失阻滞和谐文化的构建。

第五、六章探讨社会主义和谐文化建设的理论路径和实践进路。理论建设上,提出以社会主义核心价值体系建设为根本;以社会主义荣辱观和思想道德建设为重点;以营造和谐舆论氛围为保障;以文化创新为关键。实践进路上,要以和谐校园文化建设、和谐社区文化建设、和谐农村文化建设为切入点,当前尤其要加强和谐网络文化建设。结语部分对社会主义和谐文化建设进行了反思与前瞻。

Abstract

President Hu Jintao pointed out that it's the theme of our current cultural work to thrive advanced socialist culture and to build up a culture of harmony for our socialist harmonious society. In the report of the 17th national congress of CPC , the cultural task was further put forth to promote the thriving and prosperity of socialist culture, to foster a culture of harmony and cultivate civilized practices. Emphasis is laid on current construction and research of harmonious culture. Building up a culture of harmony is an important content and basis of constructing socialist harmonious society.

Culture plays a significant and special role in promoting the progress of society. Advanced culture cored with advanced ideas is always a great banner for human beings' progress. Building up socialist harmonious society demands the construction and development of harmonious culture, as well as the lead and support of harmonious culture. Or else, the development of socialist harmonious society will lose its basis and orientation. A culture of harmony can offer the theoretical basis, ideological guarantee, public opinion's environment, intellectual support, positive value concept and cultural items for the construction of socialist harmonious society. It's a basic project for harmonious society's construction to foster a culture of harmony. Therefore it's more urgent to have a deep understanding of the harmonious culture's meaning and importance, to guide the construction of harmonious culture.

An effort is made to combine general cultural theory with the practice of building up socialist harmonious society to find out which aspects in the cultures in existence hinder the harmonious society's construction? What culture can promote it? And then an exploration and ponder is made to seek the way of how to foster a harmonious culture.

The research into harmonious culture's reconstruction is set in the background of China's modernization and world's globalization, theories on culture and social changes are applied to contemplate the reconstruction of harmonious culture for the socialist harmonious society. The full text takes the course of human beings' pursuit for a harmonious society as warp, and the cultural development as latitude parallel; Take the general cultural theory as the premise and the foundation, take the cultural practice in the construction of socialism harmonious society as a foothold; According to the logical line of "propose the problem— analysis the problem—solve the problem", the theoretical research is expanded and theoretical system is built up. The dissertation begins with the significance of reconstructing a harmonious culture, then traces backward the thought origins of socialist harmonious culture, followed by the aims of harmonious culture, and then the modern difficulties in constructing harmonious culture. In the end, possible ways of how to construct are put forth.

The dissertation is constituted of eight parts, including the introduction and the conclusion. The first part introduced this research's value and the significance, a summary of present researches, the research plan and the framework, the techniques and innovations.

The first chapter is about the significance of reconstructing socialist harmonious culture. This part mainly involves the elementary cultural theory, to establish the theoretical premise and the foundation for the harmonious culture research. Firstly an explanation and definition is made to "culture", which has numerous different meanings. Then the culture's basic social functions and values are analyzed. The first chapter ends with the analysis of the harmonious culture's values and functions to the harmonious society.

The second chapter has traced the socialist harmonious culture's thought origin. In Chinese traditional culture there were rich harmonious cultural thoughts. Western utopian socialist theoreticians made preliminary attempt to build up harmonious society. In the classical works by Marx, Engels and Lenin, many cultural thoughts about social harmony can be found. Several generations of Chinese Communists with Mao Zedong, Deng Xiaoping, Jiang Zemin, Hu Jintao as the core also made ceaselessly effort to pursue for harmonious society. This chapter made an overall combing and explanation of human beings' pursuit for harmonious society from ancient to modern, from China to the West.

The third chapter mainly explained the socialist harmonious culture's goals. According to harmonious society's connotation and characteristics, the harmonious culture's inner pursuit should be a democratic government by law, fairness and justice, the good faith and friendly affection, vigor, the stable order, and a harmonious relationship between human beings and nature.

The fourth chapter is about the analysis of difficulties in socialist harmonious culture's construction. In this chapter emphasis is laid on five main culture contradictions in current ideological domain, which affect and hinder the harmonious culture's development. The content mainly involves: the challenges by market-orientation economy's negative effect on harmonious culture's reconstruction; unharmonious factors in traditional culture and modern culture; the conflicts between mainstream culture and multi-cultures. the modern difficulties in realizing harmonious relationship between body and soul, nature and human beings, and the interpersonal harmony; the dual flaws and insufficience of scientific spirit and humane spirit.

How to foster socialist harmonious culture is explored and analyzed in chapter five and six. It is proposed that the socialist core value system be the basis of harmonious culture's construction; the key points be the system of socialist core values and ideological education; harmonious public opinions be the guarantee; the culture's innovation be the main way. In practice, the construction of harmonious culture should begin with the harmonious campus culture, the harmonious community culture, the harmonious rural culture as well as the harmonious network culture. The conclusion part made a reflection and perspective on the reconstruction of socialist harmonious culture.

Key Words: a culture of harmony; socialist harmonious society; the system of socialist core value

导　论

一、研究目的及意义

1. 本研究提出的时代背景。胡锦涛同志指出："繁荣社会主义先进文化,建设和谐文化,为构建社会主义和谐社会作出贡献,是现阶段我国文化工作的主题。"①党的十七大报告进一步提出"推动社会主义文化大发展大繁荣"、"建设和谐文化,培育文明风尚"的文化任务,凸显了和谐文化建设和研究在当前的重要性。建设和谐文化是构建社会主义和谐社会的重要内容和基础。

社会主义和谐社会的理论,是马克思主义中国化的最新理论成果之一,需要从各个角度、各个方面、各个层次进行理论研究和阐释宣传。这一理论的提出,是在把握我国经济社会发展新变化的基础上,为适应经济市场化、政治民主化、和文化多样化而提出的新型社会治理模式。我国正处在历史性的经济社会转型过程中,随着市场化、工业化、城镇化以及经济全球化的推进,我国社会结构正在发生一系列新的变化:经济多样化;社会阶层多样化;思想意识多样化,出现了各种文化信仰和价值取向"百花齐放,百家争鸣"的局面。伴随这种多样化趋势,必然也已经产生了一些新

---

① 《胡锦涛同志在第八次全国文代会、第七次全国作代会上的重要讲话》,《光明日报》2006 年 11 月 16 日。

的社会矛盾。面对这场史无前例的社会变迁的现实,如何充分发挥文化的独特作用,积极实现文化自身的健康转向,促进社会主义和谐社会的构建,是时代新发展提出的理论新课题。探索社会主义和谐文化建设问题成为当前的紧迫任务,具有重大的理论和实践意义。

2. 文化在推动社会进步中起着重要而独特的作用。构建社会主义和谐社会,既包含和谐文化的建设和发展,又需要和谐文化的引导和支撑。以进步思想为核心的先进文化,从来都是人类社会前进的伟大旗帜。建设和谐文化是构建和谐社会的一项基础工程。没有和谐文化,和谐社会建设就会失去根基和方向。和谐文化为和谐社会建设提供理论基础、思想保证、舆论环境、智力支持、价值观念、文化条件。我们要深刻认识和谐社会的文化内涵和文化意义,坚持用和谐文化建设引领和谐社会建设。

"文化价值观和态度可以阻碍进步,也可以促进进步,可是它们的作用一直大体上受到政府和发展机构的忽视。我相信,将改变价值观和态度的因素纳入发展政策、安排和规划,是一种很有意义的办法,会确保在今后50年中世界不再经历多数穷国和不幸民族群体过去50年来所陷于其中的贫穷和非正义。"美国学者劳伦斯·哈里森的这段话虽然对于文化的重要性有些言过其实,但他对于文化与社会进步的关系、以及价值观意义上的文化长期被政府和发展机构忽视的揭示却是有目共睹的。亨廷顿在《文化的重要作用——价值观如何影响人类进步》一书中,从文化与经济发展、文化与政治发展、文化与性别、文化与美国少数民族、亚洲危机和促进变革等几个方面论证并阐述了文化广泛而深刻的影响,剖析了文化价值观是如何影响人类进步的。亨廷顿指出,"关于文化在人世间的地位,最明智的说法,对一个社会的成功起决定作用的,是文化,而不是政治。政治可以改变文化,使文化免于沉沦。"①他在此书中所提出的问题对于我们也极有启示意义:"文化因素对经济和政治发展能影响到何种程度？ 如果确有影响,又该如何消除或改变文化对于经济和政治发展的障碍,以促进进步？"亨廷顿在文中强调了文化的含义:"在本书中,我们关心的是文化如何影响社会的发展;文化指一个社会中的价值观、态度、信念、取向以及人们普遍持有的见解。""本书所探讨的,是这种主观意义上的文化如何影响到各个社会在经济发展和政治民主化方面取得进步或未能取得进步,其成败有多大,又是怎样形成的。"亨廷顿在这里提出的问题,对我们研究和谐文化建设问题有重大启迪作用。本书尝试将文化的一般理论与我国现代化建设以及和谐社会构建的实际结合起来,寻求现存文化中哪些方面阻碍了和谐社会的构建？ 什么样的文化能够促进和谐社会的构建？ 以期通过本选题的研究,为社会主义和谐社会的构建提供文化理论支持。

　　3. 针对当前有关和谐社会研究理论的缺失与不足。学术界对和谐社会理论进行了多角度的深入研究,也取得了丰硕的研究成果,深化了对和谐社会的认识。但目前研究主要限于经济学、政治学、社会学、法学、历史学、生态学等领域,而从文化的视阈来研究和谐社会的理论工作相对薄弱,亟待加强。

　　和谐文化建设研究对于和谐社会的构建具有举足轻重的独特作用,这一方面的理论研究尤为重要。改革开放以来,我们在物质文明建设、改善和提高人民的物质生活水平方面成绩斐然,然而,由于市场经济给我国社会生活带来的巨大变化,以及西方各种思

---

　　①　[美]塞缪尔·亨廷顿、劳伦斯·哈里森主编:《文化的重要作用——价值观如何影响人类进步》,新华出版社2002年版,第34页。

潮影响,更由于思想文化建设本身的复杂性,特别是随着文化选择上的工具化与实用化日显,醉心于官能刺激与骄奢淫逸的鄙俗文化现象甚为猖獗,拜金主义、享乐主义、极端个人主义的滋长蔓延,都显现出文化建设的滞后和不足,这与我国迅速发展的物质文明建设、与人民群众日益增长的文化生活需要极不适应,人民群众对此很不满意。在构建社会主义和谐社会进程中,迫切需要加强和谐文化建设,满足人民群众对于进步健康和谐文化的需求。

二、研究现状综述

党的十六届六中全会明确提出"建设和谐文化是构建社会主义和谐社会的重要任务"。以此为契机,理论界围绕和谐文化建设展开了见仁见智的研究和探讨,出现了一个文化研究的新高潮。目前关于和谐文化的理论研究主要集中在以下方面:和谐文化的内涵;和谐文化建设的意义;和谐文化建设的基本途径;建设和谐文化应坚持的原则和正确处理的关系;以及国外的相关理论研究,等。

(一)和谐文化的内涵

和谐文化具有丰富的内涵,学者们从概念、内容层次和基本特征等不同的角度对其进行阐释,加深人们对和谐文化的理解和认知。

1. 概念解释和谐文化。一种观点认为,和谐文化是以和谐为思想内核和价值取向,融思想观念、理想信仰、社会风尚、行为规范、制度体制于一体的文化形态。它既包含和反映着人们对和谐社会的总体认识、基本理念和理想追求,也包括对社会发展的总体认知和基本评价、实践取向和制度构建。从价值观念上来说,它体现了人们对和谐社会的认知和思考,对社会和谐目标的追求;从社会功能来说,它是全社会形成凝聚力的精神纽带;从存在形态上来说,它贯穿于社会文化的各个方面,是社会发展与文化建设的有机结合;从制度规范上来说,它体现了人们在和谐思想引导下建立的一系列调整利益关系、化解社会矛盾的制度和机制。也有学者认为,社会主义和谐文化具体指在和谐经济与和谐政治基础上形成的一种和谐氛围和观念形态,是人们对和谐经济与和谐政治的一种感受和认知。

纵观这些分析,科学理解和谐文化的内涵,应着重从多个角度把握:其一,和谐文化以和谐为价值取向,和谐理念贯穿其中;其二,和谐文化是和谐社会的灵魂;其三,和谐文化是先进文化的根本。当代中国,建设和谐文化,就是建设面向现代化、面向世界、面向未来的,民族的科学的大众的社会主义先进文化。

2. 从和谐文化的内容解释和谐文化。关于和谐文化的内容,学者们也提出了各自不同的看法。较普遍的观点认为,和谐文化的核心内容和价值取向是,崇尚和谐理念,体现和谐精神,营造和谐的文化氛围,引导人们用和谐的思维认识事物,用和谐的态度对待问题,用和谐的方式处理矛盾。也有学者指出,和谐文化包含三个层面的内容:一是文化本身各个内在构成因素的和谐,也就是物质文化、政治文化、精神文化等不同文化之间的和谐;二是和谐的理念和价值体系;三是运用和谐理念引导社会物质生活、政治生活、精神生活三者协调发展所达到的和谐状态。另有学者认为,和谐文化是以和谐为思想内涵、以文化为表现方式的一种文化。它体现了人们对和谐社会的认知、感受,对和谐社会目标的追求,体现了人们在和谐思想的引导下建立一系列调整利益关系、化解社会矛盾的制度和机制。还有学者认为，社会主义和谐文化是与社会主义和谐社会相适应的思想文化体系，是关于人自身和谐、人际关系和谐、人与社会关系和谐、人与自然关系和谐、中国与世界和谐的思想观念、价值体系、行为规范、文化产品、社会风尚、制度体制等。和谐文化的内容包括共同的社会理想、以和为贵的价值观念、和而不同的思维方式、平和包容的处世态度、通融和解的行为方式、安定健康的社会心理、天人合一的自然观等内容。

3. 从和谐文化的特征解释和谐文化。学者们指出，由于和谐文化是和谐社会的集中体现，社会主义和谐文化遂具有"多元互补"、"兼容共生"、"和谐有序"、"活而不乱"、充满活力和大众共享等基本特征。也有学者认为，和谐文化具有先进性、民族性、开放性、时代性、人民性等特征。综合来看，社会主义和谐社会所要建设的和谐文化，应是坚持"以人为本"，以社会主义制度为基础，以先进文化为指导，立足现实，面向时代，放眼世界，与中华民族和谐传统相承接，与和谐社会要求相吻合的思想文化体系。

（二）建设和谐文化的意义

理论界普遍认为，建设和谐文化是构建社会主义和谐社会的一项基础性工程，意义重大。和谐文化是建设社会主义和谐社会不可或缺的文化基础。建设和谐文化，可以为推进社会主义现代化建设、构建社会主义和谐社会提供精神动力、思想保证、舆论支持和文化条件。和谐文化建设有利于形成与构建社会主义和谐社会相适应的理想信念基础、思想道德基础和精神文化基础，确保构建和谐社会的正确方向；有利于激发全社会的创造活力，促进社会的全面、协调、可持续发展；有利于整合社会力量，化解矛盾，凝聚人心；有利于深化文化体制改革，实现文化自身的和谐；有利于提高个体文明修身自觉性，促进身心健康；有利于提升中国的软实力，维护世界和平、促进共同发展。

（三）建设和谐文化的基本途径

针对如何建设和谐文化的问题，理论界着重从建设和谐文化需要坚持的原则、需要正确处理的关系、建设的基本途径等角度展开了论述。

1. 建设和谐文化需要坚持的基本原则

有学者认为，建设社会主义和谐文化必须遵循以下几个原则：第一，社会主义原则。凡是符合社会主义本质的文化，都应该属于社会主义和谐文化的范畴，都是我们所需要提倡和发扬的。第二，全面性原则。和谐社会建设涉及社会生活的方方面面，因此，和谐文化的建设也必须具备全面性。第三，渐进性原则。社会主义和谐文化建设必须根据不同时期社会经济发展的水平进行，切忌盲目照搬。第四，科学性原则。和谐文化的内容必须经得起人类社会发展的规律、自然界发展的规律、科学技术发展的规律和经济发展规律的检验和考验。

也有学者认为，建设和谐文化必须坚持以下几个原则：一是创新原则。建设和谐文化，必须在文化观念、文化形式、文化管理、文化政策等方面大胆创新，探索文化发展的新思路、新措施。二是统筹兼顾原则。建设和谐文化，既要保持沿海地区的文化发展速度，又要支持中西部地区的文化开发。三是立足社会生活实际原则。建设和谐文化，不能脱离现实，要适应发展社会主义市场经济条件下人们思想观念、道德意识、价值取向的层次性，坚持从实际出发。四是坚持以人为本的原则。和谐文化建设要始终坚持"二为"方向和"双百"方针，努力体现最广大人民群众的根本利益，最大限度地满足人们日益增长的精神文化需求。

2.建设和谐文化需要处理好的关系

学者们指出,建设和谐文化要处理好以下关系:指导思想一元化与思想观念多样性的关系;文化积累传承与文化借鉴创新的关系;倡导文化自觉与建立文化认同的关系;消除文化贫困与实现文化公平的关系;反对文化扩张与维护文化安全的关系;文化冲突与文化融合的关系;文化事业与文化产业的关系;精神生产与精神消费的关系;坚持依法治国和贯彻以德治国的关系;和谐文化与社会主义核心价值体系、先进文化以及其他文化的关系,等。

总之,建设和谐文化必须以社会主义核心价值体系为根本,坚持马克思主义在意识形态领域的指导地位,牢牢把握社会主义先进文化的前进方向,弘扬民族优秀文化传统,借鉴人类一切有益的文明成果,倡导和谐理念,培育和谐精神,进一步形成全社会共同的理想信念和道德规范。

3.建设和谐文化的基本途径

除了上述的建设和谐文化必须坚持的基本原则和必须处理好的关系以外,学者们还提出了一些具体建设途径和措施。归纳起来,主要有以下内容:

一、注重教化,坚持把社会主义核心价值体系融入国民教育和精神文明建设全过程;二、规范行为,培育文明道德风尚,形成我为人人、人人为我的和谐的社会局面;三、确立主旋律意识与阵地意识,坚持正确导向,营造积极健康的思想舆论氛围;四、广泛开展和谐创建活动,努力构建完善的公共文化服务体系,丰富社会文化生活;五、推陈出新,健全机制,促进文化事业与文化产业的平衡、协调、可持续发展;六、坚持对外开放,广纳博采人类优秀文明成果,努力推动中华文化走向世界。建设和谐文化,必须构建和谐文化的保障机制,把和谐文化的建设同法制建设结合起来,建立以文育人与以法治人、以法治国相结合的法律道德机制。也有学者认为,建设和谐文化,还要采取正确的文化建设方针,充分发挥知识分子的作用。

十六届六中全会《决定》指出,建设和谐文化,需要构建社会主义核心价值体系,形成全民族奋发向上的精神力量和团结和睦的精神纽带;树立社会主义荣辱观,培育文明道德风尚;坚持正确导向,营造积极健康的思想舆论氛围;广泛开展和谐创建活动,形成人人促进和谐的局面。深化文化体制改革,大力发展文化事业和文化产业;尊重基层和群众的首创精神,积极动员全社会参与和谐文化建设。

(四)国外的相关理论研究

西方国家的和谐理论,除了来自源远流长的古希腊整体科学意识、古罗马的法律意识、犹太人的宗教情结外,现当代系统科学的发展,以及对马克思社会冲突理论的反思,也是其重要来源。在全球化视野下,西方国家越来越注重对公正与和谐的追求。西方学者阿多诺(Th. W. Adorno)、马尔库塞(Herbert Marcuse)等直接抨击了西方社会的片面性、单面性特征;丹尼尔·贝尔(Daniel Bell)则揭示了西方社会发展中存在的经济、政治、文化等领域相互冲突与不协调的情况。美国学者格尔(Gurr)在《人民为什么要造反》中指出,社会结构的不和谐滋生了大量的怨恨与相对剥夺感,致使社会不和谐;麦卡锡(McCarthy)提出社会动员结构的分析理论,利用传统人际关系网络视角,探讨社会不和谐的存在方式及其结构;古德温(Goodwin)和贾斯珀尔(Jasper)等则将社会情感与符号互动因素作为社会不和谐的主要评价标准。法国社会学家埃德加·莫兰(Edgar Morin)提出了建立社会危机学的建议,希望以此预防和及时处理各种社会不和谐现象。另外,一批建设性后现代主义思想家如大卫·格里芬(David Griffin)、小约翰·B.科布(John B. CobbJr)等,通过揭示世界的复杂性、事物的不确定性而强有力地挑战现代占主导地位的"划一思维"或"同一性思维",倡导以一种开放多元的思维方式重新省察人与世界的关系。虽然目前尚未发现国外学者将和谐与文化联系起来并予以专门研究的成果,但从总体来看,西方学者从不同视角对和谐理论所进行的探索,对于我们的研究也具有积极的借鉴意义。

(五)对已有研究的述评

提出建设和谐文化,是我们党的一个重大理论创新,需要在认识上不断深化,在实践中不断探索。通过对国内外研究现状的分析可以看出,一方面,目前理论界针对建设和谐文化的基本问题已经展开了全方位、多维度的研究,取得了很大的成果,达成了许多共识,取得了一定的社会效应。但另一方面,从总体上看,研究还只是刚刚起步,仍存在不少问题,尚有许多具体的、深层次的问题有待进一步揭示。比如,对和谐文化的概念尚无比较一致的界说;又如,我们虽然提出了建设和谐文化的重要任务,但对建设和谐文化的经验和做法,包括从宏观执政理念、微观政策设计到具体实践操作的认识还比较笼统,专门的研究还较少;再如,在谈到建设和谐文化时,我们虽提出了继承和借鉴,可是如何正确看待中华民族的传统文化,如何主动借鉴和吸收世界优秀文明成果,这仍是需要深入研究的问题。

目前对建设和谐文化的研究成果中,真正构成体系的理论著作和实践层面的成果还较缺乏。因此,关于和谐文化的研究可以从以下几个方面深化：

第一，对和谐文化历史资源的系统梳理。和谐文化有着丰富的思想资源，可着重从中国传统文化、西方文化、马克思主义文化等角度对其中蕴涵的和谐思想进行历史追溯，发掘、梳理并借鉴这些思想资源，凸显其厚重的历史感，这是和谐文化建设的重要任务。

第二，对和谐文化体系的构建。当前，对和谐文化进行系统研究的成果还比较少。我们应遵循历史和逻辑相一致的原则，从多角度全方位探讨和谐文化的理论框架，阐明其本质内涵、基本特征、主要内容、构成要素、社会功能、价值目标、实现途径等，使其形成较为完整的理论体系，从而为和谐文化的进一步研究提供必要的基础和平台。

第三，深入研究建设和谐文化与发展马克思主义的关系。在时代主题发生转变的今天，尤其应与时俱进地深化和发展对唯物辩证法的认识，注重矛盾的同一性、统一性在事物发展中的作用，注重用和谐的思想认识事物，用和谐的态度对待问题，用和谐的方式处理矛盾，使崇尚和谐、维护和谐成为全社会的共同追求。

第四，对和谐文化的实践规范功能及其内化和转化途径的探索。和谐文化的理论只有运用到社会实践之中，才能得到充实和发展，并体现出应有的社会功能和价值。研究和谐文化的社会功能及其转化为社会实践规范和人们实践理念的方法和途径，应成为当前和谐文化研究的重点。

三、研究思路及基本框架

研究思路：本书试图在中国现代化和世界全球化的背景下，运用文化功能与社会变迁的理论,来观照社会主义和谐文化建设。全书以人类社会追求和谐的历程为经,以社会发展的文化向度为纬;以文化的一般理论为前提和基础,以文化在构建社会主义和谐社会中的实践为落脚点;按照"提出问题——分析问题——解决问题"的进路,展开理论研究,构建理论体系;由对社会主义和谐文化建设意义的追问到追溯社会主义和谐社会的思想渊源;由社会主义和谐文化的目标诉求到反思社会主义和谐文化建设的当代困境;最后提出对于社会主义和谐文化建设路径的思考。

　　基本框架:全书包括导论、结语在内共由八个部分构成。导论部分简要介绍了研究目的及意义、研究现状、研究思路及基本框架、研究方法及创新点等。第一章是社会主义和谐社会文化建设的意义探寻:首先对于理解上歧义众多的"文化"作了界定和阐释;进而剖析了文化的基本社会功能和价值;落脚于和谐文化在和谐社会构建中的功能与价值。第二章追溯了社会主义和谐社会的思想渊源:对中国传统文化中蕴涵的深厚和谐思想、空想社会主义和谐社会思想、马列经典作家描绘的未来和谐社会蓝图、以毛泽东、邓小平、江泽民、胡锦涛为核心的几代中国共产党人对于和谐社会的不懈追求等,作了系统的学术梳理。第三章主要阐释社会主义和谐文化的目标追求:围绕和谐社会的内涵和特征——民主法治、公平正义、诚信友爱、充满活力、安定有序、人与自然和谐相处,阐述了和谐社会的文化理念诉求。第四章是关于社会主义和谐文化建设的困境分析:重点剖析了当前思想文化领域中影响阻滞和谐文化发展的重大现实文化矛盾,主要有:市场经济的消极影响;传统文化与现代文化中非和谐因素;主流文化与多元文化的冲突;身心和谐、人际和谐、天人和谐的现代文化困境;科学精神与人文精神的双重不足与缺失。第五、六章是社会主义和谐文化建设的理论路径探索和实践进路分析:提出以社会主义核心价值体系建设为根本;文化建设实践中,以和谐校园文化建设、和谐社区文化建设、和谐农村文化建设为切入点;当前尤其要加强和谐网络文化建设。结语部分对社会主义和谐文化建设作了反思与前瞻。

四、研究方法及创新点

研究方法:从三个层次来分析本课题的研究方法:世界观、方法论意义上的研究方法;路径层次的研究方法;技术手段层次的研究方法。

第一,方法论意义上的研究方法:本研究主要运用马克思历史唯物主义理论和方法分析社会主义和谐文化建设问题。第一,社会存在决定社会意识,社会意识具有相对独立性的理论。人们的思想文化观念和社会思想道德文化都是社会存在的产物和表现,"人们的观念、观点和概念,一句话,人们的意识,随着人们的生活条件、人们的社会关系、人们的社会存在的改变而改变"①。但是,人们的思想意识和社会思想道德文化对社会存在并不是消极、被动地依赖,而是积极能动地反映,并按照自身独特的发展规律对社会存在起反作用,所以,"理论一经掌握群众,也会变成物质力量"②。第二,个人与社会相统一的原理。即把人们的思想意识和文化的作用发挥置于和谐社会构建的背景中。按照马克思的理解,"人天生就是社会的生物……只有在社会中才能发展自己的真正的天性,而对于他的天性的力量的判断,也不应当以单个个人

---

① 《马克思恩格斯选集》第1卷,人民出版社1995年版,第291页。
② 《马克思恩格斯选集》第1卷,人民出版社1995年版,第9页。

的力量为准绳,而应当以整个社会的力量为准绳"①,"人是最名副其实的政治动物,不仅是一种合群的动物,而且是只有在社会中才能独立的动物"②。社会性是整个人类活动的一般性质,"活动和享受,无论就其内容或就其存在方式来说,都是社会的活动和社会的享受","只有在社会中,人的自然的存在对他来说才是自己的人的存在"。③ 黑格尔也指出,"谁要在这现实世界中行动,他就得服从现实世界的规律,并承认客观性的法"④。任何现实具体的个人都是社会存在物,都从属于一定的社会总体或社会集团,他的生活和活动即使采取个别的、分散的形式,但都是社会的生活和活动。因此个人的思想意识、价值观念的形成不能离开社会背景,主体的活动必须遵从社会的要求和标准,即任何人都是生活于一定的文化背景中,因而也必须遵从社会的主流文化价值观。第三,阶级观点和阶级分析方法。文化价值观尤其具有鲜明的阶级性。社会主义和谐文化应鲜明地倡导社会主义核心价值体系和先进文化。

　　第二,路径层次的研究方法。从整体上看,社会科学方法包括两方面的内容:一是科学抽象系统,重在揭示社会现象"是什么",并把社会规律逻辑地表述出来;二是科学解释系统,重在对"是什么"进行"为什么"的解释,是对社会现象进行"理解"的方法。我们既要正确把握当前社会的文化"实然"状况,又要揭示和阐明和谐文化建设的"应然",结合时代精神的发展,提出建设社会主义和谐文化的可能方向和路径,尽可能地对客观存在的事实、逻辑上

①　《马克思恩格斯全集》第2卷,人民出版社1957年版,第167页。
②　《马克思恩格斯选集》第2卷,人民出版社1995年版,第2页。
③　马克思:《1844年经济学哲学手稿》,人民出版社2000年版,第83页。
④　黑格尔:《法哲学原理》,商务印书馆1961年版,第134页。

可能存在的事态、应有的事态(价值取向)与可行的选择这样四个层面进行把握和阐释。

第三,技术手段层次的研究方法。在本书的写作和论证过程中,综合运用了多种研究方法。文献研究法、比较的方法、系统的方法、逻辑与历史相统一、理论与实践结合的方法,借鉴了毛泽东的"古今中外"法,邓小平的"三个面向"法等。

创新点:在研究视角、研究方法和研究的具体领域及观点等方面期望有所创新。其一,从文化的视角观照和谐社会构建问题。目前对和谐社会的研究多是从经济、政治、历史、法学等视角来展开的,而一个社会的和谐在最深层次上应体现在文化的和谐方面;同时,现有的研究多是针对和谐社会文化建设的某一方面或角度的论证,缺乏对和谐社会文化建设的整体和系统研究,本书尝试作这一方面的努力。其二,研究的具体领域及观点方面的创新。1.系统地梳理了关于社会和谐的文化历程,从中国传统文化中的和谐思想,到空想社会主义的和谐社会尝试,由马恩关于和谐社会的理论,到几代中国共产党人建设和谐社会的努力作了系统的理论分析。2.对和谐文化的目标诉求作了自己的探讨,对和谐社会的内涵和特征在文化上的要求进行了理论阐释。3.在和谐文化建设的现代困境部分,深入剖析了新的时代条件下,阻滞和谐社会及和谐文化建设的重大难题和突出矛盾。4.对和谐文化建设的路径进行了理论建设思考和实践进路分析。提出,社会主义核心价值体系建设是和谐文化建设的根本;树立社会主义荣辱观是和谐文化建设的重要内容;营造和谐舆论氛围是和谐文化建设的重要任务;实现文化创新是和谐文化建设的关键。实践中,以和谐校园文化、和谐社区文化、和谐农村文化建设为切入点,以和谐网络文化建设为重难点,遵循文化发展规律,加强文化创新。其三,研究方法上的创新。将毛泽东的"古今中外"说,邓小平的"三个面向"理论借用作文化研究的方法。社会主义和谐文化建设需要吸取中华优秀传统文化中和谐思想的精华,需要借鉴世界其他民族文化优秀成果,实现"古为今用,洋为中用"之目的;"面向现代化,面向世界,面向未来"不仅是现代教育要坚持的原则,它同样适用于我国今天的文化建设和文化理论研究,社会主义和谐文化建设是在中国加速走向现代化、世界日益实现全球化的时代背景下进行的,社会发展日新月异,因而,我们的文化研究既坚持"古今中外",同时又坚持"三个面向",才能借鉴历史,立足当下,前瞻未来。

第一章 社会主义和谐文化
建设的意义探究

综观人类社会发展的历史，文化的作用既表现在对社会发展的导向作用上，又表现在对社会的规范、调控作用上，还表现在对社会的凝聚作用和对社会经济发展的驱动上。马克思恩格斯在揭示文化本质的基础上，深刻论述了作为知识观念形态和生活观念形态的文化所具有的重要功能。通过社会主义和谐文化建设，使全社会形成共同的理想信念，实现全体人民在政治上、思想上的团结和谐，为建设社会主义和谐社会奠定深厚的思想基础，注入强大的精神动力，提供坚实的道德支撑，营造健康的文化环境。

第一节 文化功能的基本理论

文化功能，是指文化作为社会系统中的一个要素在与社会其他要素以及社会整体相互作用中所表现出来的功用和效能。一般认为，文化的主要功能是教化、沟通、认知、传承、凝聚和娱乐。文化的功能既表现在对社会发展的导向作用上，又表现在对社会的规范、调控作用上，还表现在对社会的凝聚作用和社会经济发展的驱动作用上。"人类社会每一次跃进，人类文明每一次升华，无不镌刻着文化进步的烙印。"①任何一个国家历史的变革、社会的进步，从来都离不开文化的引导与推动。

一、相关概念的阐释

研究"社会主义和谐文化建设"问题，首先涉及对"文化"的理解和界定。虽然对"文化"的概念和理解迄今有数百种之多，但在一定范围和语境下，对"文化"的理解和界定还是可以确定的。在通常意义上人们所使用的"文化"，大致有以下几种含义："①人类创造的物质财富与精神财富的总和，特指精神财富。如中华民族传统文化，中西文化交流等说法。②运用语言文字的能力，泛指一般的书本知识。如高中文化程度。③特指在某一领域体现的观念、道德和行为习惯等。如企业文化、饮食文化等。④考古学指同一历史时期的不依分布地点为转移的遗迹、遗物的综合体。如仰韶文化。"②显然，本研究中的"文化"、"和谐文化"不可能采用那种广义文化的概念，即"文化是人类创造的一切物质财富与精神财富的总和"，也不宜采用中国古代出自《易经》的那种"观乎人文，以化成天下"的说法。研究社会主义和谐文化建设，那么这里的"文化"就是作为社会主义和谐社会的重要内容和构成部分的狭义文化，这种意义上的"文化"主要是作为精神层面的文化。③

作为精神层面的文化，包括了精神、价值观、知识及其文化作品和产品。因为在文化与人及人的全面发展的关系中，在文化与

---

① 胡锦涛：《在中国文联第八次全国代表大会中国作协第七次全国代表大会上的讲话》，《人民日报》2006年11月11日。

② 翟文明等主编：《现代汉语辞海》，光明日报出版社2002年版，第1216页。

③ 曾小华：《文化、制度与社会变革》，中国经济出版社2004年版，第26页。

社会以及社会文明进步的关系中,文化的真正价值集中体现在文化精神之中。文化精神在任何时候,对于个人、团体、社会、国家、以及民族来说,都是不可或缺的。相对于物质文化和制度文化,精神层面的"文化",本质上就是一种文化精神。文化精神是人类区别于动物的首要标志,是人类文明进步的力量源泉。文化精神对于人类社会发展的动力作用,是任何其他力量都无法比拟和取代的。

二、文化的社会作用

"当今时代,文化越来越成为民族凝聚力和创造力的重要源泉、越来越成为综合国力竞争的重要因素,丰富精神文化生活越来越成为我国人民的热切愿望。"①这是胡锦涛同志对当今文化作用的高度概括。早在党的十六大报告中就已经指出:"当今世界,文化与经济和政治相互交融,在综合国力竞争中的地位和作用越来越突出。文化的力量,深深熔铸在民族的生命力、创造力和凝聚力之中。"②这些论述,对于我们充分认识文化的战略地位具有十分重要的意义。

综观人类社会发展的历史,文化的作用既表现在对社会发展的导向作用上,又表现在对社会的规范、调控作用上,还表现在对社会的凝聚作用和社会经济发展的驱动作用上。③

1. 文化是社会变革的内燃机。任何社会形态的文化,本质上

---

① 胡锦涛:《在中国共产党第十七次全国代表大会上的报告》,《光明日报》2007 年 10 月 25 日。

② 江泽民:《全面建设小康社会,开创中国特色社会主义事业新局面——在中国共产党第十六次全国代表大会上的报告》,《人民日报》2002 年 11 月 17 日。

③ 顾伯平:《文化的作用》,《光明日报》2005 年 3 月 2 日。

都不只是对现行社会的肯定和支持，而且还包含着对现行社会的评价与批判，它不仅包含着这个社会"是什么"的价值支撑，而且也蕴涵着这个社会"应如何"的价值判断。人类社会发展的历史表明，当一种旧的制度、旧的体制无法进一步运转下去的时候，文化对新的制度、新的体制建立的先导作用就会十分明显。蕴藏在新制度、新体制中的文化精神，一方面为批判、否定和超越旧制度、旧体制提供锐利武器，另一方面又以一种新的价值理念以及由此而建立的新的价值世界为蓝图，给人们以理想、信念的支撑。因此，人类历史上新的制度战胜旧的制度，文化起到了内燃机的作用。

2. 文化是社会常态的调控器。如果说新的制度代替旧的制度、新的体制代替旧的体制的过程，是社会处于非常状态的表现，那么，新的制度、体制建立后，社会在一定秩序中运行发展就是社会常态的表现。由于社会是人的社会，而每个人所处的环境、自身素质和精神物质需求又不尽相同，所以常态中的社会仍然会存在人与自然、人与人、人与社会等矛盾，而且还存在人自身的情感欲望和理智的矛盾。如果这些矛盾不能妥善解决，这个社会的常态就会被打破。从人类社会发展的历史看，人们解决这些矛盾常常采取多种手段，而依靠文化的力量去化解这些矛盾就是其中不可或缺的方面。这是因为，法律、理想、道德、礼俗、情操等文化因子，内含着社会主体可以"做什么"和"哪些不可以做"，应该"怎样做"和"不应该那样做"的意蕴。所以，要化解人与自然、人与人、人与社会等的种种矛盾，就必须依靠文化的熏陶、教化、激励的作用、发挥先进文化的凝聚、润滑、整合作用，通过有说服力的、贴近民众的方式，将真诚、正义、公正等文化因子潜移默化地植入民众的心田。只有这样，一个社会才能健康、有序、和谐和可持续发展。

3. 文化是凝聚社会的黏合剂。文化虽然说是属于精神范畴，但它可以依附于语言和其他文化载体，形成一种社会文化环境，对生活于其中的人们产生同化作用，为他们的价值观、审美观、是非观、善恶观涂上基本相同的"底色"，也为他们认识、分析、处理问题提供大致相同的基本点，进而化作维系社会、民族生生不息的巨大力量。

4. 文化是经济发展的助推器。文化对经济的支撑作用主要表现在：一是文化的导向赋予经济发展以价值意义，经济制度的选择、经济战略的提出，经济政策的制定，无不受到社会文化背景的影响以及决策者文化水平的制约。文化给物质生产、交换、分配、消费以思想、理论、舆论的引导，在一定程度上规定了经济发展的方向和方式。二是文化赋予经济发展以极高的组织效能。人作为文化的单元，不仅受文化熏陶，而且也依一定的原理相互感通，相互认同，从而形成社会整体。文化的这种渗透力是人的社会性的体现，它能够促进社会主体之间相互沟通，保证经济生活与社会生活在一定的组织内有序开展。三是文化赋予经济发展以更强的竞争力。经济活动所包含的先进文化因子越厚重，其产品的文化含量以及由此带来的附加值也就越高，在市场中实现的经济价值也就越大[1]。

三、文化的作用方式

与经济、政治的作用方式相比，文化发挥社会作用的方式有其特殊性，主要表现在：

1. 弥漫状的"场"效应

文化几乎涵盖了人类生活、生产、交往等各个方面，它的存在

---

[1]　顾伯平：《文化的作用》，《光明日报》2005 年 3 月 2 日。

与作用更多地不是以"外在化"为主，而是以渗透的"内化"方式为主，在悄然无声中融入人的内心世界和实践活动。它的因子只能通过人的一言一行才能表现出来。另外，文化因子之间的作用，文化具有的力量，很难通过可测的、量化的数据得到。这是因为，文化的作用呈发散状、绵延状、缠绕状，类似现代物理学中的"场"效应。它貌似无形，但具有强大的穿透力、吞噬力、征服力；强势文化的作用甚至可以产生类似宇宙中的"黑洞"的效应，使进入其中的人被牢牢吸附，难以抗拒。文化的"场效应"能以其无形的魔力，强化同质的文化，消弭、吞噬、重构异质的文化。而这一切都是在无声无息、无硝烟中"和平"进行的。

文化的作用力不仅表现在空间的"场"的效力上，还体现在时间的长河中。从婴儿落地时起，巨大、浓重、无所不包、无时不在的文化"场"就将他包裹，大量的、连绵不断的、裹挟着民族文化的因子就日日影响、哺育着他，以特有的"场"效应，不知不觉地同化、征服着场内的人们，在他们的心灵深处涂上基本相同的文化底色和评价体系，从而左右着他们日后、甚至一生的是非标准、价值判断、美丑尺度，难以磨灭，挥之不去。难以抗拒的"场"效应更强、更多地是集中在"低"、"俗"文化上，即社会心理、民俗、世风上。它通过人们举手投足、一颦一笑、大事小情等，人们在秉承生活方式、学会生存技巧的同时，其文化的核心部分——思维方式、价值取向、判断标准、审美情趣等，就在不知不觉中，浸入生活于"场"中的人们的内心深处，使他们接受了携带着"文化场"信息的认知方式与评价标准。由于它是在人们处于自发的、无抵抗的状态下，是在人们的心灵"不设防"中进行的，从而可以以更大的同化力影响更多的生活、工作于常态中的群体，使其能量以几何级数增长，进而大大扩充了文化场的"场容量"，增强了其征服力。

　　文化的场效应的大小取决于它的核心文化,即"核文化"具有多大的吸引力。"核文化"如果既密集又强大,其辐射力、吸附力、征服力即强;反之,稀松的"核文化"难以产生强大的场效应,核文化中的各个文化因子是貌合神离的。在常态下,还能相安无事,一旦遇到非常态的考验时,则会迅速瓦解、分崩离析。中国近代特殊的国情,决定了在中国内地不可能形成强有力的资产阶级的文化场。资产阶级所要求的人权、平等、共和、自由等有时蔚为壮观,但关键时刻不堪一击。甚至封建文化"抖一抖",它也会迅速地败下阵来。反之,在经历了文艺复兴、启蒙运动之后的欧洲,资产阶级的文化奠定了牢不可破的地位,被它击得粉碎的封建文化,任何借尸还魂的企图都难以得逞。历经沧桑而至今不绝的儒家文化,源于它的"核文化"是强有力的。焚书坑儒的强权行动亡不了它,新文化运动思想批判的利剑斩不断它,新儒学的兴起延续着它的命脉,不仅在它的故土掀起复兴的热潮,而且堂而皇之地走向了世界,这说明了儒家文化的生命力,也验证着儒家文化的"核文化"的功力至今仍是强大的。① 核文化的力量决定文化"场效应"力的强弱,所以,对文化场的改造关键在于对"核文化"的改造。

　　2. 以柔克刚的"太极"效应

　　中国的传统文化讲究以柔克刚,以静制动,以不变应万变。文化的"化人"作用也具有这样的特点。文化深入人心的方式是以柔和、安详为基调的,又是以人的常态的生存空间为基地的。著名"心理分析学派"学者荣格认为,人类普遍有厌恶冲突、寻求秩序的心理倾向。这一观点得到了心理研究的广泛支持。因此,"人化之物""化人"之时的最好方式是以不知不觉、自然而然为好。

---

　　① 车洪波:《文化作用方式之分析》,《学习与探索》2004 年第 1 期,第 33 页。

人的教化,从骨子里是排斥征服、抵制说教、追求愉悦、平和的。研究教育方式与教育效果时,也不难发现,越是"随意"的、"人化"的方式,越能让人身心松弛、敞开心扉,吸纳来自外部的教育。日积月累后,又经过自发——自觉——自发的历程,而积淀于内心的深处,成为左右人的选择、判断的价值体系。皮亚杰在研究认识发生学原理时,提出了"同化"、"调节"在认识发生、发展中的作用。"所谓调节是指客体作用于主体,主体使他的行为与客体适应(或配合)的那种方式","同化是指主体将他的感知——运动的或概念的格局应用于这些客体的过程。"主体、客体之间的作用"应看做是在循环往复的通路中发生作用的、并且具有趋向于平衡的内在倾向的自我调节的作用",并"在我们思想上应该由'被建立的'和谐而代之,这种和谐事实上是由一个在机体水平上就已经起作用的过程所逐步建立起来的,并且是从机体水平无限地向前扩展的一种和谐。"①如果教育的方式简单、粗暴,违背了和谐,也就打乱了"调节"与"同化",认识的链条都会断裂,使信息传递不到人的头脑中,更无法转化为人的自觉行动。所以,霏霏细雨、润物无声的方式是最有力的化人方式,它的作用远远超过强权下的"暴力"征服。因此,文化的得失、成败很难用一时的胜败和荣辱来界定。文化作用的这一特点决定了文化具有极强的生命力。

3. 判断文化强、弱的逆向思维

正因为文化的作用具有以上特点,因此,判断一种文化影响力的强弱,常常不能采取表象的、对等的标准。

首先,不否认强势文化与经济、政治的强势不可分。正如政治可以挟经济之实力而耀武扬威;文化也可以仰仗经济、政治实力,

---

① 皮亚杰:《发生认识论原理》,商务印书馆1981年版,第8页。

堂而皇之地"入侵"经济、政治相对弱小的国家、民族,以文化的征服,达到征服其经济、政治的目的。好莱坞电影借助其强大的经济实力,成功的商业炒作,大举"入侵"其他国家;肯德基、麦当劳的快餐文化也依托经济实力迅速向域外扩张。伴随经济实力而来的政治的霸权,在当今的世界上有很多的表现,在政治强有力的托盘下,文化的渗入也显蛮横、肆虐,由此而衍生出的殖民文化、殖民心理,使一些弱小的国家与民族的传统渐渐被解构,文化被消融,而皈依了强势国的文化价值。文化霸权引起的世界文化多样性的破坏引起了许多有识之士的忧虑与不安,也引发了许多民族、国家的政府与民间对保护民族文化、抵御文化侵略的由衷呼吁。但,另一方面,文化强弱的判断以经济、政治为唯一标准是值得商榷的。由于文化及其作用的特殊性,文化强势、弱势的判断标准常常是复杂的。强势的经济、政治可以得逞于一时,但在文化上的较量却是长期的,甚至没有尽头。如果文化的强势一直与政治、经济的力量成正比的关系,就无法解释为什么占领国能"屈服"于被占领国的文化。暴力的战争很难击败优势的文化,更难创造出文化。以为革命战争就可以自然而然地创造出新的文化是错误的。法国大革命在这方面失败过,俄国的"十月革命"也证明了这一点。那么,最终决定文化强、弱的应是什么呢?是这一文化在多大程度上符合"人性",是这一文化"化人"(征服人)的方式在多大程度上迎合人性。社会发展的最终动力是生产力,而社会之所以进步是因为社会进步得到了人民群众的支持。人民群众渴望自由,他们从心底深处支持、认同的是符合人性、给他们以解放、自由、正义、欢乐、愉悦的文化。文化的生命力最终源于此!所以,即使经济发展了,政治强大了,但文化的取向与此相违背时,文化的力量只能是貌似强大,实则虚弱。具有"化人"强力的文化一定是有人性的文化。

这种文化倾注着对人的深层关注、关爱与关心,包容着对原本意义的生命的尊重与关怀,容纳了对人生意义的终极思索与不懈探求。文化是人化之物,人始终是文化的中心。因此,完全可以这样说,越能体现人性要求的文化就越具生命力、影响力、渗透力,哪怕在强权的蹂躏下。这一点从伊斯兰教、佛教、儒学等东方文化的复兴中也能得到佐证。近几百年来伊斯兰教的故乡战事不断,经济衰败,政治颓势,但其文化的生命力、宗教的征服力不仅没有削弱,反而大有兴旺之势。它不仅在自己的本土、文化圈内扩大了信徒,而且还以其特有的魅力大举进入经济繁荣、政治稳定的西方世界,究其原因,这与伊斯兰教提倡的净心、节欲、平等、质朴的信仰有关。它正好弥合、填补了西方文化张扬个性、追求物欲、铸造了一批批精神空虚的"单面人"、"经济人"的空缺。自近代以来,儒学一直遭到革命志士、进步文人的批判,儒学为保守、专制制度所作的辩护,它所宣扬的"存天理,灭人欲"的封建礼教,都是激进派口诛笔伐的目标。一代又一代人的批判,甚至加上"文化大革命"的破坏,都无法将其斩草除根。在发展市场经济、建立法治政体的现当代,还滋生出秉承儒学传统的现代新儒学,这不能不引起我们的思考。究其原因,这与儒学提倡道德自律、修身养性、克己奉公、关爱生命、追求和谐不无关系。儒学征服人、教化人的力量,就在于它始终抓住人不放,抓住人的道德不放,抓住人求善求美的本性不放,这是它具有永恒魅力的关键所在。[①]

　　了解文化作用的方式才能切实地改进文化建设的方式、杜绝形式主义、采取自然、和谐、贴近人的教化方式,搞好文化建设。

---

　　①　车洪波:《文化作用方式之分析》,《学习与探索》2004年第1期,第34页。

四、马克思恩格斯关于文化功能的理论

马克思恩格斯在揭示文化本质的基础上，深刻论述了作为知识观念形态和生活观念形态的文化所具有的重要功能，具体概括为如下四个方面。①

1. 文化具有对社会信息进行复制和交流的功能。文化的这一功能，能够使社会信息的传递突破时空的限制，超出个人直接经验的范围，把社会的过去、现在和将来，把直接经验和间接经验都联结在一起。恩格斯曾以自然科学为例对此作过说明："现代自然科学已经把一切思维内容都来源于经验这一命题以某种方式加以扩展，以致把这个命题的旧的形而上学的界限和表述完全抛弃了。由于它承认了获得性状的遗传，便把经验的主体从个体扩大到类；每一个体都必须亲自去经验，这不再是必要的了，个体的个别经验在某种程度上可以由个体的一系列祖先的经验的结果来代替。"②文化的这一功能，也使得社会文明成果能够在更广大的范围内传播开来，从而对人类社会生产力的进步起到促进作用。

2. 文化具有对社会和人的活动进行调控的实践功能。在马克思恩格斯看来，实践功能是指文化具有调控社会和人的活动的功能。首先，文化能通过提高人们的道德情操和审美水平来改善人们的生活方式和生活状况。道德生活和审美生活构成了人们主要的社会生活方式，而社会生活方式的形成和进步又都是文化影响和作用的结果。因此，人们要想得到审美的享受，必须首先具有

---

① 李建国、齐英艳：《马克思恩格斯关于文化本质和功能的思想》，《理论视野》2007 年第 3 期，第 54 页。

② 《马克思恩格斯选集》第 4 卷，人民出版社 1995 年版，第 365 页。

一定程度的文化修养和文化水平。马克思曾指出："要有多方面的享受，人必须有享受能力，即他必须是具有高度文明的人……"①其次，文化是人们摆脱愚昧、破除迷信的有力工具。人们只有在掌握现代科学知识的基础上，才能具有大无畏的革命精神，才敢于破除迷信，解放思想，实事求是，抛弃一切陈腐的观念。马克思一再强调："理论一经群众掌握，也会变成物质力量。"②最后，文化是人类社会历史变革的有力杠杆。文化之所以能成为社会变革的有力杠杆，是因为先进的文化要素对于社会的经济体制和政治体制等上层建筑和意识形态的确立和发展，能给以有力的推进，它是进步的政治和社会制度诞生的开路先锋，能够冲击和涤荡人们的旧思想和旧观念，促进新思想和新观念的形成与发展。马克思对此作了很好的注解："火药、指南针、印刷术——这是预告资产阶级社会到来的三大发明。火药把骑士阶层炸得粉碎，指南针打开了世界市场并建立了殖民地，而印刷术则变成新的工具，总的来说变成科学复兴的手段，变成对精神发展创造必要前提的最强大的杠杆。"③

3. 文化具有使人成为社会合格成员的教化功能。文化的教化功能是指文化通过知识体系、价值规范、思想信仰和行为方式影响人的行为，使人能够有效地适应社会环境和人际关系，成为社会的人。④ 马克思指出："要改变一般的人的本性，使他获得一定劳动部门的技能和技巧，成为发达的和专门的劳动力，就要有一定的

---

① 《马克思恩格斯全集》第4卷，人民出版社1979年版，第392页。
② 《马克思恩格斯选集》第1卷，人民出版社1995年版，第9页。
③ 《马克思恩格斯全集》第47卷，人民出版社2004年版，第427页。
④ 黄楠森、龚书铎、陈先达主编：《有中国特色社会主义文化研究》，山东人民出版社1999年版，第106页。

教育或训练。"①马克思的这段论述强调的就是文化的教化功能。

4. 文化具有形成民族归属感和社会认同感的凝聚功能。文化的凝聚功能是指文化具有形成社会共识、保持社会认同和促进社会统一的功能。在社会交往过程中，不同的文化背景和文化生活方式，会使不同的社会成员产生不同的民族归属感和社会认同感。马克思指出："认同自身的关系只有通过他同他人的关系，才成为对他来说是对象性的、现实的关系。"②一个民族也只有在与其他民族的比较中，才能充分认识到自身的民族性。不同民族的人们通过与不同文化的比较，确证自己不同的社会和民族归属，从而产生与其相应的社会和民族认同感。因此，在一定意义上，各民族的文化交往是形成民族凝聚力的主要途径之一。

马克思恩格斯关于文化社会功能的深刻揭示和论述，从理论上加强了我们对和谐文化建设意义的认识。

第二节　和谐文化在构建和谐社会中的价值与功能

构建社会主义和谐社会既要有雄厚的物质基础、坚强的政治保障，又要有良好的思想文化条件。和谐文化对于构建和谐社会具有不可取代的重要作用。和谐文化为构建和谐社会奠定深厚的思想基础、注入强大的精神动力、提供坚实的道德支撑、营造健康的文化环境。"和谐文化是全体人民团结进步的重要精神支撑"③。胡锦涛同志在

---

① 《马克思恩格斯全集》第23卷，人民出版社1995年版，第195页。
② 《马克思恩格斯全集》第42卷，人民出版社1995年版，第99页。
③ 《胡锦涛同志在中国共产党第十七次全国代表大会上的报告》，《人民日报》2007年10月15日。

党的十七大报告中再一次强调了和谐社会构建中文化的重要作用。

一、奠定深厚的思想基础

和谐文化建设是建设中国特色社会主义伟大事业的必然要求，和谐文化为构建社会主义和谐社会提供了深厚的思想基础。这是因为，在社会发展过程中，不论是人与人的和谐相处，团结和睦，人自身的心理和谐，还是人与社会与自然的和谐相处，都离不开和谐文化的支撑。没有和谐文化，就没有社会和谐的思想根基，也就不可能有建设和谐社会的实践追求。构建社会主义和谐社会，要求以和谐文化为导向，培育和谐精神，倡导和谐理念，在全社会形成共同的理想信念和思想信仰，以增强中华民族的凝聚力、向心力、亲和力。当前，我国已进入发展的关键阶段，但与此同时，各种社会利益关系也日趋复杂，尤其是人们思想活动的独立性、选择性、多变性和差异性进一步增强，造成各种思想观念相互碰撞，各种社会冲突和矛盾不断涌现的局面。建设和谐文化，顺应了当前我国人民思想领域的变化趋势，反映了大多数人的共同愿望。和谐文化能在社会利益关系日益多样、价值观念日益多元的条件下，凝聚全体人民的意志、智慧和力量，实现各党派、各团体、各民族、各阶层的和睦与团结。通过社会主义和谐文化的建设，可以引导广大人民群众去认识和处理各种矛盾，在全社会形成共同的理想信念、价值取向，实现全体人民在政治上、思想上的团结和谐，为建设社会主义和谐社会提供深厚的思想基础。

二、注入强大的精神动力

众所周知，和谐社会的构建，要求社会政治、经济、文化等诸多方面的和谐，要求社会物质文明、政治文明、精神文明的共同发展。也就是说，和谐社会既需要物质基础、政治保障，也需要精神支撑。

和谐文化能为构建和谐社会提供精神动力,以有力推动社会主义和谐社会的构建。"文化是作为社会的精神基础、社会各种形态的源泉而出现的,或者与此相反。"①各种形态的文化一旦被社会成员掌握,经过和谐运作,就会产生对社会的强大精神推动力。社会整体意义上的文化和谐,是文化与它的经济基础、政治导向之间的和谐一致。文化虽然是一定社会的政治和经济的反映,但文化作为社会意识形态的基础部分,对思想认识领域所起的调控作用会对一定社会的政治观念、政治体制产生重大的影响,这直接关系到社会经济的发展。列宁就曾指出:"关于观念的东西转化为实在的东西,这个思想是深刻的,对于历史很重要。"②这表明,和谐文化能促进文化自身体系与它的经济基础、政治导向之间的和谐一致和积极互动,反之亦然。和谐文化以和谐作为文化的核心,要求社会文化融洽发展,化解人们在经济政治建设中的矛盾冲突,协调社会关系,稳定社会情绪,规范社会行为,有效促进社会经济政治协调共存,推动整个社会有序发展。和谐文化是促进社会政治经济前进的精神动力,一个社会缺乏和谐、文明的文化支撑,缺乏深厚的文化底蕴,就会失去生机和活力,失去前进的动力。

三、提供坚实的道德支撑

公民道德素质和社会文明程度是社会和谐的基础。提高社会文明道德水平,营造团结互助、和睦相处、健康文明的社会风尚,对推进社会主义和谐社会建设意义重大。构建社会主义和谐社会,

---

① [俄]盖纳吉·弗拉基米维奇·德拉奇:《世界文化百题》,敦煌文艺出版社2001年版,第45页。
② 《列宁全集》第5卷,人民出版社1990版,第97页。

离不开道德规范的支撑。胡锦涛总书记指出:"一个社会是否和谐,国家能否实现长治久安,很大程度上取决于全体社会成员的思想道德素质。"①提高人的思想道德素质,是构建和谐社会的内在目标之一。和谐文化有利于提高全体社会成员的思想道德素质,在全社会形成高尚的道德风尚。

首先,人的思想道德素质与人的文化素质有着密切的联系,人是文化的创造者、体现者,文化则是人的精神、品格的外化,当文化贴近人的内心世界时,文化与人相互协调,能丰富人的文化素养,提高人的道德素质。其次,通过深入持久地开展社会主义荣辱观教育,大力实施公民道德建设工程,在全社会倡导爱国守法、明礼诚信、团结友善、勤俭自强、敬业奉献的基本道德规范,广泛开展和谐创建活动,把建设和谐城市、和谐村镇、和谐社区、和谐单位、和谐家庭作为重要载体,拓展精神文明建设的内涵,将和谐理念贯穿在人们日常的价值体系、行为规范、文化产品、社会风尚、制度体制等多种文化存在方式里,形成文明、融洽的文化氛围,能促使社会成员热爱集体、助人为乐、遵纪守法,形成团结互助、平等友爱、融洽协调、共同前进的社会氛围和人际关系,在整个社会中建立与社会政治经济发展相适应、与社会主义道德相承接、与和谐社会建构要求相一致的道德体系。和谐文化是巩固全国人民团结奋斗的道德基础,为构建社会主义和谐社会提供了坚实的道德支撑。

四、营造健康的文化环境

健康的文化环境不仅能激励广大人民群众艰苦奋斗、团结一

---

① 胡锦涛:《在省部级主要领导干部提高构建社会主义和谐社会能力研讨班上的讲话》,《人民日报》2005年6月27日。

致、自强不息,积极投身于改革开放和社会主义文化建设的洪流中,还能针对多样化文化的存在给予正确的引导,促进多样化文化的合理共存和发展。文化的和谐是构成良好文化环境的必要前提。和谐文化能把握社会生活的主流与本质。通过报刊、电台、电视台、互联网等媒体,发挥新闻媒体宣传党的主张、弘扬社会正气、引导社会热点、疏导群众情绪,巩固发展积极健康向上的主流舆论,有利于人们树立共同理想、加强社会团结、倡导和谐精神,牢固确立全党全国人民团结奋斗的共同思想基础,营造和谐的思想舆论氛围;有利于引导人们围绕干部群众关心的热点问题,把坚持正确导向和讲究宣传艺术统一起来,积极主动做好舆论引导工作,在新闻报道事实中体现正确导向,在同群众交流互动中形成共识,在加强信息服务中开展思想教育,引导社会舆论沿着理智、平和、建设性轨道发展,使正确的舆论先入为主、先声夺人,在全社会形成正确的文化舆论导向;有利于在全社会建立健全的保障社会和谐的各种法律的、制度的规范体系,强化人们的道德意识,着眼于科学、依法和建设性,以改进工作、解决问题、增进团结、维护稳定,对其在实际工作中的贯彻力度、强度和效应予以文化观念上的评价,既反映现实中存在的突出问题,又提出解决问题的有效建议,增强文化舆论监督。① 良好的思想舆论氛围、文化舆论导向和文化舆论监督,是健康的文化环境必不可少的重要因素,对构建社会主义和谐社会起着不可忽视的重要作用。

---

① 张怀民、阳素云:《和谐文化与社会主义和谐社会的构建》,《天府新论》2007年第3期,第110页。

第二章　社会主义和谐文化的
思想渊源追溯

中国传统文化中蕴涵着深厚的和谐文化思想;西方空想社会主义理论家为建设和谐社会作了初步尝试;马列经典作家描绘了未来和谐社会的蓝图;以毛泽东、邓小平、江泽民、胡锦涛为核心的几代中国共产党人对于和谐社会始终不懈追求。本章从"古今中西"全方位视角对人类追求和谐的历程作系统的梳理和阐释。

第一节　中华传统文化中的和谐思想

作为世界文明史上绵延几千年而唯一不败的奇葩,中华传统文化积淀着深厚的"和谐"思想,蕴涵着构建和谐社会的理念,勾勒出了和谐社会的基本范畴,这为我们今天的社会主义和谐社会建设及和谐文化建设提供了丰富的思想资源。

一、对和谐意义的认识

中华传统文化对"和谐"有着深刻的哲理性认识,揭示了和谐的本质、和谐的价值以及和谐的机理,形成了丰富的和谐思想。

1. 和谐的本质

"和"在古汉语中,作为动词,表示协调不同的人和事并使之均衡。如《尚书·尧典》:"百姓昭明,协和万邦。""和"作为形容词,用来描述事物存在的状态,表示"顺其道而行之"、不"过分"的意思。如《广韵》:"和,顺也,谐也,不坚不柔也";《新书·道术》:"刚柔得适谓之和,反和为乖",表示的都是和谐适度的意思。从"和"字的古汉语喻义,推之到中国古代哲学范畴,"和"就是对事物存在与发展规律的揭示。"中和位育",可以说是儒家和谐思想的集中概括。先人解释说:"中也者,天下之大本也;和也者,天下之达道也。致中和,天地位焉,万物育焉。"①意即,"中和"是天地万物存在、发育的规律。

事物发展的规律,也就是事物的本质。"和"的本质正在于不同事物之间的协和一体。中国哲学一向重视对差别的研究,并认为"不同"是事物发展的根本。西周末年,伯阳父同郑桓公谈论政局时说:"以他平他谓之和,故能丰长而物归之。若以同裨同,尽乃弃矣。"即,不同的事物平等相待、协调并进,就能发展;相同的事物互相叠加,其结果只能是窒息生机。在这里他提出了"和实生物,同则不继"的思想,并分析指出西周将灭的原因在于周王"去和而取同",远离直言进谏的正人,而相信与自己苟同的小人。

孔子是"和"思想的集大成者,"君子'和而不同',小人'同而不和'"②是其名句。所谓"同",就是相同的事物简单叠加;所谓"和",是指不同质的因素并存与互补。"同"是一种没有不同因素、异样声音、相左意见的状态,因而也就不可能产生新事物、不会有新的发展;"和"是一种有差异的统一,因而会在对立统一中进步。"和"的最高境界就是"万物并育而不相害,道并行而不相悖"。"万物并育"和"道并行"是"不同";"不相害"、"不相悖"则

①　《中庸》。
②　《论语·子路》。

是"和"。换句话说，和谐的本质在于有差异的因素协调处之，兼容并蓄，共同发展，是一种"共赢"的发展局面。孔子是把"不同"而又和谐相处相生看做事物的本质，看做做人的根本原则。

用"和而不同"表达"和"的本质，有两层含义：一是主张多样，二是主张平衡，"同归而殊途，一致而百虑"。"和"的本质体现出了宽厚之德、包容万物、兼收并蓄、淳厚中和的博大精神。诸子百家之所以认同"和"，崇尚"和"，就在于"和"的本质充满了大智大慧的深刻哲理。

2. 和谐的价值

"和为贵"是对和谐价值的最经典表达。"和为贵"是孔子的学生有子提出来的。"有子曰：'礼之用，和为贵。先王之道，斯为美，小大由之。有所不行，知和而和，不以礼节之，亦不可行也。'"①认为，和谐是天底下最珍贵的价值，是人世间最美好的状态。那为什么"和为贵"呢？孔子认为"和无寡"（《论语·季氏》）。这可以从两面理解，一是和谐相处能创造更多的财富，也就是平常说的和气生财；二是和谐相处就能有更多的朋友，不会感到孤独。荀子从更积极的意义上分析指出："和则一，一则多力"②，即社会芸芸众生和谐相处，就能取得意见一致；取得一致，力量就会增大。孟子明确提出"天时不如地利，地利不如人和"③，认为战争的胜负取决于人心的向背，只要和谐，上下齐心合力，就能无往而不胜。

孔子还从"和为贵"的价值出发，提出了和谐价值实现的原

---

① 《论语·学而》。
② 《荀子·王制》。
③ 《孟子·公孙丑下》

则,这便是"中庸"观。儒家主张,施政使民,贵乎"执中";天地万物,贵乎"中和";君子言行,贵乎"中庸"。"中庸"即"中和",此谓万物存在的依据,万物的规律体现。事实上,中国哲学从远古到宋明理学以降,讲阴阳之道,讲天人之道,都是贯穿着一种中正、均衡、和谐、和合、和平精神的。周敦颐说:"中也者,和也,中节也,天下之达道也,圣人之事也。"① 程颐说:"若至中和,则是达天理。"② 朱熹说:"但能致中和于一身,则天下虽乱,而吾身之天地万物不害为安泰。而不能者,天下虽治,而吾身之天地万物不害为乖错。其间一家一国,莫不然。"③ 王阳明说:"天理亦有个中和处"④。

先哲们的这些思想,对中国文化、中国哲学影响很大,形成了中国文化、中国哲学的基本精神,并对中国的政治思想产生了重大影响,使和谐思想成了治国安民的根本法则与根本哲学。所以,"贵和"能有效地避免过激或对抗行为,减少人际摩擦与社会内耗,使人际关系带有浓重的人情味,较为稳固持久,对社会具有良性功能。只有以和谐、均衡、中和、公正为本,才能均调天下,和乐人民,使国家强盛、人民富裕。

3."和谐"的机理

"和"具有珍贵的价值,那么事物为什么会形成"和"的状态呢? 在老子看来,和谐的机理在于事物之间相互对立、斗争而又相互依存、统一,即依"道"而行。老子以"道"为其哲学的最高范畴,提出:"道生一,一生二,二生三,三生万物。万物负阴而抱阳,冲

---

① 《通书·师第七》,《周子全书》第 8 卷。
② 《河南程氏遗书》第 15 卷,载于《二程集》,第 160 页。
③ 《中庸或问》第 1 章。
④ 《传习录上》。

气以为和。"①即，和谐是阴阳二气相互激荡而产生的状态，而阴阳两气则是和谐状态的内在机制。尽管阴阳二气相互对立、冲撞、激荡，却始终和谐地处在"道"的统一体之中。这种状态的形象化，就是中国哲学中的"阴阳太极图"。太极图充满剧烈的流动感，呈现出柔中有刚、静中有动的壮美。清代哲学家王夫之认为，从运动变化的角度看，阴气和阳气各有各的形象，因而相互对立、相互斗争。但是归根到底，它们是相辅相成的，没有始终对抗的道理。因此，两者的对立与斗争，最终必然以"和谐"的方式来解决。这就是后人所称的"和谐的辩证法"。

北宋思想家张载指出："太和所谓道，中涵浮沉、升降、动静相感之性，是生氤氲相荡胜负屈伸之始。"②道是中国传统哲学的最高范畴。在张载这里，"太和"便是道，是最高的理想追求，即最佳的整体和谐状态。但这种和谐不是排除矛盾、消弭差异的和谐，而是存在着浮沉、升降、动静、相感、氤氲、相荡、胜负、屈伸等对立面的相互作用、相互消长、相互转化的和谐。因此，这种和谐是整体的、动态的和谐。正是这种整体的、动态的和谐，推动着事物的变化发展，推动着社会历史的进步与发展。

二、对和谐社会理想状态的描述

实现社会和谐，建设美好社会，始终是人类孜孜以求的一个社会理想，我国历史上就产生过不少有关社会和谐的思想。比如，孔子说过"和为贵"；墨子提出了"兼相爱"、"爱无差等"的理想社会方案；孟子描绘了"老吾老以及人之老，幼吾幼以

---

① 《老子·四十二章》。
② 《正蒙·太和篇》。

及人之幼"的社会状态。① 对和谐社会的设计方案中，影响最大的是西汉时期的《礼记·礼运》中所描述的两种和谐社会状态：一种是"天下为家"的"小康社会"；一种是更高层次的"天下为公"的"大同"社会。

小康社会的理想是："大道既隐，天下为家，各亲其亲，各子其子，货力为己。大人世及以为礼，城郭沟池以为固，礼义以为纪，以正君臣，以笃父子，以睦兄弟，以和夫妇，以设制度，以立田里，以贤勇知，以功为己。故谋用是作，而兵由是起。禹、汤、文、武、成王、周公，由此其选也。此六君子者，未有不谨于礼者也，以著其义，以考其信，著有过，刑仁讲让，示民有常。有不如此者，在势者去，众以为殃。是谓'小康'。"用今天的语言来表达，小康社会就是财产私有、生活宽裕、上下有序、家庭和睦、讲究礼仪的社会生活状态。这是一个安定祥和的农业社会，这个社会建立在财产私有的基础之上，社会关系主要依靠伦理道德规范来维系。

"大同社会"是比小康社会高一级的理想社会。《礼记·礼运》是这样描述的："大道之行也，天下为公，选贤与能，讲信修睦。故人不独亲其亲，不独子其子，使老有所终，壮有所用，幼有所长，鳏、寡、孤、独、废、疾者皆有所养。男有分，女有归。货，恶其弃于地也，不必藏于己。力，恶其不出于身也，不必为己。是故谋闭而不兴，盗窃乱贼而不作，故外户不闭，是谓大同。"②大同社会就是人与人之间重诚信、讲仁爱、求友善、修和睦、选贤能、富庶安康的社会，是一个财产公有、共同努力、舍弃自我、人人平等、安宁、和

---

①　胡锦涛：《在省部级主要领导干部提高构建社会主义和谐社会能力专题研讨班上的讲话》，《人民日报》2005 年 6 月 27 日。

②　《礼记·礼运》。

谐、祥顺的社会,是一个路不拾遗、夜不闭户、没有阴谋和奸诈、没有战争和流血的理想社会。

后来,太平天国运动的领袖洪秀全提出要建立"务使天下共享","有田同耕,有饭同食,有衣同穿,有钱同使,无处不均匀,无人不饱暖"的社会;康有为在《大同书》中提出要建立一个"人人相亲,人人平等,天下为公"的理想社会。这些思想虽然带有不同时代和提出者阶级地位的烙印,但都在一定程度上反映了广大人民群众对美好生活的向往。当然,在存在阶级压迫和阶级剥削的旧制度下,这些设想是根本无法实现的。

三、对和谐社会内容及实现途径的阐释
(一)对和谐社会内容的聚焦

传统文化中的和谐思想包括了身心和谐、人际和谐、天人和谐、及协和万邦等多方面内容;在如何实现和谐社会的途径问题上,孔子提出了"富之,教之"的理念,既强调了物质基础对提高道德水平的基础性作用,也看到了"孝悌忠信,礼义廉耻,仁爱和平"的道德修养对于实现社会和谐的重要作用。这些宝贵的思想集中体现了中华民族"厚德载物"的优良文化传统,成为我们构建社会主义和谐社会可资借鉴的思想财富。

1. 身心和谐。中国传统文化注重追求人的身心和谐,总是将平和心理冲突、追求心灵和谐作为个体的价值目标。主张人们的身心和谐,经常保持平和、恬淡的心态,正确处理礼与欲的关系。儒家肯定人们对物质利益的正当追求,肯定人的正当欲望。孔子曾说:"富与贵,是人之所欲也。不以其道得之,不处也。"[①]孔子肯

---

① 《四书五经》,作家出版社2005年版,第29页。

定了富贵是人人渴望的,但必须用正当的手段索取它。又说:"富而可求也,虽执鞭之士,吾亦为之。如不可求,从吾所好。"①认为财富可以求得的话,即使从事低贱工作也愿意。还说:"饮疏食,饮水,曲肱而枕之,乐亦在其中矣。不义而富且贵,于我如浮云。"②用正当手段获取的富贵,即使吃粗饭,喝白水,以弯曲的胳膊为枕头,乐也在其中。孔子尤其强调:"君子惠而不费,劳而不怨,欲而不贪,泰而不骄,威而不猛。"③强调人们的身心永远要保持在中和的状态。孔子特别强调指出:"君子有三戒,少之时,血气未定,戒之在色;及至壮也,血气方刚,戒之在斗;及至老也,血色已衰,戒之在得"④。告诫人们在追求欲望以及利益的时候,要坚持中和的原则,永远保持平衡谦和的状态,实现身体与心理的平和。⑤

在身心和谐方面,孔子还提出"君子坦荡荡,小人长戚戚";做到"仰不愧于天,俯不怍于人",要求培养、保有一种积极乐观的心态、自然豁达的心胸、坦荡平和的心境、超脱怡然的心神,讲究身心之和谐,内外之平衡。《中庸》也讲:"喜怒哀乐之未发,谓之中;发而皆中节,谓之和。中也者,天下之大本也;和也者,天下之达道也。致中和,天地位焉,万物育焉"。心中保有"和"的心态,由衷而发,自然"发而皆中节",无过无不及,做事也才能从容而有条理,稳重而不走极端;做人也才能"人不知而不愠",坦坦荡荡,"顺

①　《四书五经》,作家出版社 2005 年版,第 37 页。
②　《四书五经》,作家出版社 2005 年版,第 37 页。
③　《四书五经》,作家出版社 2005 年版,第 38 页。
④　《四书五经》,作家出版社 2005 年版,第 65 页。
⑤　于春梅:《儒家和谐思想的基本内容及其现代意义》,《理论探讨》2007 年第 3 期,第 67 页。

天应物";才能达到"从心所欲不逾矩"、"小大由之"的自由境界。①

2. 人际和谐。中国传统文化十分重视人与人之间的和谐,儒家主张"礼之用,和为贵"②,强调"天时不如地利,地利不如人和"③。并且以"宽厚处世、协和人我"为理想人格,认为"和"是君子人格中不可缺少的重要方面。为了实现"人和",就必须坚持仁爱原则,诚实守信,严于律己,宽以待人,与人为善,推己及人。因为人与人是相通的,你怎样对待别人,别人就会怎样对待你;你希望别人怎样对待你,你就应该怎样对待别人。"爱人者,人常爱之;敬人者,人常敬之。"因此,"己欲立而立人,己欲达而达人";"己所不欲,勿施于人"。④

儒家重视建立融通的人际交往、有序的社会秩序、和谐的社会关系,创造"人和"的人际环境。在处理人与人的关系中儒家强调要关心他人,即"仁者爱人"。"仁"是孔子确定的最高道德准则,核心是"爱人",即对人的关心和尊重。《论语·颜渊》记载:"樊迟问仁。子曰:'爱人'"。推而广之,"仁"包括恭、宽、信、敬、惠、智、勇、忠、恕、孝等方面的内容和要求,但又都以"爱人"为其根本立场。孟子进一步发展了孔子的仁学思想,主张"亲亲而仁民,仁民而爱物"(《孟子·尽心上》)。爱人不仅仅要做到爱自己和爱自己的亲人,还要做到:"老吾老,以及人之老,幼吾幼,以及人之幼"

①　王必胜:《略论中国传统"和"文化与和谐社会建设》,《理论导刊》2007年第1期,第40页。
②　《四书五经》,岳麓书社1991年版,第18页。
③　《四书五经》,岳麓书社1991年版,第79页。
④　柴艳萍、郭建:《古代和谐思想与构建社会主义和谐社会》,《道德与文明》2007年第3期,第86页。

（《孟子·梁惠王上》）。能做到这一步，就可以收到"爱人者，人恒爱之"（《孟子·离娄上》）的回报。在实现人际和谐方面，孟子提出了著名的"五伦"说，即"父子有亲，君臣有义，夫妇有别，长幼有序，朋友有信"，作为和谐社会的人伦关系所必须遵循的准则。孟子主张"仁者爱人"要在"仁政"上体现出来，"君之视臣如手足，则臣视君如腹心；君之视臣如犬马，则臣视君如国人；君之视臣如土芥，则臣视君如寇仇"。①　并认为"民贵君轻"，赞扬重视百姓利益，以仁义治天下的"王道"，反对凭恃武力、权术统治天下的"霸道"。荀子非常重视和谐，他认为，群体和谐是人类能够战胜万物的保证，而能够保持这种和谐首先是人与人之间的和谐，每个人必须处理好自己与他人的关系，才能实现"万物皆得其宜，六畜皆得其长，群生皆得其命"（《荀子·王制》）。②

　　3. 人与自然和谐。在人与自然的关系问题上，中国的思想家们提出了天人相通、"天人合一"的思想，认为自然之本性与人之心性相通；"人法地，地法天，天法道，道法自然"，天道与人道，实一以贯之。故《易经》上讲，"夫'大人'者，与天地合其德，与日月合其明，与四时合其序，与鬼神合其吉凶。先天而天弗违，后天而奉天时"。讲究"天时地利人和"（《孟子》），因人成事，因地制宜，因势利导，顺应自然，与自然相通相依，协调一致，和谐共处。孟子指出，"君子之于物也，爱之而弗仁，于民也，仁之而弗亲。亲亲而仁民，仁民而爱物。"③宋代的张载也提出了"乾称其父，坤称其

---

① 《孟子·离娄下》。
② 王艳华：《儒家和谐思想与社会主义和谐社会的构建》，《理论探讨》2007年第 2 期，第 24 页。
③ 《四书五经》，作家出版社 2005 年版，第 142 页。

母"，"民，吾同胞；物，吾与也"①的主张。这些思想都指出了人类
要友好地对待天地万物，人和自然万物是朋友关系，天与人，万物
与人类在本质上是一致的。在合理利用自然方面，主张用一种全
面的观点来审视人与自然的关系，"裁成天地之道，辅相天地之
宜"，"范围天地之化而不过，曲成万物而不遗"。既要调整自然、
改造自然，使其符合人类的愿望，也要敬畏自然、顺应自然，"无以
人灭天"（《庄子·秋水》），处处以人与自然的和谐为理想。

应该看到，科学技术的飞速发展导致了个人力量伸展、人欲的
激发和资源的匮乏，导致了价值尺度的扭曲、伦理准则的变形，人
类对自然的倒行逆施造成了越来越严重的"绿色惩罚"，招致越来
越多的"天怨"、"天怒"、"天谴"。面对这样的局面，非常需要以
"天人合一"为代表的中国的传统"和"文化对个人的自制力加以
约束，对社会的价值趋向加以引导。②

4. 邦国和谐。在国家与国家、民族与民族之间的关系上，儒
家的理想就是"以中国为一人，以天下为一家"，超越一国一族的
"天下观"，构筑一个和谐有序的世界。《尚书·尧典》所谓"百姓
昭明，协和万邦"的思想，宣扬的就是邦国之间、族群之间的和谐
局面。《周易·乾卦》中讲："乾道变化，各正性命，保合太平，乃利
贞。首出庶物，万国咸宁。"③强调宇宙的变化运动，主张国家间的
和谐相处，团结友好。孔子的弟子子夏说："君子敬而无失，与人
恭而有理。四海之内皆兄弟也。君子何患无兄弟也。"④强调人们

---

① 《正蒙·乾称篇》。

② 王必胜：《略论中国传统"和"文化与和谐社会建设》，《理论导刊》2007 年
第 1 期，第 41 页。

③ 《四书五经》，作家出版社 2005 年版，第 155 页。

④ 《四书五经》，作家出版社 2005 年版，第 126 页。

只要尊敬他人而无失礼之处,与人为善,彬彬有礼,那么天下之人就都是亲兄弟了。

在实现国家间的和谐相处方面,儒家主张以德服人,反对武力征伐。孔子说:"不患贫而患不均,不患寡而患不安。盖均无贫,和无寡,安无倾。夫如是,故远人不服,则修文德以来之。既来之,则安之。"①无论诸侯或是大夫,不忧患国家贫困而患财富不均,不患人口稀少而忧患社会动荡不安。如果能平均便无所谓贫穷了,如果能和睦相处便无所谓人口稀少了,如果能社会安定团结,国家就不会颠覆了。一国如此,国际之间相处也是这样。如果远方的人(指外邦),就应该以德相待,以礼乐使人信服。如果他们与你相交,就应该友好相处。孟子也说:"以力假仁者霸,霸必有大国;以德行仁者王……以力服人者,非心服也,力不赡者;以德服人者,中心悦而诚服也,如七十子之服孔子也。诗云'自西向东,自南向北,无思不服'。此之谓也。"②凭借武力而假托仁义之辞的人可以称霸,称霸必须依靠国力的强大。依靠道德实行仁义的可以统一天下,统一天下的不必仗恃国力强大。以武力征服别人,别人并不心悦诚服;以德行征服别人,别人才内心服气且心甘情愿地与之和谐,就像孔子的七十多位弟子服气孔子那样。正如《诗经》所说,四面八方的人士无不心悦诚服地与之和谐交往。孟子极力倡导王道,坚决反对霸道。以王道处理国际关系,有助于国际间的和谐,并能建立互相信任、互相提携的良好关系。③

深受儒家和谐观念影响的中国人,在历史上从来没有首先主

---

① 《四书五经》,作家出版社2005年版,第63页。

② 《四书五经》,作家出版社2005年版,第97页。

③ 于春梅:《儒家和谐思想的基本内容及其现代意义》,《理论探讨》2007年第3期,第67页。

动发动过侵略战争。诚如池田大作先生所讲的:"与其说中国人是有对外推行征服主义野心的民族,不如说是在本质上希望本国和平与安泰的稳健主义者。实际上,只要不首先侵犯中国,中国是从不先发制人的。近代以来,鸦片战争、中日战争、朝鲜战争以及迄今和中国有关的战争,无论哪一次都可以叫做自卫战争。"①将和谐理念用于处理民族与民族之间、国家与国家之间的关系,实现睦邻友好、协和万邦、世界和谐,是中国历来的主张。

(二)对和谐社会实现途径的设计

中国传统文化中的社会和谐注重"关系"的和谐,形成了人的身与心、人与人、人与自然、以及国与国之间的全面和谐思想。而且对如何实现这些方面的和谐,先贤们还推演出一系列的人伦纲常,教化于人。

1. 人和:"和以处众"

"和以处众","天时不如地利,地利不如人和","和气生财","和衷共济","心平气和"等古训,讲的都是人和的珍贵价值。为实现人和,传统文化还提供了明确的路径,通过几千年的潜移默化,这条路径已经沉淀和内化为伦理规范,直到今天在中华民族流淌的血液里仍然可见斑迹,甚至成了人格特征的一个有机组成部分。

第一,人伦纲常,即人人都要遵循伦理道德。儒家一贯强调人伦纲常,以和为贵。齐景公问政于孔子,讨教治国安邦之策。孔子对曰:"君君,臣臣,父父,子子。"这八个字就是儒家伦理纲常的集中概括。孔子对答的含义明明白白,做君主的要倡导这八个字,做臣民的要遵循这八个字,每个人的言行都不超出人伦纲常,人与人

---

①　[日]池田大作、[英]汤因比:《展望21世纪》,国际文化出版公司1985年版,第290页。

之间就能相安无事,就能维持一种和谐而持久的秩序。

　　第二,各安其位,即人人都要认可自己在社会中的位置。当然,位置的设定是在伦理纲常规整下划分的,是由出身决定的。在五伦的基本架构下,人人各安其位,每个人都能善尽自己的责任与义务,扮演好自己的角色,并努力维系伦理间的和谐关系,方能达到。在儒家看来,人的德行是第一位的,和谐的人生就是道德的圆满。君子有德,德高为范。

　　第三,群而不党,即不拉党结派,不结党营私。"君子矜而不争,群而不党。"作为君子始终应该保持谦虚谨慎,与世无争。若需要竞争时,也要以"礼"为前提,不要结党营私,越出道德的界限。人人都要争做谦谦君子,这样即使出现竞争,也显得有礼和顺。因此,在礼的规范之下,广结朋友而又与世无争,就不会出现叛乱,就不会出现社会动乱,甚至不会出现群体事件,这是群而不党的政治蕴意所在。

　　第四,鉴己而言它,即以"仁"为出发点,不强迫别人。作为一个"仁"的人,就应该设身处地为他人着想。孔子说"己所不欲,勿施于人",要是自己觉得不合理的、不合乎人情的事情,就不要将这样的东西强加在别人的身上;又说"攻乎异端,斯害也已",意思是不要去攻击与自己意见不同的人,因为这样做危害无穷。"己所不欲,勿施与人",即从对方的立场考虑问题,做到心平气和,也就是今天所说的"换位思考"。儒家认为在义务的前提下,不施恶,同时推展达德,不能强迫别人,才能实现"人和"。

　　为维持和谐的人际关系,孔子还总结性地强调四点:"毋意,毋必,毋固,毋我。"即与人交往不要主观臆断,不要自以为是,不要固步自封,不要以自我为中心。孔子认为这四点是绝对没有什么松动余地的。那么如果有不同意见怎么办呢? 孔子又出主意:

"君子和而不同，小人同而不和"，也就是说求大同存小异，只要都是以和谐为出发点的双方，就不要在性格、兴趣等方面去强求一致。同时，他反对"群居终日，言不及义，好行小惠"，强调对惯于随声附和的人，要十分注意。在只有"同"的情况下，"揖让而升，下而饮，其争也君子"。

2. 家和："家和万事兴"

家和，即家庭和睦。在儒家看来，和谐社会应以家庭为发端，由家庭和谐推广发展为社会和谐。所以，儒家非常重视建设和谐家庭。而儒家的和谐家庭完全是建立在伦理纲常基础之上的。维护家庭和谐，儒家思想中有两条最为重要。一条是纵轴，即"孝"。孝是对祖先的尊敬。还有另一条横轴，即"弟"（悌），弟是指兄弟姊妹之间的感情，是指家庭中平行血缘应有的关系；弟，是要"爱"，爱自己的兄弟姐妹。至于夫妻之间要遵循夫为妻纲，保护"琴瑟和谐"。这样，纵横两轴相辅相成，形成一个"家庭的十字"，十字的核心就是一个"和"。家和万事兴，内和外顺，由此产生。

3. 国和："协和万邦"

按照儒学的思路，家国一理，家庭是社会的细胞，家庭和谐是社会和谐的基础，社会和谐为家庭和谐奠立基本的环境条件。每一个家庭都胶合成一个牢固的纵横十字，千万个家庭便可以变成一个有机统一的社会，在这个社会中朝廷起着提纲挈领的作用。孔子主张"弟子入则孝，出则弟，谨而信，泛爱众，而亲仁"，这是将家庭和谐与社会和谐高度统一的精辟论断，能做到这一切，太平盛世也就到来了。

他将家庭和谐推广为社会、国家、文明之间的和谐共长、相辅相成。为达到"国和"，孔子有四点教诲：一是全社会要倡行忠恕之道，也就是每个人都要恪守"君君，臣臣"的纲常，严格履行"群而不党"的教义,在政治生活中体现一个"忠"字,忠于朝廷,忠于国家,尽职尽责;二是倡行中庸之道,在人与人之间的关系上推崇一个"和"字,倡导"和为贵";三是任人唯贤,选贤举能;四是加强教育,有教无类,形成良好的社会风气,形成一个和谐、有秩序的安定社会环境。这样,在一个国家内部,就能保证国泰民安。"国和"还表现为国家之间和谐相处。在处理国家之间的关系上,儒学的最高理想是"协和万邦",重要的方式是"礼尚往来"。针对"万邦"各自的特点,儒家遵循的准则仍然是"和而不同"、"求同存异",承认国家之间差别的存在,承认其他文明的存在,不强求世界千篇一律,倡导各个国家和各种文明共生共栖,保持各自的特点,而又不发生战争,和平共处。

4. 天地人和:"天人合一"

在传统文化中,"天"、"地"、"人"并称为"三才",在"三才"之后加个"和",形成"天地人和"。"天地人和",是世界最宝贵也最美好的状态——"天人合一"。"天"原本是自然现象的存在,在儒家那里转为了道德的终极境界,因为社会圆满的道德力量,天与人和谐共鸣,产生了"天人合一"的和谐状态。"天人合一"一方面强调人的道德,强调自然界的内在规律;一方面强调人与天、与地、与大自然的万类万物要和谐。传统文化讲"各得其和以生,各得其养以成",其道理在于人类发展只有合理地利用自然界,与自然界保持和谐,才能维持和发展人类所创造的文明,才能与自然界共生共荣、协调发展。

为了实现"天人合一",老子从观察自然中,提出了一个高于人类社会的宇宙运行的法则——"道",又从宇宙秩序推衍出社会秩序,由宇宙和谐引申出人与自然的和谐。孔子举例提出了"钓而不纲,弋不射宿"的名句,即,只用线去钓鱼,不要用网去捕鱼;

不要去射杀夜里在巢中睡觉的幼鸟。这充分反映出传统文化中尊崇自然、爱护环境的思想。

第二节　空想社会主义的和谐思想

空想社会主义理论是马克思主义的三个重要理论来源之一。在空想社会主义者的理论体系中,特别是在19世纪空想社会主义者的未来社会构建模式中,和谐社会成为了他们共同的价值追求:傅立叶把他的理想社会制度叫做"和谐制度",欧文把他在美国的共产主义实验称作"新和谐公社",魏特林写下了著作《和谐与自由的保证》。空想社会主义者的和谐社会思想尽管是那个时代历史条件的产物,但是剖析他们的和谐社会思想,对于今天我们构建社会主义和谐社会也不乏重要的借鉴意义,其中包括防止陷入不切实际的空想。

一、空想社会主义和谐社会思想的提出

实现社会和谐是千百年来人类对社会文明和进步的追求,也一直是空想社会主义者们向往的社会理想。但是,相比较而言,以往历史阶段的空想社会主义者们对和谐社会的渴望从来没有像19世纪前期这段时间急切,有的著书立说对和谐社会建立的必要性进行充分论证,有的精心设计方案,还有的迫不及待地展开了建立和谐社会的实验。他们之所以在这个时期提出建立和谐社会的迫切要求,原因根植于当时西欧经济社会的发展背景。

一是西欧社会当时正处于由工场手工业向机器大工业的急剧转型时期。既有的生产秩序、经营秩序和生活秩序处于严重的失序状态,社会生活也处于极不和谐状态。

　　二是政治秩序处于混乱状态。机器大工业的发展,不仅直接提高了劳动生产率,"资产阶级在它的不到一百年的阶级统治中所创造的生产力,比过去一切世代创造的全部生产力还要多,还要大。"①而且促使整个社会基础发生了变化。新生的资产阶级已经不满足于"鼓胀的钱囊",再也不愿意做封建贵族唯唯诺诺的侍从,他们以先进的机器大生产作为物质技术基础,以经济实力为要挟,财大气粗地从后台走向前台,明火执仗地提出了掌握国家权力的政治诉求。英国资产阶级革命和法国大革命,从人类历史发展来看无疑是进步的革命,但是革命并不是在旧秩序的框架内平静地进行的,而是在反反复复的流血、掉脑袋的过程中展开的,是整个政治秩序的混乱。19 世纪的空想社会主义者们都经历了这段政治混乱时期,不堪忍受这样的混乱,这是空想社会主义者们提出建立和谐社会政治理想要求的重要原因。

　　三是社会两极分化严重,阶级矛盾异常突出。工业革命的深入发展,大大增加了社会财富,但是财富的分配却是极其不公平的。穷人们用劳动促进了科学、艺术和工业的进步,是最富有生产性的群体,但却得不到相应的报酬,物质生活极度悲惨,他们劳动强度大而又吃得很坏,不少人经常死于营养不良的疾病之中;而资本所有者和权贵们不做任何有益的生产劳动,他们一方面依靠资本残酷地压榨穷人的劳动,一方面依靠特权从事国有资产的买卖,进行地产投机,承办军需品,搞金融投机活动,但是他们都大发横财。圣西门把穷困的劳动者叫做"法国社会的真正花朵",把富有者叫做"游手好闲"的人;傅立叶把富人叫做"坐在黄金上的阶级",把穷人叫做"一无所有的阶级"。他们已经认识到,富人的财

---

　　①　《马克思恩格斯选集》第 1 卷,人民出版社 1972 年版,第 256 页。

富完全来源于对穷人的掠夺,并且已经发现这种掠夺是文明制度的必然产物。在文明制度下,富人们勾结在一起来掠夺穷人;个人利益与集体利益处于极度的矛盾之中,每个人都处在同集体不断战斗的状态之中。傅立叶一针见血地说:"文明制度的机构在一切方面都只是巧妙地掠夺穷人和使富人发财致富的组织。"①空想社会主义者欧文、魏特林等人也都对贫富两极分化问题有着详细的描述。贫富两极分化的后果是阶级之间的对立,恩格斯指出:"新生的工业能够这样成长起来,只是因为它用机器代替了手工工具,用工厂代替了作坊,从而把中等阶级中的劳动分子变成工人无产者,把从前的大商人变成了工厂主;它排挤了小资产阶级,并把居民间的一切差别化为工人和资本家之间的对立。"贫富两极分化和阶级之间的对立在经济危机到来时表现得更为明显,由于生活无助,失业的工人与资本所有者之间的冲突与斗争不断涌现,整个社会的经济关系、政治关系和社会关系处于极度的紧张状态。当时西欧经济社会发展的混乱状态,促使包括空想社会主义者在内的许多社会精英对现有文明制度的合理性提出质疑,他们提出要改变旧制度的不合理因素,用一种新的社会制度来取而代之。既然现存制度的明显弊端是社会不和谐,因此在他们所设计的理想制度中,社会和谐就被放在了十分突出的位置。

二、空想社会主义和谐社会思想的基本内容

空想社会主义者的社会和谐思想是在批判现存社会不和谐现象的过程中提出的,而现存社会的不和谐表现在经济、政治、文化、

---

① 转引自刘建华:《贫困问题的社会制度分析》,《学术论坛》2005 年第 7 期,第 86 页。

教育等各个方面,所以他们的社会和谐思想也就散见于对资本主义批判的各个方面之中。梳理和归纳这些思想观点,可以比较清晰地看出他们所设计的和谐社会的特征。

第一,协作生产,统一管理。空想社会主义者普遍认识到资本主义生产无政府状态的危害,所以在他们所设计的未来社会中处于第一位的是生产的有组织、有计划性。圣西门设计的理想社会制度是"实业制度",又称为"和谐制度"。在实业制度下,科学院负责编制计划,然后交实业家委员会审查,最后交银行家执行。①傅立叶设计的理想社会制度叫"和谐制度",其基本单位是"法朗吉"。在"法朗吉"中,不仅生产领域的工业劳动和农业劳动、流通领域的商业劳动要联合协作,而且家务劳动、教育劳动、科学劳动、艺术劳动也要联合与协作。整个社会要把这七种劳动组织起来,形成协调而完整的体系。②欧文设计的理想社会是"公社制度"并付诸于实践,他为公社制度制定的组织法的名称是《新协和公社组织法》,认为每个公社都是"一个由农、工、商、学结合起来的大家庭",这个大家庭由公社总理事会统一管理。③魏特林设计的理想社会制度叫"和谐、自由和共有共享的制度",在他那里和谐居于首位。他把整个社会管理分为两大系统,一是劳动或业务系统,一是享受或家庭系统。为了保证社会和谐,这两大系统要由最高管理机构三人团统一管理协调。④

第二,发展社会生产,促进社会进步。与先前的空想社会主义者们不同,在19世纪初期空想社会主义者所设计的和谐社会中,

---

① 《圣西门选集》第2卷,商务印书馆1985年版,第278页。
② 《傅立叶选集》第2卷,商务印书馆1981年版,第254页。
③ 《欧文选集》第2卷,商务印书馆1981年版,第249页。
④ [德]魏特林:《和谐与自由的保证》,商务印书馆1997年版,第307页。

都普遍反对禁欲主义,因此也都普遍要求发展科学技术,繁荣文化教育,提高社会生产力,增加社会财富。圣西门说,国家为自己规定的唯一合理目的,就是用最小的管理费用生产更多的东西,他预言在实业制度下,农工商业、科学和艺术都将得到迅速的发展,人们的物质和精神生活都将得到迅速的提高。傅立叶认为,和谐制度是要人类最终摆脱一切苦难折磨的社会制度,建立这样的制度首先就要创造大规模的生产、高度的科学和优美的艺术。欧文认为,公社制度将"利用最近一百年来的发明和发现,根据科学原理组织社会,并以简单而合理的平等和正义原则管理社会,人们就有可能在每天不到四小时的有益而愉快的劳动条件下,使全社会拥有大量品质优良的产品。"①到那时,在资本主义制度下1平方公里养活不了250人,而在公社制度下可以保证500人甚至更多的人过上丰衣足食的生活。魏特林更是主张,在和谐制度下要通过发展生产力来满足人们的各种欲望。

　　第三,权力平等,自由发展。针对资本主义社会的权力不平等和人的发展受到固定分工的严重约束,空想社会主义者们吸收了西方启蒙思想家的人权思想,并推而广之到社会生活中的各方面。他们首先把劳动权看做是"最主要的天赋人权",认为一切人都有平等的劳动机会,一切人都要平等地参加劳动。和谐制度"将找出最可行和生效最快的手段来保证生产者大众经常有工作。"其次是政治权力的平等。空想社会主义者认为,在和谐制度下人们的"智力已经相当发展,他们的预见力已经相当的敏锐,足以毫无困难地建立起一个使他们成为权利平等的社会成员的社会组织体系。"和谐社会有一个严密的管理机构,这个机构的成员由民主选

---

① 《欧文选集》第2卷,商务印书馆1981年版,第241页。

举产生。圣西门强调，要"把选举适当人选充当人类的伟大领袖的权力交给全体人民"。① 所有社会成员在经济地位和政治地位上没有高低之分。再者，在和谐制度下，所有人都有平等地获得劳动成果的权力、平等的享受权力和平等的受教育权利，妇女也获得了解放，取得了与男子一样平等的权利。在和谐制度下，由于旧式分工不复存在，人们智力和体力的发展都非常全面，生产劳动成为了一种娱乐，劳动生产力也得到了高度的发展，所以，每一个社会成员都不必要终身被束缚在一种职业上，可以根据自己的个性，自由地发展自我。

第四，承认分配差别，保障社会福利。19 世纪初期的空想社会主义者在分配方面普遍反对平均主义，主张有差别的分配和提高共同的福利。傅立叶说："协作制度是绝不主张平均主义的"，"在和谐制度下，任何平均主义都是政治的毒药。"②他们认为每一个人的能力及其贡献是不同的，所以在分配所得方面也存在差别。圣西门曾经直白地劝告无产者说："私有者虽然在人数上比你们少得多，而他们的文化却比你们高得多，为了共同的福利，应当按照文化程度分配统治权。"③在圣西门这个观点中包含着承认差别的思想，他曾经清楚地说过：每个人的收入也应当与他的才能和贡献成正比。傅立叶更是鲜明地提出，按照"资本、劳动和才能来确立"的分配才是"每个人都觉得满意的分配"，甚至提出了分配的比例：劳动占 5/12，资本占 4/12 ~ 5/12，才能占 3/12 ~ 2/12。欧文认为，一切民族都有分配自己财富的方式，它在各国随着时代的不

---

① 转引自张昀硕：《空想社会主义的和谐社会思想及其实践意义》，《中国教育科研杂志》2007 年第 7 期，第 49 页。

② 《傅立叶选集》第 2 卷，商务印书馆 1981 年版，第 185 页。

③ 《圣西门选集》第 2 卷，商务印书馆 1985 年版，第 218 页。

同而有所改变，在英国，当时合理的分配只能在公平交易市场中进行，劳动者凭证明参与共同劳动份额的劳动券，在交易市场领取相应的劳动产品。实际上这是在共同劳动产品范围内的按劳分配，欧文的分配理论本意是反对资本参与分配的，但是在实践中，在共同劳动产品范围以外，他实际上还是承认了资本获得利润的权利。魏特林的分配是巴贝夫的平均主义分配和三大空想社会主义者按劳分配的混合体。他把劳动和劳动产品分成两大类别，一类是"必要和有益的劳动"，这类劳动人人都要参加，它为人类提供"生活必需品"；一类是"为舒适的享受"而进行的劳动，这类劳动可以根据自己的劳动能力和享受欲望而自由参加，它为人类提供"舒适的产品"。对于生活必需品，原则上实行平均分配，这是新社会制度和谐的体现；而对于"舒适的产品"，原则上实行按能力和贡献大小分配，这是新社会制度自由的体现。魏特林认为，全体的和谐不妨碍个人的自由，个人的自由也不破坏全体的和谐，这才是和谐、自由与共享社会制度的真谛。①

　　空想社会主义者的和谐社会还有其他一些特点。例如，消灭城乡对立、脑力劳动与体力劳动对立，主张把城市和乡村结合起来，把工业和农业结合起来，把脑力劳动与体力劳动结合起来，实现经济社会的和谐发展；平等的受教育权力，男女平等，婚姻自主，家庭和睦，人际关系融洽，等等。这些构成了空想社会主义者和谐社会的基本内容和原则。

三、对社会主义和谐社会建设的几点启示

　　研究历史的目的在于以史为鉴，给当代人以启发和明示。空

---

① ［德］魏特林：《和谐与自由的保证》，商务印书馆1997年版，第193页。

想社会主义者的和谐社会思想,对今天我国当前和谐社会及和谐文化建设有多方面的启示意义。

启示之一:和谐社会决不排斥生产的发展和社会的创造活力。空想社会主义者在设计和谐社会时,都主张利用先进的科学技术、进步的生产工艺、严密的组织管理方法来提高劳动生产率,创造更多的共同福利。因此,我们也应该充分认识到,我们正在构建的社会主义和谐社会决不是稳稳当当甚至死气沉沉的和谐,而是充满活力、朝气蓬勃、团结向上的和谐;是一种后进赶先进、先进更先进、不断追求进步的和谐。在这个社会里,一切有利于促进社会生产力发展的劳动、知识、资本、创造都应该有发挥所长的环境;一切有利于人民富裕、国家强盛、民族团结的力量都应该有用武之地。要坚持树立深化改革、扩大开放、加快发展的意识,不断破除阻碍生产力发展的旧思想、旧观念、旧体制的束缚;要解放思想,勇于创新,有敢于突破前人的胆识,也要有允许后人突破我们的气魄;要以科学的发展观为指导,既毫不动摇地巩固和发展公有制经济,又要毫不动摇地鼓励、支持和引导非公有制经济发展,把坚持公有制为主体、促进非公有制经济发展统一于构建社会主义和谐社会的进程中。

启示之二:既要承认个体能力差别,调动构建社会主义和谐社会的一切积极因素;又要注重社会公平,防止出现两极分化。在空想社会主义者设计的和谐社会中,一方面,根据个人的能力和对社会贡献大小分配,鼓励人的个性和才华都能得到最充分的展现;另一方面,要平均分配生活必需品,保证每一个社会成员都能够过上幸福的生活。尽管这些观点中还有平均主义的痕迹,但是他们承认差别,重视公平,这对我们是有启示意义的。我国现阶段无论是经济结构、产业结构、就业结构和收入来源等都已经多样化了;不同地区和个人的文化程度、劳动技能、财富多寡、生活状况也都存在着明显差距。因此，法律政策的制定要面对这个现实，立足于鼓励人们干事业、支持人们干成事业，在继续推动发展的前提下，维护和实现社会公平，通过先富带动后富，最终达到共同富裕。不能因为只求效率而牺牲公平，产生两极分化，也不能因为公平而不顾效率，使整个社会发展失去活力。既要能够充分调动包括知识分子在内的工人阶级、广大农民推动经济社会发展的根本力量，又要能够保证民营科技企业的创业人员和技术人员、受聘于外资企业的管理技术人员、个体户、私营企业主、中介组织的从业人员、自由职业人员等社会阶层为经济社会发展积极贡献力量。既要保护发达地区、优势产业和先富群体的发展活力，又要高度重视和关心欠发达地区、比较困难的行业和群众的生产、生活，促进全社会共同发展。既要保护合法的劳动收入，也要保护合法的非劳动收入，放手让一切劳动、知识、技术、管理和资本的活力竞相迸发，让一切社会财富的源泉充分涌流，以造福于人民。

启示之三：重视用道德手段和宣传教育的方式来化解社会矛盾，保持社会的和谐。空想社会主义的一个显著特点，是运用伦理道德和理性原则来设计理想社会，而且为此进行不懈的宣传和呼吁。例如，他们主张整个社会要多一些诚信，少一些欺骗；人与人之间要多一些尊重，少一些刻薄；穷人应当对富人宽宏大量，富人应当对穷人仁爱慈善；所有社会成员都要养成相互关爱的习惯，要培养高尚的情操和精神境界。用理性的原则来改造社会，这固然是空想社会主义的空想性所在，但是，不可否认，道德的手段在调解社会矛盾、维护社会秩序时有其独特的优势。它虽然不像法律一样有强制性作用，但是通过强大的社会舆论、典型示范和个人内省作用，从而可以形成为社会行为共同遵循的规范。因此，我们在构建社会主义和谐社会的过程中,不仅要坚持依法治国,而且也要坚持以德治国。

空想社会主义者的社会和谐思想是针对100多年前西欧经济社会发展状况提出来的,他们的设想大多都只是纸上谈兵,即使有的付诸实验,结果也以失败而告终。当今的科学技术发展水平,社会关系的复杂程度,利益要求的多样性和利益表达渠道的畅通情况,人们对社会的认知能力与管理水平,以及我国的社会制度等,都与100多年前有天壤之别。在当时就是空想的东西,照搬到今天也只能是乌托邦。然而,正如恩格斯所说的:"虽然三位思想家的学说含有十分虚幻和空想的性质,但他们终究是属于一切时代最伟大的智士之列的,他们天才地预示了我们现在已经科学地证明了其正确性的无数真理。"①马克思恩格斯还在《共产党宣言》中肯定了19世纪空想社会主义提倡的社会和谐是"它们关于未来社会的积极主张"。空想社会主义者的和谐社会理想之所以是乌托邦,并不在于他们追求的社会理想不真实,而在于他们没有从根本上改变资本主义社会制度着手,实现理想的途径与手段不现实。就他们提出的和谐社会理想而言,今天仍然是有价值的。所以,研究空想社会主义和谐社会思想,对我国正在进行的构建社会主义和谐社会的实践,具有积极的启示意义。

第三节　马列经典作家的和谐思想

马克思关于未来共产主义社会的构想,为我们描绘了一幅和谐社会的蓝图。在《1844年经济学哲学手稿》中,马克思对共产主、

---

①　《马克思恩格斯全集》第18卷,人民出版社1979年版,第566页。

义社会作了初步描述,认为共产主义"是人和自然之间、人和人之间的矛盾的真正解决,是存在和本质、对象化和自我确证、自由和必然、个体和类之间的斗争的真正解决"①。在《共产党宣言》中,马克思恩格斯认为,空想社会主义者"提倡社会和谐","是关于未来社会的积极的主张"。但是,"这些主张本身还带有纯粹空想的性质"。② 按照马克思的设想,共产主义社会是建立在生产力高度发展基础上的,阶级差别、城乡差别、工农差别、脑力劳动与体力劳动差别完全消灭,私有制和旧式分工带来的不平等和社会冲突不复存在,个人得以全面发展,人的创造力得到充分发挥的最理想的和谐社会。"在那里,每个人的自由发展是一切人的自由发展的条件"③。在马克思看来,和谐社会的实质性特征主要体现在四个方面:人与自然的和谐、人与社会的和谐、人与人的和谐,以及社会结构各要素之间的和谐。

一、人与自然的和谐

马克思在《1844年经济学哲学手稿》中指出:未来社会"是人同自然界的完成了的本质的统一,是自然界的真正复活,是人的实现了的自然主义和自然界的实现了的人道主义"④。在这里,马克思将人与自然的和谐统一看做是未来社会的重要标志之一。

马克思认为,人与自然具有不可分割性,即相互依存性。人对自然的依存主要表现在两个方面:一方面,从生物学的意义上来说,人是自然界的一部分,人靠自然界生活。"人直接地是自然存

① 《马克思恩格斯全集》第42卷,人民出版社1995年版,第120页。
② 《马克思恩格斯选集》第1卷,人民出版社1995年版,第304页。
③ 《马克思恩格斯选集》第1卷,人民出版社1995年版,第294页。
④ 《马克思恩格斯全集》第42卷,人民出版社1979年版,第122页。

在物"，是"有生命的自然存在物"①。人首先把整个自然界作为
自己的直接的生活资料，其次作为其生命活动的对象和工具，从这
个意义上说，自然界成为人的无机身体。自然界是人为了不致死
亡而必须与之处于持续不断地交互作用过程的人的身体。马克思
在《政治经济学批判（1857—1858 年手稿）》中作了进一步论述：
"正像劳动的主体是自然的个人，是自然存在一样，他的劳动的第
一个客观条件表现为自然，土地，表现为他的无机体；他本身不但
是有机体，而且还是这种作为主体的无机自然。这种条件不是他
的产物，而是预先存在的；作为他身外的自然存在，是他的前
提。"②在马克思看来，人与动植物一样，都依赖于自然而生存，把
自然作为生活的源泉，作为其自身生产和再生产的条件。

　　另一方面，从实践主体的意义上来说，自然界是人的本质力量
的对象化确证。自然界是表现和确证人的本质力量所不可缺少的
重要的对象。"一个存在物如果在自身之外没有对象，就不是对
象性的存在物。"③也就是说，人与动植物又不同，人从本质上来说
是一种能动的存在物，是实践活动的主体。人只有通过自己的实
践活动，对自然界加以改造，将自己的本质力量对象化在自然之
中，才能通过对象化了的自然反观人自身，确证人的主体性存在。
这种被改造过的自然界，就是"人化自然"。人正是在改造自然、
将自然人化的过程中，使自己的主体性得以形成和实现。"他使
自身的自然中蕴藏着的潜力发挥出来，并且使这种活动受他自己
控制"④。也就是说，只有当人对自然做出改变，使自然成为属人

---

①　《马克思恩格斯全集》第 42 卷，人民出版社 1979 年版，第 167 页。
②　《马克思恩格斯全集》第 30 卷，人民出版社 1995 年版，第 480 页。
③　《马克思恩格斯全集》第 42 卷，人民出版社 1979 年版，第 168 页。
④　《马克思恩格斯选集》第 2 卷，人民出版社 1995 年版，第 177 页。

的自然时,只有当人的本质得到对象化确证时,人才成为现实的主体,而不是想象的主体。

在肯定人对自然依存性的同时,马克思又强调了自然对人的依存性。马克思认为,从社会历史观的角度看,脱离人的存在来谈自然界是没有意义的,"被抽象地孤立地理解的、被固定为与人分离的自然界,对人来说也是无"①。对于主体人来说,不存在超出人的视野之外的、与人的实践活动无关的"纯粹的"自然界。马克思批评费尔巴哈对自然界亦即对感性世界的理解仅仅局限于对这一世界的单纯的直观,指出费尔巴哈"没有看到,他周围的感性世界决不是某种开天辟地以来就直接存在的、始终如一的东西,而是工业和社会状况的产物,是历史的产物,是世世代代活动的结果"②。在马克思看来,先于人类历史而存在的那个自然界,不是人生活其中的自然界,这样的自然界由于与人的生活未发生任何联系,因而对于作为主体的人来说是没有现实意义的,也可以说是不存在的。相反,"在人类历史中即在人类社会的产生过程中形成的自然界是人的现实的自然界;因此,通过工业尽管以异化的形式形成的自然界,是真正的、人类学的自然界"③。这里所说的"人的现实的自然界"、"人类学的自然界",是人的实践活动的结果,是社会劳动的产物。也就是说,自然界只有作为实践改造的对象,作为历史的产物,才是真实的,对人来说才是有意义的。

综观马克思的论述,可以得出结论说,人与自然在本质上是相互依存、相互确证的。在对人与自然关系深刻认识的基础上,马克

---

① 《马克思恩格斯全集》第42卷,人民出版社1979年版,第178页。
② 《马克思恩格斯选集》第1卷,人民出版社1995年版,第76页。
③ 《马克思恩格斯全集》第42卷,人民出版社1979年版,第128页。

思进一步提出要采取合理的形式,适当地调节人和自然之间的物质变换,使人与自然达到和谐。在论述过程中,虽然马克思没有提出可持续发展的概念,但却对可持续发展思想做出了开拓性的具有全新奠基意义的理论论证。马克思在生态环境问题尚未充分显现、人们对环境问题的严重后果还未充分认识的时候,就通过对资本主义生产方式的考察,敏锐地发现了这种生产方式对自然造成的严重危害。他指出:"资本主义生产使它汇集在各大中心的城市人口越来越占优势,这样一来,它一方面聚集着社会的历史动力,另一方面又破坏着人和土地之间的物质变换,也就是使人以衣食形式消费掉的土地的组成部分不能回到土地,从而破坏土地持久肥力的永恒的自然条件。"①资本主义农业的任何进步,在一定时期内提高土地肥力的任何技巧的进步,同时也是破坏土地肥力持久源泉的进步。也就是说,在资本主义生产方式下,人对自然的破坏性开采,对土地肥力的恶性的消耗,破坏了自然界的自我循环和动态平衡,从而造成了土地等自然生态的恶化,因此,必须对这种生产方式加以变革。马克思指出,人与自然之间的物质变换应该考虑到自然本身的进化后果,从而采取合理的形式,即在一种同人的充分发展相适应的形式上,建立起农业和工业的"新的更高级的综合",以代替资本主义性质的物质变换形式。这就是,物质生产"领域内的自由只能是:社会化的人,联合起来的生产者,将合理地调节他们和自然之间的物质变换,把它置于他们的共同控制之下,而不让它作为盲目的力量来统治自己;靠消耗最小的力量,在最无愧于和最适合于他们的人类本性的条件下来进行这种

---

① 《马克思恩格斯全集》第23卷,人民出版社1972年版,第552页。

物质变换。"①也就是说,"物质变换"作为人与自然之间的本质联系,绝不能盲目地进行,而是应该置于人类的自觉控制之下,这种控制过程不仅应该遵循客观的自然规律,而且应该遵循人类自身生存与发展的规律。

马克思把人与自然的和谐关系看做和谐社会的最核心的关系,即具有存在论根基的最根本的关系。在他看来,作为调节人与自然关系的重要手段的物质变换,必须从长远的眼光出发,以对人与自然负责的态度,采取合理的形式,以最小的消耗,形成人与自然之间的良性循环,从而克服人与自然之间的对抗,最终达到人与自然的和谐统一。

二、人与社会的和谐

马克思在《1844年经济学哲学手稿》中指出:"首先应当避免重新把'社会'当做抽象的东西同个人对立起来。个人是社会存在物。"②在《政治经济学批判(1857—1858年手稿)》中也指出:"社会,即联合起来的单个人"③,"社会本身,即处于社会关系中的人本身"④。这表明,不论是考察现实的人,还是考察现实的社会,马克思都把人与社会的辩证统一作为理论分析的出发点和前提。

马克思从来都不否认个人在社会中的作用,相反,他把个人看做社会存在的现实基础。"全部人类历史的第一个前提无疑是有

---

① 《马克思恩格斯全集》第25卷,人民出版社1975年版,第926—927页。
② 《马克思恩格斯全集》第42卷,人民出版社1979年版,第122页。
③ 《马克思恩格斯全集》第30卷,人民出版社1995年版,第526页。
④ 《马克思恩格斯全集》第31卷,人民出版社1998年版,第108页。

生命的个人的存在。"①"人们的历史始终只是他们的个体发展的历史,而不管他们是否意识到这一点。"②在马克思看来,社会历史从来都不是同个人和个人活动相分离的某种外在力量的自发过程,而是个人本身的能动活动的过程。马克思这里所说的个人不是想象中的个人,"不是处在某种虚幻的离群索居和固定不变状态中的人,而是处在现实的、可以通过经验观察到的、在一定条件下进行的发展过程中的人。"③也就是现实的个人。这种现实的个人的自主活动,从不同方面创造着构成社会的各种要素。正如马克思所说的:"生产力和社会关系这二者是社会个人的发展的不同方面"④,生产力不过是现实的个人的本质力量的体现,社会关系则是个人在实践活动中形成的相互之间的社会联系,而"生产力与交往形式的关系,就是交往形式与个人的行动或活动的关系";"社会结构和国家总是从一定的个人的生活过程中产生的"⑤。就是说,社会是个人活动的产物,社会的发展就是个人自身的发展。个人行动或活动的结果,不仅推动了生产力的发展,形成了一定的社会关系,还产生了客观的社会结构。因此,个人是社会发展的推动力量。

在肯定个人作用的同时,马克思又强调了社会对个人的支配和决定作用。他指出:"个人是完全由社会决定的……个人在分工中所处的关系……已经使个人成为由社会决定的人了。"⑥并指

①　《马克思恩格斯选集》第1卷,人民出版社1995年版,第67页。
②　《马克思恩格斯选集》第4卷,人民出版社1995年版,第532页。
③　《马克思恩格斯选集》第1卷,人民出版社1995年版,第73页。
④　《马克思恩格斯全集》第31卷,人民出版社1998年版,第101页。
⑤　《马克思恩格斯选集》第1卷,人民出版社1995年版,第123、71页。
⑥　《马克思恩格斯全集》第30卷,人民出版社1995年版,第203页。

出："人的本质不是单个人所固有的抽象物。在其现实性上，它是一切社会关系的总和。"①"不管个人在主观上怎样超脱各种关系，他在社会意义上总是这些关系的产物。"②在马克思看来，个人是由社会关系决定的，个人的生存和发展离不开一定的社会关系，个人只有在一定的社会关系中才能从事基本的生产活动，因为"他们只有以一定的方式共同活动和互相交换其活动，才能进行生产。为了进行生产，人们相互之间便发生一定的联系和关系；只有在这些社会联系和社会关系的范围内，才会有他们对自然界的影响，才会有生产。"③同时，个人的实践活动也离不开既得的社会历史条件，"人们不能自由选择自己的生产力，这是他们的全部历史的基础，因为任何生产力都是一种既得的力量，是以往活动的产物。"生产力作为人的应用能力本身，决定于"前一代人创立的社会形式"④。也就是说，人们直接碰到的、既得的社会历史条件，是个人活动开始的前提。在马克思那里，社会关系和社会历史条件，对个人的生存和发展具有根本的支配和决定作用。

马克思所说的个人与社会的统一，是一个具体的历史的过程。只有在共产主义社会这一理想状态的和谐社会，个人与社会的矛盾才能得到真正的解决，二者才能达到真正的统一。在马克思看来，个人与社会统一的理想状态，就是个人的全面发展和人的能力的充分发挥。马克思在论述人类社会形成发展的历史进程时明确指出："人的依赖关系（起初完全是自然发生的），是最初的社会形式，在这种形式下，人的生产能力只是在狭小的范围内和孤立的地

①　《马克思恩格斯选集》第1卷，人民出版社1995年版，第56页。
②　《马克思恩格斯全集》第23卷，人民出版社1972年版，第12页。
③　《马克思恩格斯选集》第1卷，人民出版社1995年版，第344页。
④　《马克思恩格斯选集》第4卷，人民出版社1995年版，第532页。

点上发展着。以物的依赖性为基础的人的独立性,是第二大形式,在这种形式下,才形成普遍的社会物质变换、全面的关系、多方面的需要,以及全面的能力的体系。建立在个人全面发展和他们共同的、社会的生产能力成为从属于他们的社会财富这一基础上的自由个性,是第三个阶段。第二个阶段为第三个阶段创造条件。"①在这里,马克思不是从社会经济形式的角度对社会形态做出上述划分的,而是从个人与社会相互关系的角度对其加以规定的。在前两种形态中,人对人、对物的依赖,表明人的发展是受限制的、片面的。不过,在"物的依赖性"的资本主义阶段,资本主义"在产生出个人同自己和同别人的普遍异化的同时,也产生出个人关系和个人能力的普遍性和全面性"②,从而为超越"人的依赖关系"和"物的依赖性"创造条件。

马克思关于"建立在个人全面发展和他们共同的、社会的生产能力成为从属于他们的社会财富这一基础上的自由个性"的论述是极其精辟的经典性论述,在马克思看来,在人类历史发展的更高历史阶段——共产主义社会,实现以个人全面发展为基础的自由个性才能成为现实。在共产主义社会这一理想状态的和谐社会中,社会关系不再作为异己的力量支配人,而是置于人们的共同控制之下。个人的全面发展与社会关系的和谐成为相辅相成的互动过程,一方面,社会关系的和谐将使每个人的自由发展成为一切人自由发展的条件,从而使每一个个人更充分地获得全面的发展。另一方面,只有全面发展的个人,才能成为推动社会和谐发展的动力。"因为现存的交往形式和生产力是全面的,所以只有全面发

①《马克思恩格斯全集》第30卷,人民出版社1995年版,第107页。
②《马克思恩格斯全集》第30卷,人民出版社1995年版,第112页。

展的个人才可能占有它们"①。也就是说,个人作为社会活动的主体,只有具备了主体的全面性和丰富性,才能把握对象的全面性和丰富性,才能驾驭全面的"交往形式和生产力"等社会构成要素,推动社会全面发展,最终达到理想的和谐状态。可见,在马克思那里,个人的全面发展与社会的和谐发展是互为前提、互相促进的。

三、人与人的和谐

马克思所谈到的社会关系的和谐也包含着人与人之间的和谐。他认为,人与人之间的关系实际上是利益关系。"人们奋斗所争取的一切,都同他们的利益有关"②。人们在追求自己利益的过程中,形成了不同的利益关系,这些利益关系不可避免地对人们之间的关系产生影响。如果人们之间的利益没有根本冲突,那么人与人之间的关系就会和谐发展,相反,如果人与人之间的利益出现了矛盾,并且这种矛盾激化到一定程度,社会又不能及时地加以协调,那么就必然影响和破坏人与人之间和谐相处的关系,导致人们对社会的不满,严重时还会引发社会暴力事件,致使社会在无谓的利益冲突中走向衰落。

为了达到人与人之间关系的和谐,社会就必须建立相应的利益协调和均衡机制。这就是人们通常所说的社会公平机制。马克思认为,不同的人对公平有不同的理解。在《哥达纲领批判》中,马克思批评了拉萨尔所谓的"公平的分配"和"平等的权利",指出:"什么是'公平的'分配呢?难道资产者不是断言今天的分配是'公平的'吗?难道它事实上不是在现今的生产方式基础上唯

---

① 《马克思恩格斯全集》第3卷,人民出版社1995年版,第516页。
② 《马克思恩格斯全集》第1卷,人民出版社1995年版,第82页。

一'公平的'分配吗？难道经济关系是由法的概念来调节，而不是相反，从经济关系中产生出法的关系吗？难道各种社会主义宗派分子关于'公平的'分配不是也有各种极不相同的观念吗？"①在这里，马克思主张要从经济关系出发来看待包括"公平"在内的观念，而不是相反。在他看来，资产者断言的分配的公平是颠倒了因果关系的，因而这种"公平"无疑是站不住脚的。

马克思批评了资本主义制度所造成的社会不公，指出私有制造成资本主义在根本利益分配上的极不公平。这种不公平不单是指物质利益分配的不公，它还包括政治和文化上的不平等，诸如民主权利、受教育的权利等等在实质上的不平等。这些弊病只有依靠无产阶级通过自觉的、有组织的阶级斗争和生产斗争，使资本主义社会得到根本改造，才能逐渐从根本上消除。马克思指出："过去的一切运动都是少数人的或者为少数人谋利益的运动。无产阶级的运动是绝大多数人的、为绝大多数人谋利益的独立的运动。"②正是由于无产阶级为绝大多数人谋利益，才使得它有可能建立起合理的利益机制，在这一机制下的人与人之间的关系，才有可能达到和谐。

马克思认为，从一定意义上说，社会主义和谐社会所建立的社会公平机制，不在于完全消除人与人之间的利益矛盾，而在于合理地调节与化解矛盾。因为"权利决不能超出社会的经济结构以及由经济结构制约的社会的文化发展"③。利益矛盾与利益冲突在生产力相对不够发达的共产主义社会的第一阶段即社会主义阶

---

① 《马克思恩格斯选集》第 3 卷，人民出版社 1995 年版，第 302 页。
② 《马克思恩格斯选集》第 1 卷，人民出版社 1995 年版，第 283 页。
③ 《马克思恩格斯选集》第 3 卷，人民出版社 1995 年版，第 305 页。

段,仍然将是一个客观的社会存在,并且在短期内难以完全消除。为此,马克思提出了通过建立社会保障制度,进行二次分配,救助弱势群体,实现社会公平的思想。

在马克思看来,人与人之间的对立和冲突只有到了共产主义社会才会得以真正的消除。因为只有在共产主义社会,生产力得到充分发展,集体财富得到极大丰富,"只有在那个时候,才能完全超出资产阶级权利的狭隘眼界,社会才能在自己的旗帜上写上:各尽所能,按需分配!"①按需分配意味着共产主义真正实现了社会公平,个人利益之间、个人利益和社会整体利益之间得以统一,由此所形成的人与人之间的关系也才能达到真正的和谐。

四、社会结构各要素之间的和谐

马克思在揭示人类社会发展规律的过程中,进一步揭示了社会结构各要素作为一个有机整体和谐互动的过程。他指出:"人们在自己生活的社会生产中发生一定的、必然的、不以他们的意志为转移的关系,即同他们的物质生产力的一定发展阶段相适合的生产关系。这些生产关系的总和构成社会的经济结构,即有法律的和政治的上层建筑竖立其上,并有一定的社会意识形式与之相适应的现实基础。物质生活的生产方式制约着整个社会生活、政治生活和精神生活的过程……社会的物质生产力发展到一定阶段,便同它们一直在其中运动的现存生产关系或财产关系……发生矛盾。于是这些关系便由生产力的发展形式变成生产力的桎梏。那时社会革命的时代就到来了。随着经济基础的变更,全部

---

① 《马克思恩格斯选集》第3卷,人民出版社1995年版,第305—306页。

庞大的上层建筑也或快或慢地发生变革。"①在这里,马克思把社会有机体的主体结构划分为生产力、生产关系(经济基础)和上层建筑三方面要素,同时间接表明了人类社会主要是由经济、政治和文化三个部分构成的。

以此为基础,马克思进一步揭示了人类社会发展的基本规律。在他看来,生产力和生产关系、经济基础和上层建筑构成一个社会有机整体,当它们发生矛盾时,就会引起社会形态的更替。马克思认为,只有生产关系适应生产力发展要求、上层建筑适应经济基础稳定的要求,即它们之间的关系处于和谐共存、相互协调、相互促进的状态时,由之构成的社会整体才能健康发展。他强调指出:"无论哪一个社会形态,在它所能容纳的全部生产力发挥出来以前,是决不会灭亡的;而新的更高的生产关系,在它的物质存在条件在旧社会的胎胞里成熟以前,是决不会出现的。"②在论述交往形式作为生产力发展的条件,在整个历史发展过程中构成一个有联系的交往形式更替的序列时,马克思同样强调指出,这些交往形式"在历史发展的每一阶段,都是与同一时期的生产力的发展相适应的"③。在马克思看来,生产力、生产关系、交往形式等社会主体结构要素在社会形态稳定发展的历史时期,可以长期处于共存的状态,在这一状态下,社会结构各要素越相互适应、相互和谐,就越能促进社会的发展。

马克思在考察社会的主体结构的基础上,对这些结构的各个部分做了进一步的深入剖析。在谈到物质生产的构成要素之间的

---

① 《马克思恩格斯全集》第 31 卷,人民出版社 1998 年版,第 412—413 页。
② 《马克思恩格斯全集》第 31 卷,人民出版社 1995 年版,第 413 页。
③ 《马克思恩格斯选集》第 1 卷,人民出版社 1995 年版,第 124 页。

关系时,他指出:"我们得到的结论并不是说,生产、分配、交换、消费是同一的东西,而是说,它们构成一个总体的各个环节,一个统一体内部的差别。生产既支配着与其他要素相对而言的生产自身,也支配着其他要素……因此,一定的生产决定一定的消费、分配、交换和这些不同要素相互间的一定关系。当然,生产就其单方面形式来说也决定于其他要素。例如,当市场扩大,即交换范围扩大时,生产的规模也就增大,生产也就分得更细。随着分配的变动,例如,随着资本的积聚,随着城乡人口的不同的分配等等,生产也就发生变动。最后,消费的需要决定着生产。不同要素之间存在着相互作用。每一个有机整体都是这样。"①马克思的论述深刻揭示了生产过程各要素之间相互依存、相互作用的关系,这些要素构成一个和谐互动的整体。

此外,马克思在谈到精神生产与物质生产的关系时,同样也把精神生产的各要素看做一个有机整体,并阐明了这些要素之间相互交织的关系,以及它们与生产力和交往形式之间相互适应的要求。他指出:"思想、观念、意识的生产,最初是直接与人们的物质活动,与人们的物质交往,与现实生活的语言交织在一起的。人们的想象、思维、精神交往在这里还是人们物质行动的直接产物,表现在某一民族的政治、法律、道德、宗教、形而上学等的语言中的精神生产也是这样。"而生产自己的观念、思想的人们,"受自己的生产力和与之相适应的交往的一定发展……所制约"。②在这里,马克思从更具体的层面,论述了物质生产和精神生产内部各构成要素之间的复杂关系,把所有这些要素看成是密不可分的,它们彼此

---

① 《马克思恩格斯全集》第30卷,人民出版社1995年版,第40—41页。
② 《马克思恩格斯选集》第1卷,人民出版社1995年版,第72页。

相互依存,相互作用,在同一个运动过程中,其错综复杂的关系始终从属于一个统一的社会整体,只有各个要素之间相互适应,和谐发展,才能促进社会整体的良性运行。

总之,构成社会结构的各要素形成了一种多层次、多样化的关系,它们有机统一于社会整体之中,只有当各要素关系处于和谐有序、良性互动的状态时,整个社会也才会和谐、健康地发展。

第四节　中国共产党人的和谐思想

社会和谐是我们党不懈奋斗的目标。新中国成立后,我们党为促进社会和谐进行了艰辛探索,积累了正反两方面经验,取得了重要进展。党的十一届三中全会以后,我们党坚定不移地推进改革开放和现代化建设,积极推动经济发展和社会全面进步,为促进社会和谐进行了不懈努力。①

一、毛泽东的和谐社会探索

和谐社会的思想不仅在中国传统文化和西方历史上曾经存在过,"大同世界","乌托邦","共产主义"都体现了人们对未来美好和谐社会的向往和追求。在我们党的历史上,毛泽东、邓小平、江泽民虽然没有明确提出和谐社会的概念,但他们的思想体系中都有我们今天所称作的"和谐社会"的内容,他们都对"和谐社会"的建设问题做过论述。毛泽东关于"和谐社会"的思想论述,主要涉及他关于"不要四面出击"的思想、关于论"十大关系"的思想、

---

① 《中共中央关于构建社会主义和谐社会若干重大问题的决定》,《人民日报》2006 年 10 月 11 日。

关于正确处理人民内部矛盾的思想、关于和平改造资本主义的思想、关于做好统一战线工作的思想等。

1. 不要四面出击，树敌太多，造成全国紧张的不利局面。早在1950年4月16日给陈毅的电报中，毛泽东就提出这样一个策略思想。他说：目前处在转变的紧张时期，力争使此种转变进行得好一些，不应当破坏的事物，力争不要破坏，或破坏得少一些，你们把握了这一点，就可以减少阻力，就有了主动权。

1950年6月在北京召开中国共产党第七届中央委员会第三次全体会议，当时新中国刚刚建立，所面临的形势还比较严峻。毛泽东在会上作了《为争取国家财政经济状况的根本好转而奋斗》的主题报告和题为《不要四面出击》的讲话。他在讲话中指出：要完成土地改革，同帝国主义、封建主义、国民党反动派残余作斗争，我们面临的敌人是够大够多的。必须处理好国内各阶级、政党、民族等各方面的关系，以便孤立和打击当前的主要敌人，而不应四面出击，树敌太多，造成全国紧张的不利局面。这一思想抓住了当时的主要矛盾和党所需要做的主要工作，正确处理了国内各个阶级之间的矛盾，做到了最大限度地团结一切可以团结的力量，最大限度地孤立和打击当前的主要敌人。在当时我们立足未稳，各种矛盾错综复杂的情况下，"不要四面出击"的科学策略确实起到了稳定时局、稳定人心、维护团结、发挥积极性和活力的重大作用。因此，从这个意义上，可以说这是毛泽东关于构建社会主义和谐社会思想的体现。

2. 协调好"十大关系"，调动一切积极因素，促进社会的和谐。

1956年初，由于对经济建设的规律了解和尊重不够，对农业生产和其他方面建设的发展规模和发展速度要求过大过高，我们在发展中出现了急躁冒进的情况。党中央注意到这种情况并且着手加以纠正。毛泽东在1956年4月25日的中央政治局扩大会议和5月2日的最高国务会议上,先后作了"论十大关系"的报告。

《论十大关系》是总结我国经验,研究我国建设发展的问题,并且以苏联经验为鉴戒提出来的。前三条讲的是重工业和轻工业、农业的关系,沿海工业和内地工业的关系,经济建设和国防建设的关系。第四、五两条讲的是国家、生产单位和生产者个人的关系,中央和地方的关系。毛泽东提出了必须兼顾国家、集体和个人三方面利益的思想。"十大关系"后五条,讲汉族和少数民族的关系,党和非党的关系,革命和反革命的关系,是非关系,中国和外国的关系,都是属于政治生活和思想文化生活中调动各种积极因素的问题。

论十大关系所涉及的各个关系,都是当时我国经济、政治、文化和社会生活中的命脉问题,这十大关系是不是能够很好地协调和解决,都将关系到我国政局的稳定,关系到广大人民群众建设社会主义积极性的发挥和活力的释放,关系到我国社会的和谐与安定。

3. 正确处理人民内部的矛盾,维护社会稳定。1956年底,在国内的敌我矛盾基本解决的情况下,层出不穷的人民内部矛盾日渐显现和突出。国际上东欧波匈事件的影响,国内社会改造的急促,变化的深刻,以及经济建设中未能完全克服冒进,都使得经济和政治生活中出现某些紧张。这些新情况、新问题不是以敌我矛盾的形式表现出来,大量的却是以人民内部的矛盾表现出来,因此处理人民内部的矛盾成了我们的紧要问题。

对人民内部的矛盾如何进行处理,人民内部的矛盾处理的效果如何,事关社会的稳定和社会的和谐。一个大量充斥人民内部矛盾、动荡不安的社会,无论如何也不是一个和谐的社会。在思考和探索的基础上,1957年2月,毛泽东在最高国务会议上发表《关于正确处理人民内部矛盾的问题》的重要讲话。

毛泽东指出:矛盾是普遍存在的,社会主义社会也充满着矛盾,正是这些矛盾推动着社会主义社会不断地向前发展。他说:"在我们的面前有两类社会矛盾,这就是敌我之间的矛盾和人民内部的矛盾。这是性质完全不同的两类矛盾。"①为了正确划分这两类社会矛盾,应该首先弄清什么是人民,什么是敌人。"在现阶段,在建设社会主义的时期,一切赞成、拥护和参加社会主义建设事业的阶级、阶层和社会集团,都属于人民的范围;一切反抗社会主义革命,和敌视、破坏社会主义建设的社会势力和社会集团,都是人民的敌人。"②敌我之间的矛盾和人民内部的矛盾,是性质完全不同的两类矛盾。敌我之间的矛盾是对抗性的矛盾;人民内部的矛盾,一般说来,是在根本利益一致基础上的非对抗性矛盾。我国现阶段的社会矛盾,一部分是敌我矛盾,大量的是人民内部矛盾。

不同性质的矛盾要用不同的方式去解决。人民内部矛盾是非对抗性的矛盾,就要用非对抗的方式解决。这是因为,有时候有些矛盾的性质处于边缘状态,由于解决的方式不同,可能会影响其性质的变化。本来尚未发展到对抗的程度,如果用对抗的方式去解决,矛盾也可能迅速转化为对抗。反之也是一样,有些可能发展为对抗的矛盾,如果用和缓的方式去解决,也可能就不发展为对抗的矛盾。因此毛泽东强调:敌我矛盾是分清敌友问题,需要用强制的、专政的方法去解决;人民内部的矛盾是分清是非问题,只能用

---

① 《毛泽东文集》第7卷,人民出版社1999年版,第204页。
② 《毛泽东文集》第7卷,人民出版社1999年版,第205页。

民主的、说服教育的方法去解决,决不能用解决敌我矛盾的方法去解决人民内部的矛盾。

由于人民内部矛盾已经成为我国主要的大量的社会矛盾,毛泽东着重论述了解决人民内部矛盾的民主方法问题,提出了正确处理人民内部矛盾的一系列方针。毛泽东把这一系列的方针概括为"团结——批评——团结"的公式。这样毛泽东就把正确处理人民内部矛盾作为国家政治生活的主题,并且从理论上提出了关于社会主义社会矛盾的新学说。毛泽东还指出我们通过正确处理人民内部的矛盾,最终是要造成一个"又有集中又有民主,又有纪律又有自由,又有统一意志、又有个人心情舒畅、生动活泼,那样一种政治局面"①。

毛泽东关于正确处理人民内部矛盾的理论,就是要通过正确处理人民内部的矛盾,达到人民内部的团结,达到社会的稳定与和谐,实现个人心情舒畅、生动活泼,那样一种政治局面。

4. 通过多种形式的国家资本主义,和平赎买资本主义工商业和民族资产阶级,避免了大的社会震荡。

随着过渡时期总路线的制定,毛泽东总结了对资本主义工商业进行利用、限制、改造的经验,明确作出了经过国家资本主义实现对资本主义工商业的社会主义改造的论断。1953 年 9 月 7 日,他在《改造资本主义工商业的必经之路》里指出:"有了三年多的经验,已经可以肯定:经过国家资本主义,完成对私营工商业的社会主义改造,是较健全的方针和办法";"国家资本主义是改造资本主义工商业和逐步完成社会主义过渡的必经之路。"毛泽东在对资本主义工商业进行社会主义改造的过程中,特别强调:要把对

---

① 《毛泽东著作选读》,人民出版社 1986 年版,第 819 页。

企业的改造和对人的改造结合起来,重视对资产阶级分子的团结、教育和改造问题。毛泽东从维护社会的稳定和和谐的大局出发,多次强调对民族资本家,我们一定要利用好他们的知识、技术和经验;政治上保护好他们的民主权利;经济上保护好他们的合法利益;对他们的工作和生活要做出妥善安排。历史证明,毛泽东在没有发生大的社会震动的情况下,在中国通过国家资本主义的形式,和平地赎买了资产阶级,消灭了剥削制度,是一个伟大的胜利。

5. 反对霸权主义,维护世界和平,为我国争取和平的国际环境。

构建社会主义和谐社会在外部关系上,表现为要从和平的基点和愿望出发,发展与世界各国在和平共处五项原则基础上的友好交往。可以说,和谐社会在内涵和外延上都应当包括对世界和平的向往和追求。

毛泽东在对外交往中始终坚持反对霸权主义,维护世界和平,从而为我国的社会主义建设创造了一个和平稳定的外部环境。1954年,周恩来根据毛泽东的多次谈话精神,在中印、中缅联合声明中,倡导形成了和平共处五项原则,并在1955年的亚非会议上完整表述了这一思想。自此,和平共处五项原则就成了我们对外发展和平友好关系、为我国发展创造和谐外部环境的基本准则。

1955年,毛泽东在会见印度尼西亚客人时提出了"和平为上"的外交主张。他认为,世界各个国家只要本着"和平为上"的方针,求同存异,用谈判代替对抗,就能找到解决争端的办法,如果诉诸武力,则两败俱伤。

1957年初,毛泽东分析指出,当时在世界范围内,除了社会主义的力量以外,还存在三种力量,即:坚持战争和侵略政策的美帝国主义力量;其他发达资本主义国家的力量;亚洲、非洲、拉丁美洲民族独立国家和民族解放运动的力量。对苏联和社会主义各国，毛泽东主张，继续加强同它们的团结和合作。对被压迫民族的解放运动和争得独立的民族国家，毛泽东主张积极支援它们，并且大力发展同它们的友好关系。

1964年7月，毛泽东又提出"两个中间地带"理论。指出亚非拉国家为第一中间地带，美国以外的资本主义国家为第二中间地带，我们也要争取同第二中间地带的合作。对美国，毛泽东认为，一方面要坚决反对它对中国的武装侵略和威胁，一方面仍然要争取同它和平共处，通过和平协商的方法解决两国之间的冲突。

1974年2月，毛泽东在会见赞比亚总统卡翁达时提出了著名的"三个世界"理论。他说："我看美国、苏联是第一世界。中间派，日本、欧洲、澳大利亚、加拿大是第二世界。咱们是第三世界。"[1]毛泽东因此认为，中国是第三世界，永远站在第三世界一边。五年后，邓小平对毛泽东的"三个世界"理论作出了高度评价，他说，"三个世界"理论"对于团结世界人民反对霸权主义，改变世界政治力量对比，对于打破苏联霸权主义企图在世界上孤立我们的狂妄计划，改善我们的国际环境，提高我国的国际威望，起了不可估量的作用"。[2]

6. 建立广泛的统一战线，调动一切积极力量，使社会充满活力。

毛泽东的统一战线思想所涉及的内容比较多，其中主要的有以下四点：

（1）党派和睦——"长期共存、互相监督"的方针。毛泽东在

---

① 《毛泽东外交文选》，中央文献出版社1994年版，第60页。

② 《邓小平文选》第2卷，人民出版社1994年版，第160页。

建国后,特别重视同各个民主党派的团结与合作问题。在《论十大关系》中,讨论党和非党的关系,毛泽东就提出了共产党和其他民主党派"长期共存、互相监督"的方针。他说:"究竟是一个党好还是几个党好?现在看来,恐怕是几个党好。不但过去如此,而且将来也可以如此,就是长期共存,互相监督。"①

(2)民族团结——"民族区域自治"政策。中国自古就是一个多民族国家,能否有效处理各个民族之间的关系,特别是能否科学处理汉族与各个少数民族的关系,自古以来都事关国家的稳定、社会的和谐。建国前夕,在起草《共同纲领》时毛泽东就提出了到底在中国搞西方的联邦制还是搞统一共和制、民族区域自治的问题。在他的提议下,1949年的具有临时宪法作用的《共同纲领》明确规定:"中华人民共和国境内的各民族一律平等。各个少数民族聚居的地区,应实行民族区域自治,按照民族聚居的人口多少和区域大小,分别建立各种民族自治机关。凡各民族杂居的地方及民族区域自治区内,各民族在当地政权机关中均应有相当名额的代表。"②1954年,民族区域自治政策作为我们处理民族问题的重要法宝被写入第一部宪法,使其有了法律的保障。事实证明:民族区域自治政策的实行,有力地促进了各个民族之间的大团结,实现了各个民族的平等和共同繁荣,充分调动了各个民族,特别是少数民族的积极性,使他们共同投入到国家发展、社会进步的伟大事业中去,使各个民族在相互尊重的基础上,做到了和谐相处。

(3)国家统一——"一纲四目"的方针。新中国成立后,毛泽东从实际出发,对解决香港、澳门和台湾问题提出了一系列有利于

① 《毛泽东文集》第7卷,人民出版社1999年版,第34页。
② 《建国以来重要文献选编》第1册,中央文献出版社1992年版,第12页。

国内稳定和我国国际交往的解决办法。为了打破帝国主义的经济封锁,保留与西方的国际通道,毛泽东提出,对香港和澳门问题,一方面,我们要立场坚定地宣布主权,另一方面,要采取暂时不动、维持现状、长期打算、充分利用的政策,以待条件成熟时再对它们恢复行使主权。对于台湾问题,1955年起毛泽东就开始从和平稳定的大局出发,考虑和平解决的问题。1956年6月,毛泽东提出争取用和平方式解放台湾,实现祖国完全统一,宣布"爱国一家"、"爱国不分先后",倡议中国共产党和国民党为了民族和祖国的利益第三次携手合作。1958年由毛泽东亲自起草的《告台湾同胞书》明确表示:"我们都是中国人。三十六计,和为上计。"①此后毛泽东还提出了一系列关于和平解决台湾问题的主张。这些主张被周恩来概括为"一纲四目":"一纲"就是台湾必须回归祖国,"四目"就是,台湾回归祖国后,除了外交权必须统一于中央外,所有军政大权由蒋介石决定,所有军政建设经费不足之处由中央政府承担,台湾的社会改革可以协商解决,双方互约不派人破坏对方的团结。毛泽东为国家统一所做的一切工作,都意在维护国家的团结与稳定,一切都从稳定大局、实现国际关系良性发展的大局出发去思考和解决问题,力图实现社会的和谐、中华民族的和睦相处。

(4)文化繁荣——"双百"方针。文化建设上,毛泽东提出的"双百"方针是在社会文化领域充分保持活力,让一切创造性的思想和艺术源泉充分涌流,让人的精神得以解放和自由,并以此来构建和谐的社会文化氛围的科学、民主的伟大策略方针。在1956年4月的政治局扩大会议上,毛泽东明确提出:"艺术问题上的百花

---

①　《毛泽东文集》第7卷,人民出版社1999年版,第420—421页。

齐放,学术问题上的百家争鸣,我看应该成为我们的方针。"①毛泽东指出:双百方针是促进文艺发展和繁荣的方针。艺术上的不同风格都可以自由发展,学术上的不同观点都可以自由争论,不能用行政命令的手段强制性地进行干预,否则不利于人民思想的解放和社会文化的繁荣发展,不利于社会活力的充分释放。

二、邓小平的和谐社会努力

邓小平没有提出过社会主义和谐社会的概念,但在他的理论中却蕴涵着丰富的社会主义和谐社会思想。他关于社会主义是生产力与生产关系和上层建筑和谐发展的社会、社会主义的主要任务是发展生产力、社会主义要坚持共同富裕、社会主义要"两个文明"协调发展的思想,是其构建社会主义和谐社会思想的主要内容。解读这些思想对于我国新时期如何构建社会主义和谐社会具有十分重要的指导意义。

1. 社会主义是生产力、生产关系和上层建筑和谐发展的社会

我国社会主义社会制度建立以后,在很长一段时间内照搬苏联模式,在生产关系上不顾我国生产力水平实际,强调"一大二公",严重束缚了生产力的发展。邓小平在《怎样恢复农业生产》一文中指出:"生产关系究竟以什么形式为最好,恐怕要采取这样一种态度,就是哪种形式在哪个地方能够比较容易比较快地恢复和发展农业生产,就采取哪种形式;群众愿意采取哪种形式,就应该采取哪种形式,不合法的使它合法起来。"②1984年他又指出:"社会主义的优越性归根到底要体现在它的生产力比资本主义发

① 《毛泽东文集》第7卷,人民出版社1999年版,第54页。
② 《邓小平文选》第1卷,人民出版社1994年版,第323页。

展得更快一些、更高一些,并在发展生产力的基础上不断改善人民物质文化生活。"①

　　针对我国社会主义初级阶段生产关系和上层建筑中某些体制、制度与社会生产力发展要求不相适应的矛盾,邓小平认为,要发展生产力,靠过去的经济体制不能解决问题,必须根据我国的实际情况,对其进行根本性改革。他说:"革命是解放生产力,改革也是解放生产力。""社会主义基本制度确立以后,还要从根本上改变束缚生产力发展的经济体制,建立起充满生机和活力的社会主义经济体制,促进生产力的发展,这是改革,所以改革也是解放生产力。"②

　　2. 社会主义的主要任务是发展生产力

　　富裕不一定是和谐社会,但贫穷一定不是和谐社会。针对"文化大革命"中的"穷过渡"理论,邓小平尖锐地指出:"要人们安于贫困落后,说什么宁要贫困的社会主义和共产主义,不要富裕的资本主义。这就是'四人帮'搞的那一套。哪有什么贫困的社会主义、贫困的共产主义!"③"我们干革命几十年,搞社会主义三十多年,截至一九七八年,工人的月平均工资只有四五十元,农村的大多数地区仍处于贫困状态。这叫什么社会主义优越性?"④他指出:"从一九五八年到一九七八年这二十年的经验告诉我们:贫穷不是社会主义,社会主义要消灭贫穷。不发展生产力,不提高人民的生活水平,不能说是符合社会主义要求的。"⑤"社会主义如果老

　　① 《邓小平文选》第3卷,人民出版社1993年版,第63页。
　　② 《邓小平文选》第3卷,人民出版社1993年版,第370页。
　　③ 《邓小平文选》第3卷,人民出版社1993年版,第227—228页。
　　④ 《邓小平文选》第3卷,人民出版社1993年版,第10—11页。
　　⑤ 《邓小平文选》第3卷,人民出版社1993年版,第116页。

是穷的,它就站不住。"①

社会主义怎样消灭贫穷、走向富裕?邓小平认为,搞社会主义建设,"总起来说,第一,不要离开现实和超越阶段采取一些'左'的办法,这样是搞不成社会主义的。我们过去就是吃'左'的亏。第二,不管你搞什么,一定要有利于发展生产力。发展生产力要讲经济效果。只有在发展生产力的基础上才能随之逐步增加人民的收入。"②他指出:"社会主义时期的主要任务是发展生产力,使社会物质财富不断增长,人民生活一天天好起来,为进入共产主义创造物质条件。不能有穷的共产主义,同样也不能有穷的社会主义。"③"社会主义必须大力发展生产力,逐步消灭贫穷,不断提高人民生活水平。"④发展生产力既是改善人民物质文化生活,实现共同富裕的基础,又是社会主义优越性的体现。

3. 社会主义要坚持共同富裕

社会主义和谐社会不仅要大力发展生产力、创造丰富的社会财富,而且要让全社会的成员都能分享社会财富。列宁指出:"只有社会主义才可能广泛推行和真正支配根据科学原则进行的产品的社会生产和分配,以便使所有劳动者过最美好的、最幸福的生活。只有社会主义才能实现这一点。而且我们知道,社会主义一定会实现这一点,而马克思主义的全部困难和它的全部力量也就在于了解这个真理。"⑤在我国社会主义初级阶段,如何实现社会

---

①　《邓小平文选》第2卷,人民出版社1994年版,第191页。
②　《邓小平文选》第2卷,人民出版社,1994年版,第312—313页。
③　《邓小平文选》第3卷,人民出版社,1993年版,第171—172页。
④　《邓小平文选》第3卷,人民出版社,1993年版,第10页。
⑤　《列宁选集》第3卷,人民出版社1995年版,第546页。

财富的共享,邓小平认为,"就是要逐步实现共同富裕"①。

实现共同富裕要落实"两个大局"思想。邓小平指出:"我们的政策是让一部分人、一部分地区先富起来,以带动和帮助落后的地区,先进地区帮助落后地区是一个义务。我们坚持走社会主义道路,根本目标是实现共同富裕,然而平均发展是不可能的。过去搞平均主义,吃'大锅饭',实际上是共同落后,共同贫穷,我们就是吃了这个亏。改革首先要打破平均主义,打破'大锅饭',现在看来这个路子是对的。"②"我们提倡一部分地区先富裕起来,是为了激励和带动其他地区也富裕起来,并且使先富裕起来的地区帮助落后的地区更好地发展。提倡人民中有一部分人先富裕起来,也是同样的道理。"③"沿海地区要加快对外开放,使这个拥有两亿人口的广大地带较快地先发展起来,从而带动内地更好地发展,这是一个事关大局的问题。内地要顾全这个大局。反过来,发展到一定的时候,又要求沿海拿出更多的力量来帮助内地发展,这也是个大局。那时沿海也要服从这个大局。"④"两个大局"思想蕴涵着邓小平实现共同富裕、构建社会主义和谐社会的重要思想。

实现共同富裕要防止两极分化。邓小平指出:"社会主义的目的就是要全国人民共同富裕,不是两极分化。如果我们的政策导致两极分化,我们就失败了;如果产生了什么新的资产阶级,那我们就真是走了邪路了。"⑤公有制为主体是防止两极分化、实现共同富裕的社会制度基础,因此,邓小平反复强调"一个公有制占

---

① 《邓小平文选》第 3 卷,人民出版社 1993 年版,第 373 页。
② 《邓小平文选》第 3 卷,人民出版社 1993 年版,第 155 页。
③ 《邓小平文选》第 3 卷,人民出版社 1993 年版,第 111 页。
④ 《邓小平文选》第 3 卷,人民出版社 1993 年版,第 277—278 页。
⑤ 《邓小平文选》第 3 卷,人民出版社 1993 年版,第 110—111 页。

主体,一个共同富裕,这是我们所必须坚持的社会主义根本原则"①。

4. 社会主义要"两个文明"协调发展

构建社会主义和谐社会必须坚持物质文明与精神文明协调发展。邓小平十分重视"两个文明"的协调发展。在建设社会主义物质文明的同时,努力建设精神文明,这是邓小平多次提出的重要思想。邓小平1979年就提出:"我们要在建设高度物质文明的同时,提高全民族的科学文化水平,发展高尚的丰富多彩的文化生活,建设高度的社会主义精神文明。"②1992年初,邓小平视察南方时对广东省领导同志说,广东二十年赶上亚洲"四小龙",不仅经济要上去,社会秩序、社会风气也要搞好,两个文明建设都要超过他们,这才是有中国特色的社会主义。

他还强调,搞精神文明建设,要着眼于党风和社会风气的根本好转。党是整个社会的表率。我们党作为执政党其本身风气如何,对全社会影响极大。克服腐败现象,加强廉政建设,是关系到党和国家前途命运的大事。改革开放以来,社会上的一些丑恶现象和资本主义的一些腐朽东西也渗透到党内,侵蚀了一些党员干部。对此,邓小平又提出"一手抓改革开放,一手抓惩治腐败"的思想。他指出,我们国家越发展,越要抓艰苦创业,克服腐败现象。"端正党风,是端正社会风气的关键。"③

要实现物质文明与精神文明的协调发展,就必须贯彻"两手抓、两手都要硬"的战略方针。党的十一届三中全会以来,邓小平

---

① 《邓小平文选》第3卷,人民出版社1993年版,第111页。
② 《邓小平文选》第3卷,人民出版社1993年版,第306页。
③ 《邓小平文选》第3卷,人民出版社1993年版,第144页。

在强调"两手抓、两手都要硬"的同时，针对现实中存在的诸多问题，多次批评了实际工作中存在一手硬、一手软的错误倾向。1986年1月，邓小平在中央政治局常委会上的讲话指出："经济建设这一手我们搞的相当有成绩，形势喜人，这是我们国家的成功。但风气如果坏下去，经济搞成功又有什么意义？会在另一方面变质，反过来影响整个经济变质，发展下去会形成贪污、盗窃、贿赂横行的世界。"①邓小平的"两手抓，两手都要硬"的思想对我们今天构建社会主义和谐社会，促进我国经济、政治、文化、社会的全面进步仍有很强的现实针对性。

三、江泽民对和谐社会的推进

2005年2月19日，胡锦涛同志在省部级主要领导干部"提高构建社会主义和谐社会能力专题研讨班"开班式上的讲话中指出："我们所要建设的社会主义和谐社会，应该是民主法治、公平正义、诚信友爱、充满活力、安定有序、人与自然和谐相处的社会。"这一讲话对和谐社会的基本内涵和主要特征作了高屋建瓴的回答。江泽民虽然没有明确提出"和谐社会"的概念，但他的执政理念中蕴涵着这六个方面的和谐社会思想。

1. 江泽民对"民主法治"的和谐社会的推进

民主法治是社会主义和谐社会的基本内容和重要保障。一个失去民主的社会就会阻碍民众意见的表达，积蓄民众的不满情绪，久之就会造成社会矛盾的激化；一个缺乏法治的社会就会变得混乱无序。民主法治缺失的社会不可能是和谐的社会。江泽民对民主法治的和谐社会的推进主要体现在以下方面：

---

① 《邓小平文选》第3卷，人民出版社1993年版，第154页。

（1）提出了实行"依法治国"的基本方略。江泽民同志十分重视法治的作用。他在党的十五大报告中特别强调："发展民主必须同健全法制紧密结合，实行依法治国。而所谓依法治国，就是广大人民群众在党的领导下，依照宪法和法律规定，通过各种途径和形式管理国家事务，管理经济文化事业，管理社会事务，保证国家各项工作都依法进行，逐步实现社会主义民主的制度化、法律化，使这种制度和法律不因领导人的改变而改变，不因领导人的看法和注意力的改变而改变。"①江泽民认为，依法治国，是党领导人民治理国家的基本方略，是发展社会主义市场经济的客观需要，是社会文明进步的重要标志，是国家长治久安的重要保障。

在提出依法治国的同时，江泽民还特别强调依法治国与以德治国的结合。"加强社会主义法制建设，要同加强思想道德文化建设紧密结合起来，法是他律，德是自律，需要二者并用。在社会秩序的维系、社会风气的治理中，法制建设是很重要的一手，思想道德文化建设也是很重要的一手。这两手也必须同时抓，两手都要硬。这两手抓好了，社会秩序、社会风气的治理水平就会大大提高，社会上的歪风邪气和消极现象就会大大减少。"②强调在建设有中国特色社会主义，发展社会主义市场经济的过程中，要坚持不懈地加强社会主义法制建设、依法治国，同时也要坚持不懈地加强社会主义道德建设，以德治国。

（2）提出社会主义"政治文明"的概念。江泽民对社会主义民主法治建设的重大贡献就是明确提出了社会主义政治文明的概念并阐述了社会主义政治文明发展的基本原则。他在 2001 年 1 月

---

① 《江泽民文选》第 2 卷，人民出版社 2006 年版，第 28 页。
② 《江泽民文选》第 3 卷，人民出版社 2006 年版，第 555 页。

10 日在全国宣传部长会议上的讲话中指出："法治属于政治建设、属于政治文明;德治属于思想建设、属于精神文明。"①在十六大报告中,他又进一步强调:"发展社会主义民主政治,建设社会主义政治文明,是全面建设小康社会的重要目标。"②进而指出,全面建设小康社会的政治文明目标是:社会主义民主更加完善,社会主义法制更加完备,依法治国基本方略得到全面落实,人民的政治、经济和文化权益得到切实尊重和保障。基层民主更加健全,社会秩序良好,人民安居乐业。并提出了建设社会主义政治文明,发展社会主义民主政治的最根本的原则:要把坚持党的领导、人民当家作主和依法治国有机统一起来。

江泽民社会主义政治文明概念的提出,就使我国的社会主义建设由"两个文明一起抓",发展为社会主义政治文明、精神文明和物质文明三位一体的全面建设,促进了社会更加全面和谐的发展。

(3)阐述了民主法制建设的重大意义。实行民主与健全法制,是实现社会和谐的重要保障。江泽民高度重视民主法制建设问题,提出了一系列新的思想观点。

首先,科学地论述了民主法制建设与实现社会和谐的关系,指出:"没有民主和法制,就没有社会主义,就没有社会主义的现代化。应当在发展社会主义民主,健全社会主义法制方面取得明显进展,以巩固和发展稳定的社会政治环境,保证经济建设和改革开放的顺利进行。"③"发展社会主义民主,健全社会主义法制,对于发挥人民

---

① 《江泽民文选》第 3 卷,人民出版社 2006 年版,第 200 页。
② 《江泽民文选》第 3 卷,人民出版社 2006 年版,第 553 页。
③ 《江泽民文选》第 1 卷,人民出版社 2006 年版,第 235 页。

群众的积极性和创造性,保护广大人民群众的权益,保证改革开放和现代化建设顺利进行,保证国家长治久安,具有重大意义。"①

其二,科学地提出社会主义民主的本质和根本点。江泽民指出:"我们的社会主义民主,是全国各族人民享有的最广大的民主,它的本质就是人民当家作主。共产党执政,就是领导和支持人民掌握和行使管理国家的权力,实行民主选举,民主决策,民主管理,民主监督,保证人民依法享有广泛的权力和自由,尊重和保护人权。"②只有坚持和完善我国社会主义民主政治制度,"才能始终保持国家统一,民族团结,社会稳定和经济发展。"③"发展社会主义民主政治,最根本的是要把坚持党的领导、人民当家作主和依法治国有机统一起来。"④

2. 江泽民对"公平正义"的和谐社会的开创

社会公平正义就是社会的政治利益、经济利益和其他利益在全体社会成员之间合理而平等的分配,它意味着权利的平等、分配的合理、机会的均等和司法的公正。江泽民对公平正义的追求是其和谐社会思想的重要组成部分。他的公平正义思想主要体现在以下几个方面:

(1)科学分析了社会分配不公的表现及其对社会和谐的危害。江泽民指出:社会分配不公现象既存在平均主义现象,又出现了收入差距过分悬殊的现象。"平均主义和收入差距过大也是相互影响的。我们要克服平均主义,但分配差距过大恰恰妨碍了收入差距的合理拉开。因为收入差距过大会破坏社会公平,涣散人心,特别是

① 《江泽民文选》第1卷,人民出版社2006年版,第641页。
② 《江泽民文选》第3卷,人民出版社2006年版,第553页。
③ 《江泽民文选》第2卷,人民出版社2006年版,第257—258页。
④ 《江泽民文选》第2卷,人民出版社2006年版,第257页。

在新旧体制并存的情况下,往往会助长不是比贡献,而是比收入的消极攀比和平均主义倾向,造成在更高收入水平上的大锅饭。"①"平均主义不是社会主义,两极分化也不是社会主义。"②

(2)提出在促进效率提高的前提下体现社会公平。为了解决收入悬殊问题,江泽民提出:"在分配制度上,以按劳分配为主体,其他分配方式为补充,兼顾效率与公平,运用包括市场在内的各种调节手段,既鼓励先进,促进效率,合理拉开收入差距,又防止两极分化,逐步实现共同富裕。"③党的十六大报告进一步指出:"坚持效率优先,兼顾公平,既是提倡奉献精神,又要落实分配政策,既要反对平均主义,又要防止收入悬殊。"④

(3)提出解决地区差距、收入差距悬殊的具体对策。第一,在贫困地区、贫困人口方面,江泽民提出开发式扶贫的方针,即依靠贫困地区干部群众,坚持不懈地苦干实干,增强贫困地区的自我发展能力,更广泛更深入地动员全社会力量参与扶贫,层层实行责任制。第二,在收入差距方面,指出要把按劳分配、劳动所得,同允许和鼓励资本、技术等生产要素参与收益分配结合起来,允许一部分地区、一部分人通过诚实劳动和合法经营先富起来,带动和帮助其他地区和其他群众,最终达到全国各地区普遍繁荣和全体人民共同富裕。同时,要把调节个人收入分配、防止两极分化作为全局性的大事来抓。保护合法收入,取缔非法收入,调节过高收入,保障低收入者的基本生活。⑤ 第三,对于城市困难职工,江泽民提出,

---

① 《江泽民文选》第1卷,人民出版社2006年版,第513页。
② 《江泽民文选》第1卷,人民出版社2006年版,第643—644页。
③ 《江泽民文选》第1卷,人民出版社2006年版,第50页。
④ 《江泽民文选》第2卷,人民出版社2006年版,第256页。
⑤ 《江泽民文选》第1卷,人民出版社2006年版,第227页。

要千方百计为遇到困难的职工排忧解难,努力把工人阶级和广大劳动群众物质文化利益实现好,维护好,发展好。

(4)从维护地区发展的公正出发,提出实施西部大开发战略。邓小平同志在80年代就明确提出了"两个大局"的思想,主张东部沿海地区加快对外开放,率先发展起来,发展到一定时期,就要帮助中西部地区加快发展。在此思想基础上,江泽民从维护地区发展的公正出发,提出实施西部大开发的重大战略。指出,没有西部地区的稳定就没有全国的稳定,没有西部地区的发展就没有全国的发展,没有西部地区的现代化就不能说实现了全国的现代化。"逐步缩小地区之间的发展差距,实现全国经济社会协调发展,最终达到全体人民共同富裕,是社会主义的本质要求,也是关系我国跨世纪发展全局的一个重大问题。"[1]"加快西部地区发展,对于保持西部地区政治和社会稳定、促进民族团结和保障边疆安全具有重大意义。"[2]"调整地区经济结构,促进区域经济、城乡经济协调发展,是全面实现现代化的必然要求。"[3]

3. 江泽民对"安定有序"的和谐社会的维护

和谐本身是一种有序状态,和谐社会必定是运行有序的社会。社会运行有序,就是在社会生活的各个方面,都有章可循,出现偏差则社会纠偏机制能够及时发挥作用。社会生活的和谐,必须有安宁的社会政治环境和有条不紊的社会生活秩序。一个动荡不定、秩序混乱的社会决不能使人们安居乐业、和睦共处。因此稳定和秩序是和谐社会的本质要求。江泽民关于社会稳定的思想是多

---

① 《江泽民文选》第2卷,人民出版社2006年版,第538页。
② 《江泽民文选》第3卷,人民出版社2006年版,第147页。
③ 《江泽民文选》第2卷,人民出版社2006年版,第260页。

方面、多层次、多角度的,这些思想构成了他关于构建安定有序的
和谐社会的重要论断。

（1）提出要处理好改革、发展和稳定的关系。江泽民继承了
邓小平关于改革、发展、稳定之间关系的思想,并在此基础上,结合
新的社会问题,在党的十五大报告中创造性地提出:"必须把改革
的力度、发展的速度和社会可以承受的程度统一起来,在社会政治
稳定中推进改革、发展,在改革、发展中实现社会政治稳定。"①"要
始终注意处理好改革发展稳定的关系,正确处理和认识人民内部
矛盾,始终保持社会的安定团结。"②

（2）强调正确处理人民内部的矛盾。针对改革开放以来,人
民内部矛盾大量涌现的新情况,江泽民从维护社会稳定的大局出
发,特别强调要继承和发展毛泽东关于正确处理人民内部矛盾的
思想。他反复告诫全党:"人民内部矛盾是在人民根本利益一致
基础上的矛盾,处理得好,可以增强人民的团结,促进我们的事业
兴旺发达;处理得不好,使矛盾激化,小事会酿成大事,甚至酿成乱
子,就会给我们的社会稳定和事业发展带来不应有的损害。"③在
正确解决人民内部矛盾的方法上,江泽民指出:"大力加强和改进对
人民群众的思想政治工作,同时积极运用经济、行政和纪律等手段,
及时妥善地处理人民内部矛盾,防止矛盾激化而影响社会稳定和人
民团结。必须严厉打击破坏社会秩序、市场秩序和危及社会安定的
各种犯罪活动,加强社会治安综合治理,创造良好的社会治安环境。
始终警惕国际国内敌对势力的渗透、颠覆和分裂活动。"④

---

① 《江泽民文选》第1卷,人民出版社2006年版,第16页。
② 《江泽民文选》第2卷,人民出版社2006年版,第538—539页。
③ 《十四大以来重要文献选编》(上册),人民出版社1996年版,第127—128页。
④ 《江泽民文选》第3卷,人民出版社2006年版,第553页。

（3）在对外关系上主张发展和平外交。主张必须继续坚持独立自主的和平外交政策，积极发展同一切国家的友好关系，特别是保持和发展同周边国家的睦邻友好关系，加强同第三世界国家的团结和合作；在处理同外国党的关系上，我们要继续坚持独立自主、完全平等、相互尊重、互不干涉内部事务的处理党际关系的"四项原则"。

（4）强调人民军队要"打得赢，不变质"。人民军队是维护社会和谐稳定的中流砥柱，江泽民对人民军队的革命化、现代化、正规化建设多次作出重要指示。在党的十六大报告中他又着重指出，军队的建设要"按照政治合格、军事过硬、作风优良、纪律严明、保障有力的总要求，紧紧围绕打得赢、不变质两个历史性课题，坚定不移地走中国特色的精兵之路，加强军队的革命化现代化正规化建设。"①

（5）提出了实现祖国和平统一的"江八点"。实现祖国的和平统一是和谐社会的应有之义，为此江泽民在1995年1月30日所作的《为促进祖国统一大业的完成而继续奋斗》的讲话中，提出了旨在落实邓小平"一国两制"构想、实现和平解决台湾问题的八项主张，简称"江八点"：坚持一个中国的原则，是实现和平统一的基础和前提；对于台湾同外国发展民间性经济文化关系，我们不持异议；进行海峡两岸和平统一谈判，是我们的一贯主张；努力实现和平统一，中国人不打中国人；面向二十一世纪世界经济的发展，要大力发展两岸经济交流与合作，以利于两岸经济共同繁荣，造福整个中华民族；中华各族儿女共同创造的五千年灿烂文化，始终是维系全体中国人的精神纽带，也是实现和平统一的一个重要基础；两

---

① 《江泽民文选》第3卷，人民出版社2006年版，第562页。

千一百万台湾同胞,不论是台湾省籍还是其他省籍,都是中国人,都是骨肉同胞、手足兄弟;我们欢迎台湾当局的领导人以适当身份前来访问,我们也愿意接受台湾方面的邀请,前往台湾。①"江八点"的要义在于实现祖国的和平统一,并在统一的同时保证大陆和台湾的社会稳定,它的实质是要构建祖国和平统一、两岸同胞和谐相处的安定局面。

4. 江泽民对"充满活力"的和谐社会的探索

和谐社会是充满活力的社会。社会活力是和谐社会发展的源泉。十三届四中全会以来,江泽民立足改革开放和发展社会主义市场经济的新形势和新环境,为建设充满活力的和谐社会、调动全社会的积极性,进行了大胆的探索:

(1)提出了旨在激发和保护社会活力的"四个尊重"。为了增强全社会的活力,建设充满活力的和谐社会,江泽民在党的十六大报告中指出:"必须尊重劳动、尊重知识、尊重人才、尊重创造,这要作为党和国家的一项重大方针在全社会认真贯彻。"②为了做到"四个尊重",江泽民主张要营造鼓励人们干事业、支持人们干成事业的社会氛围,放手让一切劳动、知识、技术、管理和资本的活力竞相迸发,让一切创造社会财富的源泉充分涌流,以造福于人民。为此,江泽民还特别重视创造和创新问题,"创新是一个民族进步的灵魂,是一个国家兴旺发达的不竭动力,也是一个政党永葆生机的源泉。"③

(2)提出了旨在保持马克思主义理论活力的"与时俱进"思想。江泽民在党的十六大报告中指出:"与时俱进,就是党的全部

---

① 《江泽民文选》第 1 卷,人民出版社 2006 年版,第 421—423 页。

② 《江泽民文选》第 3 卷,人民出版社 2006 年版,第 540 页。

③ 《江泽民文选》第 3 卷,人民出版社 2006 年版,第 64 页。

理论和工作要体现时代性,把握规律性,富于创造性。能否始终做到这一点,决定着党和国家的前途命运。"①为了做到理论发展的与时俱进,江泽民要求:"我们一定要适应实践的发展,以实践来检验一切,自觉地把思想认识从那些不合时宜的观念、做法和体制的束缚中解放出来,从对马克思主义的错误认识和教条式的理解中解放出来,从主观主义和形而上学的桎梏中解放出来。"②要坚持马克思主义基本原理,又要谱写新的理论篇章;要发扬革命传统,又要创造新鲜经验。

(3)提出旨在增强党的肌体活力的"以改革的精神推进党的建设"。江泽民在总结党发展壮大的经验时指出:坚持用时代发展的要求审视自己,以改革的精神加强和完善自己,这是我们党始终保持马克思主义政党本色、永不脱离群众和具有蓬勃活力的根本保证。因此,为了使党的肌体始终充满活力,江泽民强调:必须既善于总结成功的经验,又善于记取失误的教训;既善于通过提出和贯彻正确的理论路线带领群众前进,又善于从群众的实践创造和发展要求中获得前进动力;既善于认识和改造客观世界,又善于组织引导干部和党员在实践中加强主观世界的改造。要按照这样的要求,实现坚持马克思主义基本原理和推进理论创新相统一,坚持党的优良传统和弘扬时代精神相统一,坚持增强党的阶级基础和扩大党的群众基础相统一,使党成为思想上、政治上、组织上完全巩固、始终站在时代前列、带领人民团结奋进的坚强领导核心,使党始终充满生机与活力。

(4)主张实现公有和私有经济活力的充分发挥。在领导全党

① 《江泽民文选》第3卷,人民出版社2006年版,第537页。
② 《江泽民文选》第3卷,人民出版社2006年版,第538页。

建立社会主义市场经济的过程中,江泽民从实现公有制经济和非公有制经济共同发展的角度,强调了它们各自活力的充分发挥。认为,人为地限制非公有制经济发展不利于它们活力的发挥,会打击它们发展的积极性;人为地抬高公有制经济的地位,会使公有制企业失去竞争压力和忧患意识,自我陶醉、自我中心,也会使它们失去发展的动力和活力。因此从发挥经济活力的角度,江泽民主张公有经济与私有经济共同进入市场求发展。他强调了三点:第一,必须毫不动摇地巩固和发展公有制经济。第二,必须毫不动摇地鼓励、支持和引导非公有制经济发展。第三,坚持公有制为主体,促进非公有制经济发展,统一于社会主义现代化建设的进程中,不能把这两者对立起来,各种所有制经济完全可以在市场竞争中发挥各自优势,相互促进,共同发展。

5. 江泽民对"人与自然和谐相处"的和谐社会的追求

从实现人与自然和谐相处和实现社会可持续发展的角度,江泽民指出,可持续发展就是"既要考虑当前发展的需要,又要考虑未来发展的需要,不要以牺牲后代人的利益为代价来满足当代人的利益"。

(1)环境保护是关系我国长远发展的全局性的战略问题。"保护生态环境是全党全国人民必须长期坚持的基本国策。"①针对现实中有些同志认为的,先把经济搞上去,环境保护可以暂时放在一边的错误观点,江泽民指出:"世界发展中一个严重的教训,就是许多经济发达国家走了一条严重浪费资源,先污染后治理的路子。千万要注意,在加快发展中决不能以浪费资源和牺牲环境

————————

① 《江泽民文选》第2卷,人民出版社2006年版,第340页。

为代价。"①"决不能走浪费资源和先污染后治理的路子,更不能吃祖宗饭,断子孙路。"②

(2)提出保护环境,实施可持续发展战略。指出:"要十分重视生态建设和环境保护,经过长期努力,使我国青山长在,绿水长流,资源永续利用。必须从中华民族的长远发展考虑,从应对世界上的突发事件考虑,从子孙后代考虑,坚持实施可持续发展战略。"③"一定要高度重视并切实解决增长方式转变的问题,按照可持续发展的要求,正确处理解决发展同人口、资源、环境的关系,促进人与自然的协调与和谐,努力开创生产发展,生活富裕,生态良好的文明发展道路。"④

四、胡锦涛的和谐社会思想

"构建社会主义和谐社会"是党的十六大和十六届三中、四中全会提出和强调的重大任务。这表明,党的新一届中央领导集体在建设中国特色社会主义的实践中,更加注重社会"物质文明、政治文明、精神文明建设与和谐社会建设全面发展";中国特色社会主义事业的总体布局,更加明确地由"社会主义经济建设、政治建设、文化建设三位一体"发展为"社会主义经济建设、政治建设、文化建设、社会建设四位一体"⑤;我国社会主义现代化建设的目标也由建设"富强、民主、文明"的社会主义现

① 《江泽民文选》第2卷,人民出版社2006年版,第436页。
② 《江泽民文选》第1卷,人民出版社2006年版,第533页。
③ 《江泽民文选》第1卷,人民出版社2006年版,第533页。
④ 《江泽民文选》第1卷,人民出版社2006年版,第532页。
⑤ 胡锦涛:《在省部级主要领导干部提高构建社会主义和谐社会能力专题研讨班上的讲话》,《人民日报》2005年2月20日。

代化国家,发展为建设"富强、民主、文明、和谐"的社会主义现代化国家。党的十七大十分关注和突出民生问题,正是高度重视和谐社会建设的体现。

2005年新年伊始,胡锦涛在中央党校省部级主要领导干部提高构建社会主义和谐社会能力专题研讨班发表重要讲话,对"什么是社会主义和谐社会、为什么要建设社会主义和谐社会、怎样建设社会主义和谐社会"等一系列问题作了科学的回答。党的十六届六中全会作出的《中共中央关于构建社会主义和谐社会若干重大问题的决定》,对社会主义和谐社会建设作了整体部署和战略安排。[①] 党的十七大报告中,新一届党中央关于构建社会主义和谐社会的论述和实践,不仅完善了我国社会主义现代化建设的整体布局,而且实现了由和谐社会理念到理论的升华。

1. 深刻阐释了构建社会主义和谐社会的重大意义。2005年初,胡锦涛同志在省部级主要领导干部提高构建社会主义和谐社会能力专题研讨班上的讲话中,从战略高度深刻阐释了构建社会主义和谐社会的重大意义:"从国内看,构建社会主义和谐社会,是我们抓住和用好重要战略机遇期、实现全面建设小康社会宏伟目标的必然要求。从国际看,构建社会主义和谐社会,是我们把握复杂多变的国际形势、有力应对来自国际环境的各种挑战和风险的必然要求。从我们党肩负的使命看,构建社会主义和谐社会,是巩固党执政的社会基础、实现党执政的历史任务的必然要求。""构建社会主义和谐社会,关系到最广大人民的根本利益,关系到巩固党执政的社会基础、实现党执政的历史任务,关系到全面建设

---

① 谭运宏:《中国共产党探索构建和谐社会的历史轨迹》,《科学社会主义》2007年第2期,第56页。

小康社会的全局,关系到党的事业兴旺发达和国家的长治久安。"①

2. 科学揭示了社会主义和谐社会的含义和基本特征。社会主义和谐社会是全体人民能够各尽其能、各得其所而又和谐相处的社会,是社会内部各种要素相互依存、相互促进,良性运行,和谐共存,共同发展的社会。"我们所要建设的社会主义和谐社会,应该是民主法治、公平正义、诚信友爱、充满活力、安定有序、人与自然和谐相处的社会。"②

3. 提出建设社会主义和谐社会的战略构想。"必须坚持以马克思列宁主义、毛泽东思想、邓小平理论和'三个代表'重要思想为指导,坚持党的基本路线、基本纲领、基本经验,坚持以科学发展观统领经济社会发展全局,按照民主法治、公平正义、诚信友爱、充满活力、安定有序、人与自然和谐相处的总要求,以解决人民群众最关心、最直接、最现实的利益问题为重点,着力发展社会事业、促进社会公平正义、建设和谐文化、完善社会管理、增强社会创造活力,走共同富裕道路,推动社会建设与经济建设、政治建设、文化建设协调发展。"③这样,我们的中国特色社会主义事业总体布局就由原来的"经济、政治、文化"建设"三位一体"发展为"经济、政治、文化、社会"建设"四位一体",我们的现代化建设目标也由建设一个"富强、民主、文明"的社会主义现代化国家,发展为建设一个

---

① 胡锦涛:《在省部级主要领导干部提高构建社会主义和谐社会能力专题研讨班上的讲话》,《人民日报》2005年2月20日。

② 胡锦涛:《在省部级主要领导干部提高构建社会主义和谐社会能力专题研讨班上的讲话》,《人民日报》2005年2月20日。

③ 《中共中央关于构建社会主义和谐社会若干重大问题的决定》,《人民日报》2006年10月11日。

"富强、民主、文明、和谐"的现代化国家。党的十七大十分关注民生问题,正是高度重视和谐社会建设的体现。

4. 强调建设和谐文化是构建和谐社会的重要任务。"建设和谐文化,是构建社会主义和谐社会的重要任务。社会主义核心价值体系是建设和谐文化的根本。必须坚持马克思主义在意识形态领域的指导地位,牢牢把握社会主义先进文化的前进方向,弘扬民族优秀文化传统,借鉴人类有益文明成果,倡导和谐理念,培育和谐精神,进一步形成全社会共同的理想信念和道德规范,打牢全党全国各族人民团结奋斗的思想道德基础。"①

5. 建设"和谐世界"的新主张。2005年4月,胡锦涛总书记在雅加达亚非峰会上,提出建设"和谐世界"的主张。此后,胡锦涛、温家宝等中央领导同志又在不同场合多次论及这一主张。②建设"和谐世界"是构建"和谐社会"的重要外部条件。构建"和谐社会"的基础是经济的发展和社会的稳定,因此,我们要"聚精会神搞建设,一心一意谋发展"。而这就需要排除各种各样的干扰,特别是外部环境的干扰。历史的经验告诉我们,国际局势紧张,国家的周边环境和国际环境恶化,是不可能专心致志搞建设的。"和谐社会"是基础,只有逐步构建起"和谐社会",使中国繁荣、稳定和强大,才能有效推动"和谐世界"建设;对构建"和谐社会"而言,建设"和谐世界"又是必不可少的外部条件,只有世界和谐,中国才能更快、更好地构建"和谐社会"。

建设"和谐世界"的核心和主要目标是实现世界的持久和平

① 《中共中央关于构建社会主义和谐社会若干重大问题的决定》,《人民日报》2006年10月11日。

② 谭运宏:《中国共产党探索构建和谐社会的历史轨迹》,《科学社会主义》2007年第2期,第57页。

和普遍繁荣。和平与繁荣是关系到各国人民切身利益和长远利益的两大根本问题,也是建设"和谐世界"的两大核心内容。和平是和谐的基本前提。各国只有和平共处,各国人民只有友好往来,并通过和平方式解决彼此之间的矛盾和冲突,逐步在地区和全球范围减少和消灭战争、战乱、武装冲突、恐怖袭击和各种暴力犯罪活动,真正实现地区和世界的和平,世界才进入"和谐"的境界。和平与发展密切联系在一起。只有世界经济持续稳定、均衡协调发展,逐渐消灭南北差距、消灭贫穷落后现象,使各国人民特别是广大发展中国家人民安居乐业、丰衣足食,享受起码的教育、医疗、社会保险权利,真正实现世界的普遍繁荣,而不仅仅是少数发达国家的繁荣,地区和世界才能安定,世界和平才能持久。

第三章　社会主义和谐文化的目标诉求

社会主义和谐文化是培育民主法制的文化；是高举公平正义旗帜的文化；是营造诚信友爱氛围的文化；是促进社会充满活力、安定有序的文化；是维护人与自然和谐相处的文化。

第一节　社会主义和谐文化是倡导民主法制意识的文化

胡锦涛总书记在论述社会主义和谐社会的基本含义时指出，"我们所要建设的社会主义和谐社会，应该是民主法制、公平正义、诚信友爱、充满活力、安定有序、人与自然和谐相处的社会。"①民主法制是和谐社会的重要特征和保障；和谐文化与民主法制有着内在的价值关联，和谐文化倡导民主法制意识，为和谐社会营造崇尚民主法制的思想文化氛围。

一、民主法制是和谐社会的重要特征和保障

社会主义民主，是指人民享有管理国家和社会事务的权利，即

---

① 胡锦涛：《在省部级主要领导干部提高构建社会主义和谐社会能力专题研讨班上的讲话》，《人民日报》2005 年 2 月 20 日。

人民当家作主。社会主义法治,是指根据法律治理国家和社会,实行依法治国。民主法治,就是社会主义民主得到充分发扬,社会主义法制得到健全,依法治国基本方略得到落实,各方面积极因素得到广泛调动。① 民主法治是社会主义的本质要求和基本特征。社会主义和谐社会首先应当是民主法治的社会。完全可以说,民主和法治是构建社会主义和谐社会的两大支柱。

（一）民主是实现社会和谐的重要条件

由于实现民主的程度不同,在不同的国家、不同的社会就表现出不同的社会和谐状况。建立在少数人统治大多数人基础上的社会,不可能有真正意义上的和谐。现代民主政治既是现代和谐社会的基本要求,又是现代和谐社会的发展动力。广大人民群众直接或间接地参与国家政治生活与社会管理,对国家重大事务享有知情权,就各项重大决策和立法建议进行充分表达和交流,就能更好地反映多数人的根本利益和共同意愿。历史和现实都证明,只有以人为本,发展社会主义民主,保证人民依法行使民主权利,才能为社会主义和谐社会提供广泛的力量支持,使社会主义事业充满生机和活力。从这个意义上,可以说,社会主义民主是社会主义和谐社会的制度之源。②

（二）法治是社会和谐的基本保障

相对人治而言,法治是现代文明的产物,是国家形态由传统走向现代的标志。一个不实行法治的国家不可能是现代化国家。国家主要以法律手段来治理国政和进行社会管理,社会生活的基本

① 胡锦涛:《在省部级主要领导干部提高构建社会主义和谐社会能力专题研讨班上的讲话》,《人民日报》2005年2月20日。
② 虞云耀:《民主法治与构建社会主义和谐社会》,《前线》2005年第8期,第12页。

方面和社会关系纳入法制化的轨道,国家权力的行使和社会成员的活动处于严格依法办事的状态,社会调控和管理才能摆脱随意性和特权,经济、政治、文化和谐发展与社会全面进步才有基本的秩序保障,整个社会才能成为一个和谐的社会。

在社会主义和谐社会中,广大人民群众不但需要富裕的物质生活和丰富的文化生活,而且需要依法充分享有民主权利和社会政治生活。我们推进高度民主、法制完备、富有效率、充满活力的社会主义民主法制建设,就为构建社会主义和谐社会奠定了基本框架,健全的民主法制是社会主义和谐社会的重要标志。

(三)民主法治与和谐社会其他特征的关系

第一,民主法治通过协调各种社会利益关系来促进和实现公平正义。社会公正是社会文明进步的重要标志,也是和谐社会的核心价值取向。维护和实现社会公正,是现代社会进行制度安排和创新的重要依据,是协调社会各阶层相互关系的基本准则,也是一个社会具有凝聚力、向心力和感召力的道义源泉。实现社会公平正义,关键在于妥善处理和协调各种利益关系,在全社会形成合理的利益格局。改革开放和社会主义市场经济的发展,带来利益主体和利益需要的多样化,使得人民内部的利益关系不可避免地出现纷繁复杂的局面。如果各种利益关系和矛盾不能及时有效地调整和解决,就会在各个社会阶层和群体之间对立,甚至成为社会不稳定和动荡的根源。以最广大人民的根本利益为出发点,通过在民主基础上制定的法律法规,确定利益主体、界定利益范围、指导利益分配、协调利益关系,并对社会弱势群体给予救助,就能维护社会公正。当社会成员合法权益受到侵害时,通过法律途径来进行恢复和修补;当社会主体利益发生矛盾和冲突时,根据法律规定自行调节或通过司法程序解决争端,从而将社会矛盾和冲突控制在一定的限度之内。总之,只有建立在民主基础之上的法治,才能避免社会利益之争的激化,才能使各个阶层实现共赢共荣,公平合理地分享社会发展和进步的成果。

第二,民主法治为人们之间的诚信友爱创造良好的社会环境。和谐社会应当是一个诚信的社会。没有人与人之间的诚信,就没有相互的合作,就不可能形成普遍的社会认同,也就没有社会的和谐。和谐社会要求社会成员之间团结友爱,和睦相处。民主法治可以奠定诚信友爱所必需的社会环境,民主的发展有利于培养人民内心的宽容、谦让和互助友爱,法治的完善则规范人们的行为,引导人们诚信友爱地相处。因此,我们可以说,民主法治是实现诚信友爱的重要条件,诚信友爱本身也是民主法治的一项价值追求。

第三,民主法治为激发社会活力创造条件。社会活力不断增强,是推动社会不断发展进步的动力源泉,也是现代社会的重要标志。社会主义和谐社会尊重劳动、尊重知识、尊重人才、尊重创造,最广泛、最充分地调动一切积极因素,发挥各方面的创造活力。民主法治通过法律的形式确认和维护劳动者的创业动力、经济利益和创造成果,调动劳动者的积极性和主动性,形成鼓励人们创新的良好氛围,营造平等竞争和共谋发展的社会环境。

第四,民主法治为维护社会的安定有序提供保障。一个和谐的社会,必然有稳定安宁的社会政治环境和有条不紊的社会生活秩序。动荡不定、秩序混乱、社会矛盾激化,不可能使人们和睦相处、安居乐业。当然,任何一个社会不可能没有矛盾和冲突,不可能没有分歧和裂痕。和谐的社会在于能够运用制度和规则力量来不断化解冲突,弥合裂痕。法治以法律的规范性、强制性为特点,通过立法和法律实施,调整社会关系,平衡社会利益,整合社会资源,维护社会秩序。从一定意义上说,法律制度是对社会进行调控的防火墙和维护社会稳定的支撑点。只有经济、政治、文化、社会生活各方面都有章可循,才能以文明、平和的方式消除社会不安全、不和谐因素,真正做到政治安定、社会安定、人心安定。

第五,民主法治为人与自然的和谐提供制度支持。自然环境是人类生存的前提和物质条件。人与自然的和谐相处,要求人类需求的增长与自然界所能提供的各类资源相适应,实现人类社会的可持续发展。改革开放以来,我国经济获得空前的发展。与此同时,我们也面临着人口膨胀、资源约束、环境污染等严重问题。保持和改善生态环境,提高资源利用效率,是对人与自然、经济与社会、当代与未来关系的科学把握和理性认知的结果。以民主法治的形式确立人与自然和谐的基本原则,抑制和制裁破坏自然环境的行为,是建成生产发展、生活富裕、生态良好社会的必由之路。

综上所述,一个和谐的社会,应当是民主的社会、法治的社会。加强社会主义民主法治,切实维护和实现社会公正,营造诚信友爱的良好氛围,广泛调动各方面积极因素,就能使整个社会既安定有序又充满发展活力。①

二、和谐文化营造民主法制的文化氛围

(一)和谐文化营造崇尚民主法制的文化氛围

改革开放以来,我国的民主法制水平有了很大提高,人民的民主法制意识增强。但从构建社会主义和谐社会的现实需要来看,还存在一些亟待解决的突出问题:一是在发展社会主义民主政治方面还有大量工作要做;二是在依法治国建设社会主义法治国家

---

① 虞云耀:《民主法治与构建社会主义和谐社会》,《前线》2005年第8期,第12页。

方面还任重道远;三是在实行决策的科学化、民主化方面还要进一步健全有关机制;四是在对权力制约和监督机制方面还需要大大改进;五是在科学执政、民主执政、依法执政方面,任务还很艰巨。① 尤其在思想文化领域,我国是一个受历史上人治、专制传统影响较深、民主法制观念相对薄弱的国家,因而,构建起一个民主法制的现代和谐社会,亟需通过和谐文化建设提高人民的民主法制意识,营造崇尚民主法制的文化氛围。

(二)和谐文化要求加强社会民主法制意识的培养

一是要加强民主教育。通过教育,提高全民的社会主人翁意识和责任感,提高民主意识和参政议政的自觉性和积极性。二是要加强法制教育,宣传、弘扬、崇尚法治精神,树立现代法治观念,不断增强遵守法律的自觉性,增强运用法律解决矛盾、维护自身合法权益的自觉性,形成自觉维护社会法律秩序的良好风尚。最终在全社会形成崇尚民主、遵守法制的社会思想文化环境,为推动新时期社会主义民主法制建设,保障社会主义和谐社会建设的顺利进行,提供有力的精神支持。

第二节　社会主义和谐文化是高举公平正义旗帜的文化

社会公平就是人们能够合理平等地享有社会的政治利益、经济利益和文化利益等。社会正义,是指在全体人民中形成一种是非标准,扶持社会正气,谴责歪风邪气,打击邪恶势力。公平正义,

---

① 王小伟:《构建社会主义和谐社会与健全民主法制》,《河北广播电视大学学报》2006 年第 6 期,第 53 页。

就是社会各方面的利益关系得到妥善协调,人民内部矛盾和其他社会矛盾得到正确处理,社会公平和正义得到切实维护和实现。①社会主义和谐社会是一个体现公平和正义的社会。和谐文化作为和谐社会的思想保障和价值体现,必须弘扬社会的公平正义理念,营造一个公平正义的和谐社会氛围。

公平正义是构建和谐社会的基石,追求公平正义反映了人类社会发展的美好理想。随着改革的深化,我国社会目前正处于重大转型时期,一些不公正的新老社会问题不断呈现出来,甚至矛盾激化,严重影响了社会主义和谐社会的构建。只有公平得以实现,正义得到伸张,社会才会有和谐可言。和谐社会的文化是高扬公平正义旗帜的文化。

一、公平正义是人类社会的美好理想

古往今来,人们向往美好的和谐生活,不断追求公平正义的理想社会,在对未来社会的期待和设计中,始终不忘对实现公平正义的渴求。古今中外,概莫能外。

(一)中国传统文化中的"公平正义"理想

在中国,早在春秋战国时期,人们就开始对社会的公平正义问题进行思考。孔子提出:"有国有家者,不患寡而患不均,不患贫而患不安。盖均无贫,和无寡,安无倾"②,表达了追求一个公平、均等社会的强烈愿望。孟子发展孔子的"仁义"学说,从"性善说"出发,认为正义存乎内心,是人的内心追求。荀子则第一个把正义

---

① 胡锦涛:《在省部级主要领导干部提高构建社会主义和谐社会能力专题研讨班上的讲话》,《人民日报》2005年5月20日。

② 《论语季氏第十六》,南怀瑾:《论语别裁》,复旦大学出版社2006年版,第767页。

上升到制度层面来认识。《荀子·儒效》曰："有不学问,无正义,以富利为隆,是俗人者也。"管子认为"天公平而无私,故美恶莫不覆"。墨子则提出要建立令人向往的"兼相爱"、"爱无差等"的公平社会。

西汉时期,《礼记·礼运》更阐述了"大道之行也,天下为公"的博大思想。董仲舒从"大富则骄,大贫则忧"的思考出发,提醒圣者应使"富者足以示贵而不至于骄,贫者足以养生而不至于忧,以此为度而调均之"的"均产论"主张。宋朝时期,王安石推行改革变法,主张抑制豪强,促使社会公平正义。

近代时期,洪秀全提出:"天下共享","无处不均匀,无人不饱暖"的战斗口号;康有为在《大同书》中提出要建立一个"人人相亲,人人平等,天下为公"的理想社会;孙中山先生则主张将来要在中国乃至全世界建立一个没有压迫、没有战争、天下为公的大同社会,提出要用"三民主义"改造中国,其民生主义的思想就是要均贫富,使人人都享有平等的地位去谋求生活。

(二)西方文化中的"公平正义"思想

在西方,早在古希腊时期,柏拉图在《理想国》中就提出了公平正义问题,主张"公正即和谐",描绘、设计了理想的正义之邦。亚里士多德在《政治学》中认为公平就是公正、平等,强调公正是一切德性的总汇。苏格拉底说:"正义就是只做自己的事而不兼做别人的事","正义就是把善给于友人,把恶给于敌人","正义是最大的美德"。伊壁鸠鲁则提出了社会契约理论,把公平、正义看做是人们彼此约定的产物。

16世纪以后,在文艺复兴、产业革命的影响下,西方一些思想家相继提出了自由、平等、博爱的思想,力求构建公平和法治的社会。卢梭提出人生而平等,主张在法律面前人人平等;孟德斯鸠以"法的精神"为出发点,认为要采取以法治国的方针,保护公民平等正义的权利不受侵犯。再后来,空想社会主义者圣西门、傅立叶、欧文分别提出了"实业制度"、"和谐制度"、"共产主义公社"等设想,主张在消灭私有制的基础上,消除各种奴役及不平等,使所有人都有平等的劳动机会、享有劳动成果的平等权利。

(三)马克思主义的"公平正义"观

无论是中国历史上还是西方历史上,人们对公平正义的探索和追求始终没有间断过。然而,或者是由于带有强烈的封建主义、平均主义色彩,或者是由于阶级立场的原因,或者是由于不能揭示阶级剥削的实质而找不到实现公平正义的途径,这些对公平正义的美好描绘和追求往往都陷于空想,在实践上无法实现。直到马克思主义的诞生,才掀开了人类追求公平正义的新篇章。马克思主义第一次把实现公平正义建立在科学的基础之上,指明了社会不公的根源在于剥削制度,只有在变革社会基本制度的基础上,才能真正实现社会公平、维护社会正义;实现公平正义的基本条件,就是整个社会实行生产资料公有制,发展生产力,消灭工农之间、城乡之间、体力与脑力劳动之间的差别;劳动是衡量公平、实现公平的尺度与基石,而广大劳动群众是推动社会公平正义的主体和真正力量。① 马克思主义的公平正义观代表了全人类追求公平正义理想社会的正确方向,也为我们建设社会主义和谐社会、推进公平正义事业奠定了坚实的理论基础。

二、公平正义是我国社会主义社会的不懈追求

我国社会主义制度的建立,使人民大众追求公平正义的美好

---

① 李宽松:《公平正义是构建和谐社会的基石》,《南方论刊》2006年第2期,第15页。

理想才有可能成为现实。公平正义是社会主义的本质要求。我们党始终坚持把实现公平正义作为社会主义的重要内容加以推进，并为此付出了艰辛的努力，在曲折的道路上不断取得进步。

（一）第一代中国共产党人争取"公平正义"的努力

以毛泽东同志为核心的第一代共产党人，为争取实现社会的公平正义，作出了不懈努力，主要体现在：关注农民的命运、人与人之间的平等、个性解放、基本人权、政治民主、国家、社会和个人利益三兼顾原则、反对平均主义和两极分化、独立自主和平等相待的国际正义原则、着眼于社会可持续发展的代际公正思想、教育平等权利，等等。毛泽东的公平正义观是毛泽东思想的重要组成部分，对我国的社会主义建设产生过重要影响。

（二）邓小平的"公平正义"思想特色

以邓小平同志为核心的第二代共产党人在改革开放的新时期，提出一部分人、一部分地区先富起来的政策时，一直强调走向共同富裕。指出"社会主义有两个非常重要的方面，一是公有制为主体，二是不搞两极分化"。强调如果"少数人获得那么多财富，多数人没有，这样发展下去总有一天会出问题"。① 在南方谈话时，邓小平创造性地提出社会主义要在解放生产力、发展生产力、消灭剥削、消除两极分化的基础上，实现共同富裕，从而把实现社会的公平正义纳入到社会主义的本质要求之中。

（三）第三代中国共产党人的"公平正义"观

以江泽民同志为核心的第三代共产党人也反复强调要满足和实现中国最大多数人民群众的利益。江泽民提出"三个代表"重要思想，其出发点和落脚点就是要满足中国最大多数人的根本利

---

① 《邓小平文选》第3卷，人民出版社1993年版，第148页。

益,强调要通过政策、制度及社会保障等手段来逐步实现和满足人民群众的利益,特别是,要大力推进扶贫工作,解决收入分配方面所存在的一些问题,把社会发展的公平正义作为关系全社会的重要战略问题加以解决。

(四)公平正义是和谐社会的重要特征

现阶段,以胡锦涛同志为总书记的党中央提出了落实科学发展观,构建社会主义和谐社会的奋斗目标。指出,在促进发展的同时,要依法逐步建立以权利公平、机会公平、规则公平、分配公平为主要内容的社会公平保障体系,使全体人民共享改革发展的成果,把维护公平正义放到更加突出的位置。胡锦涛把公平正义作为和谐社会的重要特征予以强调,这符合马克思主义的基本原理,符合马克思主义关于社会主义社会的科学设想,是对建设中国特色社会主义理论的丰富和发展。构建公平正义的社会主义和谐社会,对于充分调动和切实加强全体人民的积极性、主动性和创造性,激发整个社会的活力,促进社会和谐,具有十分重大的意义,也再次证明了中国共产党人要维护、实现社会公平正义的理想和决心。

三、我国社会发展尚且存在的不公正现象

随着我国社会主义建设的步伐加快,公平正义事业在日益取得进展的同时,也引发了一些十分严峻的新老社会矛盾和冲突,这些问题集中表现为在社会发展进步中还夹杂着不公正现象。

(一)城乡二元结构的存在成为社会公平正义的严重障碍

我国城乡二元结构起始于上世纪 50 年代,当时,我国实行了严格的户籍管理制度,颁布了一系列政策和法令,在户口迁移制度、粮油供应制度、劳动用工制度、社会保障制度等方面,把我国人口人为地划分为城市人口与农村人口,形成了城乡二元结构。改

革开放以后,国家在政策上渐渐允许农民进城从业,农民获得了一个较为自由的活动空间,进城谋生的人日益增多。但是,城乡二元结构并未因此而消失。一方面,户籍制度仍然制约着市民和农民从出生到死亡的整个生活境遇;另一方面,城市中的农民工并不具备与市民等同的生存、发展权利,如:教育、医疗、社会保障等方面的不同待遇。城乡二元结构的存在,导致了城市人口与农村人口实际权利的不平等,现成为城市与农村的对立、冲突,成为社会公平正义实现的严重制度性障碍,也难以实现社会真正的和谐。

(二)区域差距、城乡差距、收入差距扩大,公平正义矛盾凸显

改革开放以来,我国经济高速发展,是世界上发展速度最快的国家之一,创造了发展史上的一个奇迹。但与此同时,我国社会发展的不平衡现象,甚至个别地区相对滞后的现象也十分突出,相对差距在扩大:农村发展了,城市也发展了,但是城市发展得更快;西部发展了,东部也发展了,但是东部发展得更快。从地区差距来看,尽管相继实施了西部大开发、中部崛起、振兴东北老工业基地等战略,但是东中西部的相对差距仍呈扩大趋势。从个人收入差距来看,虽然,人们收入普遍提高了,但是,仍然存在一些非法致富现象,一些人靠钻政策和体制漏洞而获得暴利,一些行业、部门和单位靠垄断而获取超额利润,这些带有体制性分配不公的现象,明显违背了公平正义原则,严重挫伤了群众的情绪,危及社会稳定,进而影响和谐社会的建立。

(三)大量的社会转型时期的矛盾盘根错节、异常复杂

首先,事关民生的就业问题比较严重,产生很多矛盾与冲突,难说公平正义。其次,贡献与获偿不对等的现象突出。经济结构的转型造成一些社会群体为改革发展付出了较大的代价,却没有获得应有的补偿。如:由于工农业产品存在剪刀差,农民在计划经济时代为我国工业化作出了重大贡献,却没有充分分享改革开放所取得的成果,人均收入还很低;由于经济体制改革,国民经济的战略性调整,致使许多为企业发展作出巨大贡献的产业工人下岗失业,甚至没有获得基本的补偿。再次,新出现的社会问题考验着公平正义。腐败现象滋生蔓延;教育、医疗、户籍管理、资源环境、社会福利保障等方面所出现的社会问题。

四、和谐文化弘扬公平正义的价值理念

(一)公平正义符合马克思主义的核心价值

马克思主义认为,社会主义之所以最终要消灭经济上的剥削和政治上的压迫,归根到底是为了消除社会的不平等和不公正,使全体人民在政治、经济、文化等诸多方面享有同等的权利,从而实现人的全面发展。今天,我们提出要构建社会主义和谐社会,就是要推进人与人、人与社会、人与自然之间整体的、全面的和谐,而公平正义是和谐社会的基石,没有了公平正义,社会经济不能协调发展,政治权利不能得到公正维护,人们则心不平、气不顺,就会引发激烈的矛盾冲突,造成社会的动荡不安,就无社会的和谐可言,更无马克思主义所追求的人的全面发展可讲。公平正义是和谐社会的前提,和谐社会是为了人的全面发展,公平正义与马克思主义的核心价值是一致的。

(二)公平正义是现代社会的价值原则和必然要求

公平正义能作为社会广大成员普遍接受的价值原则,能够为整合社会各种力量提供强大的动力。实现社会的公平正义,涉及社会生活的各个领域,关系到最广大人民群众的根本利益。同时,公平正义是社会全面进步的必然要求。公平正义的状况如何,反映了一个社会的文明程度,在社会全面发展中有着举足轻重的作

用。我们在促进现代社会发展的同时,必须把维护公平正义放到更加突出的位置,这样才能调动一切积极因素,团结一切可以团结的力量,共同推动我国社会主义现代化建设这一艰巨伟业。

(三)公平正义是社会主义本质的深刻内涵

邓小平指出:"社会主义的本质,是解放生产力,发展生产力,消灭剥削,消除两极分化,最终达到共同富裕。"[①]其中,"消灭剥削、消除两极分化,最终实现共同富裕"是社会主义与资本主义在社会发展目标上的本质区别,是社会主义本质的最终落脚点。社会主义就是要追求公平正义,公平正义是社会主义本质的应有内涵,即便我们今天的改革是要发展市场经济,也没有改变这一点。在发展社会主义市场经济过程中,只有公平得到实现,正义得到伸张,才可能建设好社会主义,才符合社会主义的本质要求。公平正义是社会主义本质的深刻内涵,也是通向和谐社会的"桥梁"。

(四)公平正义是和谐社会基本特征的核心

胡锦涛同志提出:"我们所要建设的社会主义和谐社会,应该是民主法治、公平正义、诚信友爱、充满活力、安定有序、人与自然和谐相处的社会。"[②]在和谐社会的这六个基本特征中,公平正义是核心,没有了公平正义,不可能建设和谐社会。民主法治的归宿是要维护社会的公平正义,而诚信友爱、充满活力、安定有序、人与自然和谐相处则是对公平正义的补充和延伸。人与人之间的"诚信友爱"取决于公平正义。只有社会制度平等、公正地保护每个人的正当权益,人们才可以放心地信赖他人。如果一部分人享有

① 《邓小平文选》第3卷,人民出版社1993年版,第373页。
② 胡锦涛:《在省部级主要领导干部提高构建社会主义和谐社会能力专题研讨班上的讲话》,《人民日报》2005年5月20日。

特权,另一部分人的权利遭到践踏,人们之间就会互生怨恨,公平正义就得不到维护,也就妄论诚信友爱了。社会的安定有序也取决于公平正义。只有建立了公平正义的社会机制,确保每个人充分享有权利,得到社会和他人的公正对待,社会才会安定有序。追求公平正义也不否定创造、否定差别,而是鼓励营造一个充满朝气、充满活力的社会氛围,特别强调要崇尚劳动、崇尚知识、崇尚人才、崇尚创造,鼓励和支持人们干事业,肯定、尊重和保护个人的价值和财富,否则,就会走向另外一种意义上的不公正。人与自然的和谐相处,是公平正义在代际发展上的延伸。随着资源、环境和生态等现代性问题的日益凸现,人们越来越关注人与自然的和谐相处,除了这是当代人科学发展的需要之外,更多意义上是为了坚持走可持续发展的道路,不危及后代人的发展,维护人类在发展上的代际公平正义。

实现社会公平和正义是一个长期、渐进的过程,要同经济社会发展阶段相适应,同生产力发展水平相适应。社会主义和谐社会的构建与发展,必须不断地维护和实现社会的公平与正义,妥善处理人民内部矛盾,使人与人之间能够做到公平相待,互惠互利,共同生活在一个和谐的社会环境中,使公平与正义成为社会主义和谐社会的重要支柱。

第三节　社会主义和谐文化是营造
诚信友爱氛围的文化

诚信友爱是中华民族的传统美德。在人类历史上,我们的民族曾以诚信和友爱的优良传统而著称于世,但今天在我们社会生活中,诚信友爱似乎成了相对紧缺的道德资源。诚信友爱是构建和谐社会的道德基础,诚信友爱的缺失正严重阻碍着当前我国社会主义和谐社会的构建,因而迫切需要加强和谐文化建设,营造全社会诚信友爱的文化氛围。

一、诚信友爱:构建和谐社会的道德基础

党的十六届四中全会明确提出要"构建社会主义和谐社会",认为:"要适应我国社会的深刻变化,把和谐社会建设摆在重要位置,注重激发社会活力,促进社会公平和正义,增强全社会的法律意识和诚信意识,维护社会安定团结。"[①]胡锦涛同志根据新世纪新阶段中国经济社会发展的新要求和社会出现的新趋势新特点,又明确提出社会主义"和谐社会"六大特征,即民主法治、公平正义、诚信友爱、充满活力、安定有序、人与自然和谐相处[②]。其中,诚信友爱是构建和谐社会的道德基础。

(一)诚信友爱是马克思主义道德观的重要体现

诚信友爱是马克思主义的内在价值追求,这体现在马克思主义理论的最高价值追求中:为绝大多数人谋幸福和"每个人的自由发展是一切人自由发展的条件"的共产主义社会。

首先,马克思在深刻批判资本主义社会制度的前提下,提出要消除资本主义私有制下人对人的剥削和压迫,改变无产阶级和广大劳动群众在社会生活中所遭到的非人待遇,改变资本主义社会人与人之间那种冷酷无情的"赤裸裸的利害关系"和"纯粹的金钱关系",把被"淹没在利己主义冰水之中"的人的思想和精神解救

---

① 《中共中央关于加强党的执政能力建设的决定》,《人民日报》2004年9月27日。
② 胡锦涛:《在省部级主要领导干部提高构建社会主义和谐社会能力专题研讨班上的讲话》,《人民日报》2005年5月20日。

出来。

其次,马克思明确提出,"每个人的全面而自由的发展"是取代资本主义社会的未来社会形式的"基本原则"。在共产主义社会里,"每个人的自由发展是一切人自由发展的条件"①。按照马克思的设想,未来社会将在消灭私有制的基础上,消除阶级之间、城乡之间、脑力劳动和体力劳动之间的对立和差别,极大地调动全体劳动者的积极性,使社会物质财富极大丰富、人民精神境界极大提高,实现每个人自由而全面的发展。而人与人之间的相互关系将变为"他自己为别人的存在,同时……也是这个别人为他的存在"。即人与人的关系是真正的友谊、合作与和谐相处。

第三,马克思所设计的未来共产主义社会的道德,是人类社会历史上全新的道德类型。这种新的道德要求,在人与人之间真正实现无私、平等、友爱、自由的和谐关系,它既是人类共同的、最高的道德要求,也是人类道德进步的最高目标。因此,构建"诚信友爱"的社会主义和谐社会,是马克思主义道德观价值取向的必然要求。

(二)诚信友爱是中华民族崛起的强大内在动力

1. 诚信是中国传统伦理道德规范。诚信的本意是指对人诚实守信,诚表现为真诚、诚实、诚恳,主要讲的是个人内持品德;信体现在讲信义、守信用、重承诺,主要讲的是人际交往的行为准则。诚与信是相通的,诚、信合起来使用,则有诚实守信、言行一致,道德行为与道德品质相统一的丰富内涵。②

---

① 《马克思恩格斯选集》第 1 卷,人民出版社 1995 年版,第 294 页。

② 夏红霞:《诚信友爱——构建和谐社会的道德基础》,《前沿》2006 年第 6 期,第 38 页。

中国自古以来就崇尚诚信,具体表现在三个方面:

其一,把诚信看做是"立人之本"。孔子说过:"人而无信,不知其可也。"①他倡导诚信无欺,反对欺诈虚伪。孟子把修养诚信看做是做人应走的正道,"思诚者"是"人之道也"。王安石断言:"人无信不立。"可见,在中国传统伦理中,诚信被视为人之所以为人的一个道德标志,是做人的最基本要求,无此便无以立足。

其二,把诚信看做是"立政之本"。孔子认为,立诚信、取信于民,是关系国家政权稳定乃至兴衰存亡的重要问题。如果国家缺少诚信,社会秩序必将是一片混乱,其害不可胜言;反之,如果人皆守信,既能建立和谐的社会关系、人际关系,又能保持国家政权的长期稳定。荀子还用正反两方面的史实,来说明诚信与否和国家政权兴衰存亡的关系:"古者禹汤本义务信而天下大治,桀纣弃义背信而天下大乱。"②这就是说,取信于民是一个国家长期稳定、兴旺发达的根本。

其三,把诚信看做是"进德修业之本"。诚信是从事商业乃至各行各业兴旺发达的道德保证。"君子爱财,取之有道",人不能靠欺诈等手段来谋取利益。管子说:"非诚贾不得食于贾。"③意思是说,不讲诚信的商人不能从事商业,不能以商谋生。中华传统商业中的"货真价实"、"童叟无欺"的诚信美德,强调的都是以诚信为本,才会事业有成。

2. 崇尚仁爱,是中华民族的优良道德传统。在中国传统文化中有着丰富的仁爱思想。孔子提出了"仁者爱人"的思想。"爱

---

① 《论语·为政第二》。
② 《荀子·强国》。
③ 《管子·乘马第五》。

人",就是要对人有同情心,乐于关心人、善于帮助别人。墨子则提倡"兼相爱"、"爱无差等"的理想。墨子的"兼爱"就是博爱,对一切人都同样相爱,没有差别,不分等级。对如何实现兼爱墨子进一步提出了"有力者疾以助人,有财者勉以分人,有道者劝以教人"①的主张。这充分体现了他尽己为人、利人助人的仁爱精神。

如果说孔子、墨子所提倡的仁爱是共性的、抽象的,孟子所描绘的尊老爱幼则是个性的、具体的,"老吾老以及人之老,幼吾幼以及人之幼"②,要求人们不仅要敬爱自己的长辈,而且要推广到敬爱别人的长辈;不仅要疼爱自己的子女,而且要扩大到疼爱别人的子女。当然,在存在阶级压迫和阶级剥削的社会里,这些思想、主张从根本上说是无法实现的。但"仁爱"精神在一定程度上所反映的共同人性、共同情感,在此基础上形成的道德准则和道德规范,已成为古代中国社会的社会公德,影响着中华民族的精神面貌。诚信友爱精神已渗透于中华民族血脉,成为一种民族精神,成为中华文明生生不息的强大内在动力。

(三)诚信友爱是社会主义市场经济的道德诉求

诚信是市场经济发展的基本条件,市场经济本质上就是诚信经济。无庸讳言,目前我国经济发展中关于诚信缺失的现象,已经不是一个简单、孤立的问题;它也不是一个单纯的人格道德问题,它关系到我们的国计民生,关系到社会的国泰民安,关系到社会生活的方方面面。诚信危机已经成为发展社会主义市场经济的一个严重障碍。诚信友爱是社会主义市场经济的道德诉求。

第一,诚信友爱是建立和谐人际关系的重要道德准则。在社

① 《墨子·尚贤下》。
② 《孟子·梁惠王上》。

会主义条件下,广大人民群众的根本利益是一致的,人与人之间应当是互帮互助、诚实守信、平等友爱、融洽相处的新型关系。这是由社会主义本质所决定的,也是社会主义制度优越性的具体体现。但在实际生活中,一些人急功近利,弄虚作假,言而无信,尔虞我诈;一些地方存在道德冷漠症,造成人与人之间的隔阂与不信任。因此,以诚信为重点,正确处理义与利的关系、竞争与协作的关系,培育社会主义新型人际关系,是构建和谐社会的一个重要任务。

第二,诚信是维护市场秩序的基本道德规范。市场经济具有追求利益最大化的属性,如果对经济活动缺乏有效的约束和规范,一些人就可能以失信行为来谋不义之财。目前,社会主义市场经济体制不完善,失信问题较为严重,加大了企业交易成本,也影响了企业在经贸往来中的信誉。失信行为还从经济生活蔓延到政治、文化及人际关系领域,并滋生了权钱交易等腐败现象。所以,诚信和失信的道德冲突,是发展社会主义市场经济过程中道德建设的一对矛盾,这一矛盾解决得如何,直接关系到市场秩序的状况。加强诚信建设,是完善社会主义市场经济的必然要求,用诚信道德引导和规范经济行为,是市场经济条件下构建社会主义和谐社会的一个重要课题。

第三,诚信是提升政府公信力的重要因素。政府的诚信,关系民主法治、公平正义,影响着政府的公信力,决定着和谐社会的建设。"增强全社会的信用意识,政府、企事业单位和个人都要把诚实守信作为基本行为准则。"①政府的诚信建设,一是体现在制度的公正性层面;二是表现在政府行为的诚信层面。制度公正是政

---

① 《中共中央关于完善社会主义市场经济体制若干问题的决定》,《人民日报》2003年10月21日。

府公信度的基础。制度不公就会导致社会权利与义务的不平等，引发社会利益分配失衡或利益冲突，并为各种不法行为、失信行为提供孳生的土壤。但是，符合社会公正的制度，要通过各级政府及其工作人员去维护和实施，其实施的状况以及由此形成的政风决定着政府的公信度和形象。在现实生活中，有的地方不能做到依法行政、公正执法，缺乏责任意识，致使政策扭曲；有的地方腐败现象损害了党和政府的形象，影响了政府的公信力。温家宝总理在《政府工作报告》中讲到政府工作中存在的问题时尖锐地指出：有些关系群众利益的问题还没有得到根本解决；有些政府工作人员依法行政观念不强；形式主义、官僚主义、弄虚作假和奢侈浪费的问题比较突出；腐败现象在一些地方、部门和单位比较严重。① 因此，诚信政府建设，关系到社会信用体系的建立，关系到社会诚信道德水平的提升。

第四，诚信友爱道德状况直接关系整个和谐社会的建设。诚信友爱道德建设是保证我国政治、经济、文化和社会建设协调发展的精神支撑。诚信友爱道德建设不仅是道德建设的重点，而且对构建社会主义和谐社会进程中其他各方面的建设也是不可或缺的。和谐社会几个特征是相互联系、相互作用的。这些目标的实现，都离不开诚信道德的规范、支持和维护。如果一个社会不能在公民中普遍地培育起诚信的道德素养，人与人之间不能做到平等友爱、融洽相处，其政治、经济、文化等各方面的关系就不可能协调，社会生活就不能充满活力、安定有序。从这个意义上说，诚信友爱道德状况直接关系到整个和谐社会的建设。

---

① 《温家宝总理在十届人大三次会议上的政府工作报告》，《人民日报》2005年3月6日。

二、诚信友爱缺失：和谐社会面临考验

诚信友爱是中华民族的传统美德。在人类历史上，我们的民族曾以诚信和友爱的优良传统而著称于世，但今天在我们社会生活中，诚信友爱似乎成了相对紧缺的道德资源。

在市场经济条件下，诚信友爱传统美德遇到了前所未有的挑战。目前在我国社会生活中存在着道德失范、交往失信、人情冷漠、世态炎凉、尔虞我诈等有损诚信友爱的现象。在社会的一些领域和一些地方，道德失范，是非、善恶、美丑界限混淆，拜金主义、享乐主义、极端个人主义有所滋长和蔓延。一些人急功近利，见利忘义、弄虚作假，言而无信，尔虞我诈等等。这些现象的存在导致了人际关系淡漠，人与人之间的隔阂、不信任日益加深，相互猜疑和防范成为一种比较普遍的社会心理和行为，形成了可怕的社会道德冷漠症。这些问题如果得不到及时有效的解决，必然损害正常的经济和社会秩序，影响和谐社会建设的大局。

（一）诚信友爱缺失加剧了人际关系恶化，严重危害了和谐社会的建设

首先，诚信友爱缺失损害了社会公平。道德所调节的是伦理关系，伦理关系实质是人们之间的利益关系。马克思曾经指出："人们奋斗所争取的一切，都与他们的利益有关。"①恩格斯也曾说："每一个社会的经济关系首先是作为利益表现出来的。"②道德就是调节人们之间利益关系的价值取向和价值态度，它表明"应该"如何处理人们之间的利益关系，这个"应该"就是人们所认定

---

① 《马克思恩格斯全集》第1卷，人民出版社1995年版，第82页。
② 《马克思恩格斯选集》第2卷，人民出版社1972年版，第537页。

的"合理"、"公平"和"正义",它表明了人们之间的权利与义务的相互关系,预制了理想的社会关系与基本秩序,能够按照"应该"标准做人做事的人被认为是有正义感和道德感的人,能够贯彻和体现这些"合理"、"公平"和"正义"的社会就被认为是公平的社会、正义的社会。而一旦人们为了个人的私利而置道德于不顾,一旦这些人诚信友爱缺失,就必然会危害人们之间正常的、合理的权利义务关系,影响社会的基本秩序和和谐关系,损害社会公平和正义。

其次,诚信友爱缺失影响了社会稳定。诚信和友爱使群体成员之间彼此信任,和睦相处,从而产生具有共同奋斗目标的凝聚力。这是一个国家、一个民族所不可缺少的精神支柱。一旦社会诚信友爱缺失,人们就失去了共同的道德价值目标和价值标准,就会增加社会生活和人际交往的矛盾、摩擦和冲突,就必然涣散人们之间的内聚力,破坏人们之间的情感交流和价值认同,影响人际关系团结和社会的和谐稳定。

再次,诚信友爱缺失败坏了社会风气。在诚信友爱文化意识弱化乃至缺失的过程中,人们的道德情感会逐渐淡化、消失甚至走向反面。人们对原来道德价值系统的崇敬感、神圣感没有了,社会生活中人们会感到困惑、迷茫、彷徨、焦虑乃至幻灭。人们不再满腔热情地称赞道德行为,不再仰慕道德人格的崇高,也不再嫉恶如仇地去揭露、谴责坏人坏事并与之展开斗争,而是置若罔闻、避而远之。这些道德情感麻木、困惑、缺失现象的存在和蔓延,严重败坏了社会道德风尚和伦理秩序。

(二)我国社会转型时期诚信友爱美德资源匮乏的经济、社会和历史根源

一是社会利益格局的失衡。伴随改革开放和市场经济的发展,社会各利益主体之间的差距迅速拉大,矛盾日益增多,关系错综复杂。下岗工人、农民工等社会弱势群体的生活水平与一部分人的收入差距过分悬殊,加之,非正当致富手段的盛行,使社会中出现了较大的不满和对立情绪。一般而言,道德行为比不道德行为获利更大,这是社会本应有的常态。但处于社会转型时期新旧制度、规范交替之际,有时候就会出现不道德行为比道德行为获利更大的状况。这就助长了社会上的无责任化倾向,加深了诚信友爱的缺失。

二是制度约束的缺失。在社会转型期间,既有的不适应社会经济发展的制度逐渐退出历史舞台,无法再去约束人们的行为;而适应现实要求的新制度又尚未完全建立起来,没有深入人心。于是人们就失去了行为的依据,不能用统一的标准去评判他人与自身。虽然我们不断推出新的制度,但是制度的实行情况则不能令人满意。事实表明,形式的制度条文与现实的制度运作之间存在某种脱节,结果出现政策可以商量,原则可以变通,是非界限模糊,衡量标准不定的情况。制度的扭曲与缺失带来的是行为的越轨、思想价值观念的混乱。最终,制度在人们心中失去神圣性,违背规范的行为数见不鲜,严重摧毁了诚信和友爱的根基。

三是传统诚信的失效。改革开放以来,中国的社会结构发生了很大变化,传统诚信的作用在逐渐减弱。正如费孝通先生所指出的,中国传统社会是差序格局社会①,是建立在小农经济基础之上的以宗法家族为核心的社会关系网络之中的。血缘、地缘以及交情是人际交往能否获得成功的决定因素。传统诚信模式就是差序格局下的一种"由亲而信"的模式,它讲究内外亲疏有别,是以牢固的私人关系为依托的。但是现代社会打破了血缘、地缘对个

---

① 费孝通:《乡土中国》,三联书店1985年版,第32页。

人的限制,人们的流动性增加,个人的独立性、自主性随之不断增强。人们不必再长期依附于某一个特定的地方,而是可以有所选择,并建立起更广泛的社会联系。关系网对个人控制力也相应减弱。所以,传统诚信模式——人际诚信的失灵,并逐渐被普遍诚信取代成为必然。

三、培育诚信友爱,构建和谐社会

在社会主义市场经济条件下培育诚信友爱,是一项复杂的系统工程,需要从健全制度、发展教育、繁荣文化、强化道德等多方面着手,引导人们互帮互助、诚实守信、平等友爱、融洽相处。为此,应从以下几方面努力:

一是必须努力提高全民道德素质。一个社会能否和谐,一个国家能否长治久安,很大程度上取决于全体社会成员的思想道德素质。没有良好的道德规范,就无法构建社会主义和谐社会。构建社会主义和谐社会不仅要依靠法律来规范人们的行为,而且要通过道德建设来营造良好的人际环境。当前,加强思想道德建设,要以为人民服务为核心、以集体主义为原则、以诚实守信为重点,努力建设社会主义思想道德体系。要认真贯彻《公民道德建设实施纲要》,广泛开展社会公德、职业道德、家庭美德和个人品德教育,在全社会倡导遵纪守法、明礼诚信、团结友善、勤俭节约、敬业奉献的基本道德规范,培养良好的道德品质和文明风尚,形成诚信光荣、失信可耻的理念,强化全社会的诚信友爱意识。

二是必须弘扬中华民族优良传统。中华民族素有“文明古国”和“礼仪之邦”的美称。其悠久深厚的道德传统深刻地影响着我们的民族性格、民族心理和民族精神,影响着广大人民群众的生活方式和精神追求,铸就了中华民族的民族凝聚力和向心力,是我们宝贵的精神财富。中华民族优良道德传统蕴涵着诚实守信、团结友爱、互帮互助、宽容大度、谦虚礼貌、乐善好施等核心价值观念,并已经成为中国人公认的价值标准和基本美德。历史证明,社会主义道德必须植根于民族的传统道德,才能获得稳固的发展和广泛的认同。尽管传统道德中含有时代的、阶级的局限性内容,但又有其不可忽视的超越时代的可继承的内容。因此,在新的历史时期,要继承和发扬中华文化这些优秀内核,倡导人与人之间诚实守信、相互尊重、相互理解、相互关心、相互帮助;倡导多为社会尽义务,多为困难人群提供帮助,以及助人为乐的社会风气,努力形成融洽和谐的人际关系。

三是必须全面推进民主法制建设。人与人之间的诚信友爱,不仅需要内心信念的坚守,更需要民主法制的维护。建设诚信和谐社会必须坚持法制建设和道德教育相结合,依法平等、有效地保护每一个社会成员的合法权利,使诚信和友爱成为人们的一种"社会本能"。要按照建设诚信和谐社会的要求,完善相关政策法规,构建诚信规范,建立失信惩治机制、守信增益机制和监督机制,充分发挥司法公正在维护社会诚信中的重要作用。

总之,在社会主义市场经济条件下培育诚信友爱,需要以道德作支撑,以制度作基础,以法律作保障,引导和规范全体人民互帮互助、诚实守信、平等友爱、融洽相处,夯实社会主义和谐社会的道德基础。

第四节　社会主义和谐文化是充满
活力、安定有序的文化

社会主义和谐社会是充满活力又安定有序的社会。这在和谐文化建设中的体现和要求是以"百花齐放、百家争鸣"促进文化大发展大繁荣,同时又以社会主义核心价值体系保障社会和思想文化领域的安定有序。

一、和谐社会是充满活力、安定有序的社会

充满活力,就是能够使一切有利于社会进步的创造愿望得到尊重,创造活动得到支持,创造才能得到发挥,创造成果得到肯定。[①]社会主义和谐社会的活力,具体可以表现为政治活力、经济活力、文化活力、自然界的活力以及社会主体的活力。[②]社会各方面活力的发挥最终是通过社会主体自觉的、积极的、主动的、创造性的参与来实现的。因此,社会主义和谐社会是一个动态的、不断发展的社会,是一个活而不乱、活而有序、和而不同、具有强大的生命力和活力的社会。社会充满活力也是社会主义社会不断发展的必然要求。和谐社会要"尊重劳动、尊重知识、尊重人才、尊重创造"[③],实现不同类型的社会主体活力充分发挥,促进整个社会的普遍繁荣、和谐与进步。

(一)社会主义和谐社会是充满活力的社会

充满活力,是人类社会进步和发展的动力,更是社会主义和谐社会的应有之义。只有全社会的一切创造活力和创造精神得到充分发挥,全社会的一切积极因素得到充分调动,全社会的一切创新活动得到体制的尊重,社会和谐才能最大程度地得以实现。

---

①　胡锦涛:《在省部级主要领导干部提高构建社会主义和谐社会能力专题研讨班上的讲话》,《人民日报》2005 年 5 月 20 日。

②　陈勇:《和谐社会的伦理意蕴》,《理论与现代化》2006 年第 1 期,第 53 页。

③　江泽民:《全面建设小康社会开创中国特色社会主义事业新局面——在中国共产党第十六次全国代表大会上的报告》,人民出版社 2002 年 11 月版。

1. 在充满活力中创造社会和谐符合人类社会的发展规律。纵观人类文明发展史,社会和谐总是在创造社会生产力的巨大活力和生产关系与上层建筑不断运动中克服社会停滞而得以实现的。胡锦涛总书记在中共中央政治局第九次集体学习时指出:"一部人类文明史,就是人类不断在以往历史的基础上有所发现、有所发明、有所创造、有所前进的历史。"中国古代社会的圣贤们不乏对"人人相亲,人人平等,天下为公"的美好憧憬,但是那种小国寡民、禁欲主义、平均主义的"桃花源"理想根本就不可能成为现实;在西方,空想社会主义思想家们提出的"和谐制度"、"全体和谐",虽然为未来社会的改造提出了积极的主张,但是他们那种排斥社会生产力这一最活跃因素的"乌托邦"始终都是一种空想。近半个世纪以来,世界主要国家从不发达走向发达、从传统走向现代的历史,就是一个始终充满活力的发展过程,是一个抓住机遇、加快发展、赢得主动、赢得优势、不断创造充满生机活力的经济体制、不断建构保证经济和社会发展活力充分发挥的政治体制的过程。从20世纪中期以来,也正是由于科学技术的革命性飞跃,生产力发展保持着强大的活力,使得社会物质财富极大丰富,人民生活水平得到很大改善,西方发达国家保持了相对持久的稳定,世界资本主义才渡过了20世纪上半期空前的政治经济危机,其内部的社会矛盾才得到了相对缓和。

2. 充满活力与社会和谐是社会主义社会的本质要求。马克思主义将社会主义从空想转变为科学,极为重要的理论基石之一就是其创立的唯物史观。他们把空想家们用伦理论证的求同排异的和谐社会理想,改造成为建立在发展生产力这一最革命最活跃因素之上的科学社会主义。他们论证的社会主义社会既是社会和谐与充满活力相统一的社会,同时又是以充满活力为前提来促进社会和谐的社会。

马克思和恩格斯在《共产党宣言》中的名言："代替那存在着各个阶级以及阶级对立的资产阶级旧社会的，将是以各个人自由发展为一切人自由发展的条件的联合体。"①也就是说自由发展的个人是共产主义自由联合体的前提和基础。只有在一个充满活力的社会有机体中，只有"通过社会生产，不仅可能保证一切社会成员有富足的和一天比一天充裕的物质生活，而且还可能保证他们的体力和智力获得充分的自由的发展和运用"②的前提下，共产主义和谐社会才能实现。

毛泽东在探索中国社会主义现代化建设的初期，就十分重视用充满活力的创造精神来建设社会主义社会。他在《论十大关系》和《正确处理人民内部矛盾》的篇章中，提出了"围绕着一个基本方针，就是要把国内外一切积极因素调动起来，为社会主义事业服务"③的社会和谐思想。1962年，他还针对党内把民主和集中对立起来的错误观点，提出要构建一种"又有集中又有民主，又有纪律又有自由，又有统一意志、又有个人心情舒畅、生动活泼，那样一种政治局面"④。

邓小平在科学阐述中国特色社会主义首要的基本理论问题，即"什么是社会主义，怎样建设社会主义"时，将充满活力与社会和谐的统一，作为社会主义的优越性和社会主义的本质所在。他反复强调这样的思想："社会主义基本制度确立以后，还要从根本上改变束缚生产力发展的经济体制，建立起充满生机活力的社会

① 《马克思恩格斯全集》第4卷，人民出版社1995年版，第491页。
② 《马克思恩格斯全集》第19卷，人民出版社1995年版，第244页。
③ 《毛泽东著作选读》（下册），人民出版社1986年版，第720页。
④ 《毛泽东著作选读》（下册），人民出版社1986年版，第819页。

主义经济体制"①;"社会主义制度优越性的根本表现,就是能够允许社会生产力以旧社会所没有的速度迅速发展,使人民不断增长的物质文化生活需要能够得到满足"②;社会主义的本质,是解放生产力,发展生产力,消灭剥削,消除两极分化,最终达到共同富裕。

3. 改革开放的实践充分证明,完全可以在充满活力中促进社会和谐。充满活力与社会和谐是动态的统一。中国社会主义改革开放的实践历程充分说明,只有在充满活力中才能促进社会和谐,完全可以在保持稳定、有序和法制中使社会充满活力。

改革开放30年的历程,是社会稳步前进、人民生活显著改善、国家综合国力不断增强的过程,也是一个我国人民不断创新、创造,中国社会面貌发生历史性变化的过程。进入新世纪,我国社会生产持续快速增长,工业化进程不断加快,城市化程度显著提高,经济国际化水平大大增强,人民生活向着全面小康社会的目标迈进,这些都来源于我们理论创新的活力、体制创新的活力、科技创新的活力。正是这种充满活力与社会和谐的一致性,一个蓬勃发展、活力四射、和平崛起的中国才为世界所瞩目。

(二)社会主义和谐社会是安定有序的社会

建设和谐社会需要安定有序的局面。和谐本身是一种有序状态,构建安定有序的和谐社会,就是要达到这样一种和谐的状态:社会组织机制健全,社会管理完善,社会秩序良好,人民群众安居乐业,社会保持安定团结。

1. 安定有序是构建和谐社会的必要条件和基本标志。安定

---

① 《邓小平文选》第3卷,人民出版社1993年版,第370页。
② 《邓小平文选》第2卷,人民出版社1994年版,第128页。

是相对于混乱而言的,有序则是相对于无序来说的。安定是指社会处于平稳和安定的状态,混乱则是指社会处于动荡、紧张和不安定的状态;有序是指社会处于组织程度较高的有秩序状态,无序则是指社会处于无政府、无组织的无秩序状态。安定有序的社会状态是社会主义和谐社会的基本标志和基本特征,这是由社会主义和谐社会本质所决定的。

社会要和谐,首先是安定有序。一个社会安定有序,本身就是全体人民各尽其能、各得其所而又和谐相处的表现。反之,一个社会如果处在动荡不安、混乱无序的状态,本身就是社会群体矛盾激化的表现,是社会冲突不能得到很好化解的结果。在动荡不安、混乱无序的状态下,人民群众就不可能安居乐业,和谐社会建设也就无从谈起。

其次,安定有序并不是封闭、静止不变的,而是在信息开放和社会发展进步中的安定有序。因此,我们就要在不断解决社会矛盾和社会冲突中、不断消除社会各种不稳定的因素、在社会发展与进步的动态平衡中实现安定有序。当然,安定与有序不是相独立的,而是一个有机整体,在安定中促进有序,在有序中实现安定,这是社会主义和谐社会所要求的,也是构建社会主义和谐社会的必要条件。

最后,混乱无序决不是和谐社会。因为在无政府、无组织的无序状态下,民主与法治必然会遭践踏,公平与正义就得不到伸张,社会矛盾就不可能得到有效的解决,社会冲突也不可能得到及时的化解,社会不同利益群体间也就不可能彼此和谐相处,和谐社会也就无从谈起。因而,只有在安定有序的状态下,国家、社会、个人才能更好地各司其职,各尽其能,一方面能够使良好的社会秩序得以维护,促进社会的安定有序;另一方面可以通过安定有序的社会状态和良好的社会秩序来实现和谐社会的构建。

2. 安定有序是构建和谐社会的基础性工作和关键环节。没有安定有序,和谐社会就会失去安定祥和,失去赖以存在的社会基础;没有发展,和谐社会就会失去生机活力,失去赖以存在的物质基础。邓小平曾指出:"中国要发展起来,要实现四个现代化,政治局面不稳定、没有纪律、没有秩序,什么事情都搞不成功。"[1]历史发展规律也表明:稳定是和谐的基础,同样,没有和谐的稳定也难以长久。

目前,我国改革发展正处于一个关键时期。在人均GDP1000—3000美元之间这个阶段,一些国家和地区既有因为举措得当从而促进经济快速发展和社会稳定进步的成功经验,也有因为应对失误从而导致经济徘徊不前和社会长期动荡的失败的教训。综合起来看,转型期的中国社会,利益关系迅速分化,社会矛盾复杂交织,经济社会发展面临的矛盾和问题可能更复杂、更突出,这些问题将给经济社会发展、社会稳定与和谐带来严重的影响。在这样一个特殊的历史时期,创造一个安定有序的社会环境,意义十分重大。

3. 安定有序是构建和谐社会的重要前提和主要保证。"利莫大于治,害莫大于乱",这是治乱兴衰的客观规律,也是古今中外治国安邦的历史经验。安定有序是和谐社会赖以存在的重要前提,更是社会发展的主要保证。

和谐社会所要求的安定有序,应是积极、良性、持续、健康的安定有序,是在不断解决社会矛盾和社会冲突基础上的安定,是在社会发展与进步的进程中实现的有序,而不是靠"捂、盖、瞒"下的安

① 《邓小平文选》第3卷,人民出版社1993年版,第249页。

定,更不是静止的、绝对的、"一潭死水"的有序。

政通人和,社会稳定,是全国人民的共同心愿,也是构建和谐社会的必然要求。当前,我国现代化建设正处于一个重要战略机遇期,所处的国际国内环境相当复杂,既面临大好机遇,也遭遇严峻挑战。只有确保稳定,才能抓住和用好这个战略机遇期,实现经济发展和社会和谐;只有确保稳定,才能化解矛盾、理顺情绪,团结一切可以团结的力量,调动一切积极因素;只有确保稳定,才能妥善解决我们面对的各种问题,为经济社会发展创造良好的内部和外部环境。只有抓住和处理好安定有序这一关键环节,才能保证构建社会主义和谐社会的工作顺利向前推进。

二、"双百方针"与文化活力

(一)"百花齐放,百家争鸣"方针

"百花齐放、百家争鸣"是中国共产党领导文学艺术、科学研究工作的基本方针。这个方针,是党在指导文艺工作和科学研究的实践中逐步提出的。

"百花齐放"这一思想的提出,是在1951年。当时,国内关于京剧问题的发展出现了争论,一派主张全部继承;另一派认为京剧是封建主义的,主张全部取消。1951年4月,毛泽东为中国戏曲研究院题词:"百花齐放,推陈出新"。他主张京剧还是要,不单是京剧,各种戏曲形式都要去其糟粕,取其精华,加以继承。

"百家争鸣"是毛泽东在1953年就中国历史问题的研究提出来的。当时,中国历史问题研究委员会主任向毛泽东请示历史研究工作的方针,毛泽东提出要百家争鸣。

1956年4月28日,毛泽东在政治局扩大会议上作总结发言时说:"百花齐放,百家争鸣",我看这应该成为我们的方针。艺术

问题上百花齐放,学术问题上百家争鸣。讲学术,这种学术可以,那种学术也可以,不要拿一种学术压倒一切。你如果是真理,信的人势必就会越多。

1956年5月2日,毛泽东在最高国务会议第七次会议上正式提出实行双百方针。他说:现在春天来了嘛,一百种花都让他开放,不要让几种花开放,还有几种花不让它开放,这就叫百花齐放。又说:百家争鸣是诸子百家,春秋战国时代,二千年前那个时候,有许多学说,大家自由争论,现在我们也需要这个。他指出:在中华人民共和国宪法范围之内,各种学术思想,正确的,错误的,让他们去说,不去干涉他们。李森科、非李森科,我们搞不清,有那么多的学说,那么多的自然科学,就是社会科学,这一派,那一派,让他们去说,在刊物上、报纸上可以说各种意见。

1956年5月26日,中共中央宣传部部长陆定一向自然科学家、社会科学家、医学家、文学家和艺术家作了题为《百花齐放,百家争鸣》的讲话,系统阐述了党中央提出的"双百方针"。他强调:"我们所主张的'百花齐放,百家争鸣'是提倡在文学艺术工作和科学研究中有独立思考的自由,有辩论的自由,有创作和批评的自由,有发表自己意见的自由。""我们主张政治上必须分清敌我,我们又主张人民内部一定要有自由。'百花齐放,百家争鸣',是人民内部的自由在文艺工作和科学领域中的表现。"在自然科学工作方面,他指出:"在某一医学上,生物学或其他自然科学学说上,贴上什么'封建'、'资本主义'、'社会主义'、'无产阶级'、'资产阶级'之类的阶级签……就是错误的。在文学艺术工作方面,他指出:限制创作的题材"只许写工农兵题材,只许写新社会,只许写新人物等等,这种限制是不对的。""'百花齐放,百家争鸣',对批评工作来说,就是批评的自由和反批评的自由",而现在的批评,有些令人害怕,应当纠正,对被批评的人来说,别人批评得对,应该虚心接受。

1957 年 2 月,毛泽东在最高国务会议第十一次(扩大)会议上的讲话中宣布:"百花齐放,百家争鸣"是党促进艺术发展和科学进步、促进社会主义文化繁荣的方针。

(二)文化活力:当代中国文化局面——多元并存、各竞所长

长期以来,我国一直力图在文化领域里促成一个"百花齐放,百家争鸣"的局面。如今,这种局面正在成为现实。其中最明显的表现,就是当前各种文化形式多元并存、自由发展。

我们在何种意义上来理解以往文化的一元性呢? 一般来说,"一种文化如果与其他文化相对而言处于中心地位,一方面对其他文化有强制性、排他性、垄断性,另一方面其内部也有较强的统一的意识形态规则,较不能容忍偏离和变化,就可以称之为一元文化;一种文化如果处于非主导地位,对其他文化较多宽容性、开放性,其内部也较少强制性的统一的意识形态规则,较能容忍偏离和变化,就可以称之为多元文化。"①就是说,我们说改革开放前的文化呈现出一元特征,主要是指当时的文化具有较强的强制性、排他性、垄断性以及意识形态性;说当前文化呈现出多元的态势,则是指我们已具有了较为广阔的胸襟,能够涵纳、容忍其他特性的文化的存在。当然,以往的文化决非绝对的一元,因为它既有传统、现代之别,也有民族、地区差异;既有主流、非主流之分,也有高雅、通俗之论;即便是传统文化,也有儒、墨、道、法等不同,因而对于以往的"一元"、当今的"多元",都只能从相对的意义上理解。

与改革开放以前相比,近年来我国文化发展呈现出显著的多

---

① 邹广文:《当代中国大众文化论》,辽宁大学出版社 2000 年版,第 117 页。

元化格局。中国的、西方的、前现代的、后现代的等多种文化共时并存于当代中国,构筑成一幅"万类霜天竞自由"的壮阔场面。这种场面大致可以从三个维度来描述:一是中国文化与西方文化共时共存。二是前现代、现代、后现代文化共潮共涌。严格来说,前现代的、现代的、后现代的不仅是不同的文化样式,而且是不同的文化思潮。每一种思潮都是对前一种思潮的批判与超越。如今,这些思潮亦同时共存于我国文化领域。其中,对当今文化影响甚巨的是后现代主义。三是主流文化、精英文化、大众文化同时并存,其中,最蔚为壮观的是大众文化的异军突起。此外,网络文化的后来居上也是当今文化领域里引人注目的一大现象;反文化的悄然流行同样应该予以特别注意。由此可见,我国当今的文化具有多元的特征。

当多元价值出现在当代社会各个阶层面前时,对每个社会成员乃至整个社会而言,既意味着更多自主选择的机会,更意味着何去何从的困惑,同时也必然伴随出现社会转型期的价值失范现象。诚如有学者所言,"处于文明转型时期的中国正在出现普遍的道德失范现象,处于传统和现代的夹缝之中的中国民众正在经历着文化价值观念的剧烈冲突:个体主体意识与整体主义(集体主义);功利主义、拜金主义同传统'正谊明道'的超功利主义;享乐主义、消费主义与传统节俭美德;技术批判理性与启蒙理性;后现代文化与工业文明精神,等等。显而易见,世纪之交的中国社会不可避免地要经历一次深刻的价值重建和文化转型。"①

---

① 衣俊卿:《论社会转型时期的生存模式塑造》,《北方论丛》1995 年第 4 期,第 24 页。

三、以文化大发展大繁荣增进社会活力

一个开明盛世,必然是文化事业百花齐放、春色满园的时代;中华民族的伟大复兴,必然带来中华文化的繁荣昌盛。十七大报告提出,要"推动社会主义文化大发展大繁荣",并从四个方面阐述了繁荣社会主义文化的新要求。

(一)文化繁荣的重要性。党的十七大突出强调了加强文化建设、提高国家文化软实力的极端重要性,对兴起社会主义文化建设新高潮、推动社会主义文化大发展大繁荣作出了全面部署。这是我们党总结历史、立足现实、着眼未来作出的重大战略决策,充分反映了对当今时代发展趋势和我国文化发展方位的科学把握,体现了我们党在新的历史条件下的高度文化自觉,表明了在推进中国特色社会主义事业的伟大进程中,中国共产党人将更加主动地承担起传承文化、繁荣文化的历史责任。

(二)文化繁荣的必要性。文化的进步反映社会的文明进步,文化的发展推动人的全面发展。当今时代,文化越来越成为民族凝聚力和创造力的重要源泉,越来越成为综合国力竞争的重要因素,越来越成为满足人民精神期待的重要保证。兴起社会主义文化建设新高潮,是经济社会发展到一定阶段的客观要求。历史上,每一个经济社会快速发展的时期,往往也都是文化繁荣兴盛的时期。在改革开放的进程中,我国经济建设取得了举世瞩目的成就。但与经济的快速发展相比,我国文化发展相对滞后,同全面建设小康社会的要求不相适应,同人民日益增长的精神文化需求不相适应,同我国的国际地位不相适应,这在客观上要求我国的文化有一个大发展大繁荣。

(三)文化繁荣的现实性。经过 30 年的改革开放,我们已经

具备兴起社会主义文化建设新高潮的现实条件。不断增强的经济实力,使我们可以拿出更多人力、物力、财力投入文化建设;人民群众日趋旺盛的精神文化需求,为文化大发展大繁荣提供了强大动力和广阔空间;全社会对文化建设的关注和重视,为推动文化大发展大繁荣创造了良好的社会环境。

推动社会主义文化大发展大繁荣,最根本的是坚持社会主义先进文化前进方向,兴起社会主义文化建设新高潮,激发全民族文化创造活力,提高国家文化软实力,使人民基本文化权益得到更好的保障,使社会文化生活更加丰富多彩,使人民精神风貌更加昂扬向上。

(四)文化繁荣的任务要求。围绕这些目标,十七大报告提出了四个方面的任务:建设社会主义核心价值体系,增强社会主义意识形态的吸引力和凝聚力;建设和谐文化,培育文明风尚;弘扬中华文化,建设中华民族共有精神家园;推进文化创新,增强文化发展活力。① 社会主义核心价值体系是社会主义意识形态的本质体现。和谐文化是全体人民团结进步的重要精神支撑。中华文化是中华民族生生不息、团结奋进的不竭动力。在时代的高起点上推动文化内容形式、体制机制、传播手段创新,解放和发展文化生产力,是繁荣文化的必由之路。这四个方面,既立足中国,又面向世界;既有民族特色,又有时代特征;既有继承的要求,又有创新的期待。② 我们必须以更深刻的认识、更开阔的思路、更有效的政策、

---

① 胡锦涛:《高举中国特色社会主义伟大旗帜为夺取全面建设小康社会新胜利而奋斗——在中国共产党第十七次全国代表大会上的报告》,《人民日报》2007年10月15日。

② 《推动文化大发展大繁荣　兴起文化建设新高潮》,《人民日报》2007年11月12日。

更得力的措施,大力推进,努力创新,营造社会主义文化百花盛开、姹紫嫣红、健康向上的繁荣景象。

四、以社会主义核心价值体系保障安定有序

构建社会主义核心价值体系是保障当前我国社会安定有序的必要文化策略。当前我国社会在思想文化领域存在着价值多元、各竞所长的局面,这既给和谐社会建设带来文化大发展、大繁荣的积极影响,同时也出现了文化安全隐患:当多元价值出现在当代社会各个阶层面前时,对每个社会成员乃至整个社会而言,既意味着更多自主选择的机会,更意味着何去何从的困惑,同时也必然伴随出现社会转型期的价值失范现象。[①]当今的社会现实迫切要求以构建社会主义核心价值体系保障社会的安定有序。

"马克思主义指导思想,中国特色社会主义共同理想,以爱国主义为核心的民族精神和以改革创新为核心的时代精神,社会主义荣辱观,构成社会主义核心价值体系的基本内容。"[②]社会主义核心价值体系,抓住了社会主义意识形态的关键,反映了现阶段我国社会思想观念的新变化、新特点,反映了社会主义市场经济发展的要求,适应了社会主义民主政治发展的要求,适应了社会主义先进文化建设的要求,适应了构建社会主义和谐社会的要求,具有很强的针对性和指导性,对于我们党团结带领全国各族人民开拓前进,战胜艰难险阻、抵御错误思想,形成全民族奋发向上的精神力量和团结和睦的精神纽带,具有巨大的作用。

---

① 衣俊卿:《论社会转型时期的生存模式塑造》,《北方论丛》1995年第4期,第25页。

② 《中共中央关于构建社会主义和谐社会若干重大问题的决定》,《人民日报》2006年10月11日。

（一）是巩固马克思主义在意识形态领域指导地位的需要

核心价值体系，是社会意识的本质体现，决定着社会意识的性质和方向。任何社会都有自己的核心价值体系。① 随着改革开放和社会主义市场经济进一步发展，随着中外文化交流和碰撞进一步扩大，随着人们思想活动独立性、选择性、多变性和差异性进一步增强，对社会主义价值体系的核心部位作出清晰界定的要求越来越迫切。核心价值体系就是一面旗帜，昭示人们不论在社会思想观念如何多样、多变的情况下，不论在人们价值取向发生了怎样变化的情况下，我国社会主义意识形态的核心部位是不能动摇的，是要坚定不移的。提出建设社会主义核心价值体系，有利于我们更清醒、更坚定地把握和坚持社会主义意识形态的本质，更清醒、更坚定地把握和坚持先进文化的前进方向。

（二）是形成全社会团结奋斗共同思想基础的需要

共同的思想基础是一个党、一个国家、一个民族赖以存在和发展的根本前提。没有共同的思想基础，党就要瓦解、国家就要分裂、民族就要解体。我们党历来重视共同思想基础的建设。毛泽东强调党要有"共同语言"，社会主义国家要有"统一意志"，讲的是共同思想基础建设。邓小平指出：我们这么大一个国家，要团结起来、组织起来，一靠理想，二靠纪律，否则建设就不能成功，②强调的是要加强共同思想基础建设。江泽民同志指出，"一个民族、一个国家，如果没有自己的精神支柱，就等于没有灵魂，就会失去凝聚力和生命力。"③这强调的还是共同思想基础建设。胡锦涛同

①　　雒树刚：《建设社会主义核心价值体系》，《党建研究》2006年第11期，第3页。

②　《邓小平文选》第3卷，人民出版社2003年版，第111页。

③　《江泽民文选》第3卷，人民出版社2003年版，第559页。

志多次指出要增强"民族精神",巩固"精神支柱"、形成"共同理想信念"。这强调的仍然是共同思想基础建设。既然共同思想基础建设如此重要,就需要对共同的思想基础作出科学的概括和清晰的界定,明确其基本内涵和基本要求,使之容易为全党全社会更加准确地理解和更加准确地把握。为什么我们党长期以来一直强调共同思想基础建设,而在今天仍产生了对共同思想基础作出科学概括和清晰界定的需要?原因就在于,在社会思想观念和人们价值取向日益多样的情况下,有些时候,根本的、原则的东西容易被自觉和不自觉地疏忽、淡化。提出社会主义核心价值体系,就明确揭示了我们共同思想基础的基本内涵和基本要求,将会推动全社会更加自觉维护我们共同的思想基础。

(三)是引导全社会在思想道德上共同进步的需要

思想道德是经济基础的反映,而不是脱离历史发展的抽象观念。同我国还处在社会主义初级阶段相适应,同我国多种所有制并存相适应,同我国多种分配形式并存相适应,同对外开放的环境相适应,人们的思想观念、道德意识、价值取向越来越呈现出层次性。这种层次性要求我们,在思想道德建设上,一定要从实际出发,既要鼓励先进,又要照顾多数,把先进性要求同广泛性要求结合起来,对不同层次的人们提出不同的要求。我们不能因为存在着多层次的思想道德而降低甚至否定先进性的要求,我们也不能不顾人们思想道德的客观差异,用一个标准要求所有的社会成员。要倡导积极的,支持有益的,允许无害的,改造落后的,抵制腐朽的。我们还要针对人们思想道德上的层次性,坚持用先进的思想道德来引领全体社会成员在思想道德上不断提升、共同进步。用什么样的思想道德来引领人们在思想道德上不断提升和进步?提出社会主义核心价值体系集中回答了这个问题。社会主义核心价值体系,既体现了思想道德建设上的先进性要求,又体现了思想道德建设上的广泛性要求;既坚持了先进文化的前进方向,又符合不同层次群众的思想状况;既体现了一致的愿望和追求,又涵盖了不同的群体和阶层。社会主义核心价值体系有广泛的适用性和包容性,具有强大的整合能力和引领能力,是联结各民族、各阶层的精神纽带。

(四)是建设社会主义和谐文化的需要

党的十六届六中全会《决定》鲜明地提出,构建社会主义和谐社会必须建设和谐文化。社会主义核心价值体系是和谐文化的根本。在和谐文化建设中,抓住了社会主义核心价值体系这个根本,才能形成全社会共同的理想信念,增强全社会的凝聚力;才能树立全社会的和谐理念,培育全社会的和谐精神;才能形成全社会的良好道德风尚,形成全社会的和谐人际关系;才能营造全社会的和谐舆论氛围,塑造全社会的和谐心态,保障社会的安定有序。

第五节　社会主义和谐文化是促进
人与自然和谐相处的文化

"人与自然和谐相处"是和谐社会的重要特征,也是和谐文化建设的价值追求。人与自然和谐相处,就是生产发展,生活富裕,生态良好。社会的和谐发展必然离不开良好的自然环境。然而,在当今世界,人类在追求发展的同时,忽视了生态环境的建设,造成生态环境的恶化,这反过来又阻碍了人类社会的发展,影响了社会的和谐。和谐社会目标的提出,为改善人与自然的关系、促进二者的和谐发展指出了努力的方向,也提出了更高的要求。

一、人与自然关系的文化观变迁：自然中心主义、人类中心主义、人与自然和谐相处

人与自然的关系包括人类对自然的影响与作用及自然对人类的影响与反作用两个方面。在人与自然的关系中，一方面，人是一种自然存在物，依赖自然摄取物质、能量、信息来保持生命力和活力，受自然的约束和控制，需要适应自然界的发展，遵循自然规律；另一方面，人还是一种能动的社会存在物，能动地认识、利用、改造自然，使自然适应人类发展，这就决定了人与自然的关系是一种能动和受动的统一，是一种相互影响、相互作用的关系。人与自然的关系贯穿于整个人类进化发展的过程中。

人类对人与自然关系的认识先后经历了三种文化观：自然中心主义、人类中心主义、人与自然和谐相处。即由崇拜适应自然到改造利用自然，再到协调人与自然的发展历程。由于中西方对自然采取了不同的态度，造成了历史上中西方文化对人与自然关系认识的差异。

在西方，传统的西方思想强调的是克服自然，战胜自然，把自然科学技术看成是人类战胜自然的一种工具，重视发挥人对自然的主体性和人对统治自然的主体性，结果使西方社会条件下的人在"人类中心主义"这一理念的主导下，把自然界看成是一种供人"占有"、"消费"、"使用"的对象，对自然资源采取了无节制地支配、掠夺、占有和挥霍的野蛮态度，造成了人口的急剧膨胀、资源的过度消耗和生态环境的迅速恶化。自20世纪60年代以来，西方社会开始对传统的"人类中心主义"的理念和经济增长方式进行反思，并于1987年由世界环境与发展委员会正式提出了"可持续发展"的概念，号召人类协调人与自然的紧张关系，改变人类对自然以索取、占有为特征的单向关系,学会保护补偿自然,与自然和睦相处。

在中国,中国的传统思想以"天人合一"为主导。这种天人合一的思想内在包含着爱护自然界、维持生态和谐的意义。由于中国存在着人口众多、自然资源相对短缺的现实国情,更需要我们处理好人与自然的关系。改革开放以来,虽然我们坚持走可持续发展之路,坚持计划生育和环境保护的基本国策,但由于片面地追求和崇拜 GDP,在这种发展理念的支配下,尽管我国经济得到快速发展,但也出现了自然资源浪费破坏严重、环境污染加剧、生态环境日渐恶化等许多问题,人与自然的矛盾也逐渐尖锐起来。党的十六届三中全会提出的统筹人与自然的和谐发展、十六届四中全会提出的构建社会主义和谐社会,提出和明确了科学的发展理念,强调要超越人与自然的紧张对立状态,进入与自然更深、更高的和谐统一关系,实现人与自然更高形式的融合和发展。

由于在不同的历史时期,人对自然所面临的问题不同,人与自然和谐的内涵也不尽相同。一般而言,在原始社会,人类被动地适应顺从自然,人与自然保持一种原始的和谐关系;农业社会,自给自足的生产方式使人与自然保持了整体的和谐,但同时也出现过一些阶段性、区域性的不和谐,比如过度的开垦砍伐、争水、争地引起的冲突和战争等;在工业社会,由于追求经济的"无限增长"和严重依赖大规模的消耗自然资源的生产方式,造成人与自然关系的紧张对立,人与自然关系很不和谐。今天倡导的人与自然和谐相处的思想,既是对中国传统的人与自然和谐思想的丰富发展,又体现着主体对人与自然关系认识的实践反思和理论深化。

二、人与自然和谐相处文化观的当代意义

1. 人与自然和谐相处价值观是建设和谐社会的重要思想前

提。党的十六大将"社会更加和谐"作为全面建设小康社会的目标之一首次提出。2005年2月，胡锦涛同志进一步指出，"实现社会和谐，建设美好社会，始终是人类孜孜以求的一个社会理想，也是包括中国共产党在内的马克思主义政党不懈追求的一个社会理想。"①"我们所要建设的社会主义和谐社会，应该是民主法治、公平正义、诚信友爱、充满活力、安定有序、人与自然和谐相处的社会。"这一重要论断的提出，标志着社会主导价值取向在天人关系方面从"斗争哲学"到建设"和谐社会"的重大变革。建设和谐社会，必须解决好人与人、人与自然两个系列的和谐问题。如果不能处理好人与自然的关系，就不能实现生产发展、生活富裕和生态良好的统一，就不能实现人与自然和谐相处，整个社会将不能达到和谐状态，由此还会引发人与人之间的矛盾和冲突。所以，实现人与自然和谐发展的价值是建设和谐社会的重要逻辑预设和思想前提。

2. 人与自然和谐相处价值观有利于跳出人与自然二元对立的思维方式。在对待天人关系上的"人类中心主义"和"非人类中心主义"价值观分别从人类利益和自然利益出发，把人与自然截然分开，是一种二元对立的思维模式。"这种思维的价值取向，要么人为地制造非此即彼的取舍价值，要么人为地设计亦此亦彼的二元混淆价值，要么人为地造作分久必合、合久必分的二元循环价值"②，将人与自然绝对地对立起来，由此造成了人与自然尖锐的矛盾冲突。人与自然和谐的价值观，超越了人与自然二元对立

---

① 胡锦涛：《在省部级主要领导干部提高构建社会主义和谐社会能力专题研讨班上的讲话》，《人民日报》2005年2月20日。

② 张立文：《和合哲学论》，人民出版社2004年版，第27页。

的思维方式，既可以克服人类中心主义拒斥和奴役自然的错误立场，又可以克服非人类中心主义拒斥、忽视人的利益的空想主义的偏颇。这种价值观既重视人的利益、人的价值，又强调生态整体平衡的利益和自然价值，追求人与自然共生共荣，协调持续发展。

3. 人与自然和谐价值观有利于缓解全球生态危机和人类生存危机。传统理论都不同程度地存在缺陷，无法真正解决人与自然的矛盾，对于全球生态危机和人类生存危机无能为力。而人与自然和谐的价值观，既摒弃了"人类中心主义"与"非人类中心主义"二元对立的形而上学的思维方式，同时坚持了马克思主义的辩证自然观，又继承了我们传统文化中的和谐思想，成为科学的、现实的价值取向，有利于缓解全球生态危机和人类生存危机[①]。

三、人与自然和谐相处的文化作为

人与自然和谐相处是社会主义和谐社会的重要特征和内在要求，而要实现人与自然和谐相处，文化的作用是前提性和根本性的。这一作用体现，即实现人与自然和谐相处的文化作为，是树立和谐的生态文化意识。

1. 树立生态文化意识。生态文化就是从人统治自然的文化过渡到人与自然和谐的文化。这是人的价值观念根本的转变，这种转变解决了人类中心主义价值取向过渡到人与自然和谐发展的价值取向的问题。生态意识，是指人们在社会生活中形成的关于环境的自觉而清醒的感悟和认识，是人对所处环境和自身与环境

---

① 赵安起等:《天人和谐价值观发微》,《理论导刊》2006 年第 4 期,第 65 页。

相互关系的能动反应。① 人与自然和谐，要求人抛弃统治自然的思想，走出人类中心主义；要求建设尊重自然的文化，随时从环境的角度，从改善人与环境的关系方面思考问题并采取相应的行动。

2. 澄清传统自然文化意识的危机及其实质。在人类步入现代文明的进程中，由于自身认识的发展和制造工具能力的不断提高，人类逐渐形成了单纯肯定人的价值的人类中心主义价值观。启蒙运动尤其强调人的自身价值，将自然世界看做供人任意改造、利用的资源或工具。自然世界从一个活的有机体变成为死一般的物质世界，人由此也就从自然宇宙世界中分裂出来，成为与自然世界对立的存在。

笛卡尔将人与自然区分为两个各自独立且平行存在、互不往来的实体。斯宾诺莎反对这种对立说，但他主张在自然宇宙中只存在一个实体，那就是上帝，而心灵和物质仅是上帝这一实体的两个属性。此后，康德、黑格尔等人试图努力改变这种人与自然二元对立的局面，但他们却把人看做是自然价值的显现根源。如康德提出"人为自然立法"和"自然向人生成"，他提出了"人是目的"和"自然向人生成"的命题，在他看来其他一切存在物都是作为手段为人服务的。黑格尔则把自然世界看做是"绝对精神"的外化，认为人与自然的关系属于"主——奴关系"，即人是主人，自然是奴隶，渐渐地，"目的王国"和"自然王国"之间从此产生了一条不可逾越的鸿沟。

这种主客二分的思维方式基础上形成的近现代文明，所突出的是人的认知理性和工具理性的价值，人的主体意识得以形成和

---

① 黄兆钰:《关于人与自然的和谐发展》,《法制与社会》2007 年第 9 期,第76 页。

强化。人类的理性之光渐渐揭开了自然的神秘面纱,用马克斯·韦伯的话说就是"世界祛魅"的过程。

在工具——目的的理性主义的导向下,步入现代化的今天,人类面临的是"现代性的危机"。它表现为两个方面:一方面正是由于人与自然关系的根本一致性发生了异化,人与自然关系的对立和异化导致了人与人之间的对立和异化,以及社会的不和谐。因为人们为了占有由人与自然关系生化出来的财富,造成了人与人的分裂和人对人的剥削与压迫。这使人处于一个无情冷漠异己的物质世界,造成社会关系的物化,使人的精神在巨大异己的物质世界中处于无家可归、渺小无助、无根流放的异化状态,丧失安身立命的精神家园,这就是人类面临的精神意义失落的危机。

另一方面,是在人类中心主义的思想支配下,人类奉行的是经济主义、消费主义、享乐主义的价值观,结果是人类对自然界资源进行了近乎竭泽而渔式的掠夺性、粗放性的开发和超负荷的索取,大大超过了自然界的再生增殖能力,人类排入环境的废物大大超过了环境的承受能力,由此导致了全球性的生态危机。

人类自身所造成的这些危机实质是人性危机。人之不幸,自然之不幸,就在于人对自己的茫然无知和自以为是。这一切都是人对自己"是什么"或"人是谁"这一身份的不确认而酿成的。"人是什么? 这无疑是最关键的问题之一。因为许多其他问题的解决都取决于我们对人性的看法,人生的意义和目的何在? 我们应当做什么? 我们可以期望达到什么目标? 所有这一切,都从根本上受着我们心目中的人之'真实'或'真正'之本性所影响。"如果人认为自己是万物之灵,是自然的中心,势必造成对自然的掠夺和破坏。正是人类人性的迷失,欲望的无限膨胀,而任意宰制自然,使得生态危机不可避免。恩格斯曾明确指出:"我们不要过分陶醉于我们人类对自然界的胜利。对于每一次这样的胜利，自然界都对我们进行报复。每一次胜利，起初确实取得了我们预期的结果，但是往后和再往后却发生完全不同的、出乎预料的影响，常常把最初的结果又消除了。"①这一著名论断已经成为关于人与自然关系的经典言论。

3. 自然价值的新视角。人性的迷失造成的生态危机是人类从人类中心主义的角度出发，只关注人自身需要而不顾及自然的结果。一直以来人类很少关注自然的价值，认为自然资源取之不尽，用之不竭。罗尔斯顿在《环境伦理学》中探讨了大自然所承载的价值，认为主要有这些类型：生命支撑价值、经济价值、消遣价值、科学价值、审美价值、使基因多样化的价值、历史价值、文化象征的价值、塑造性格的价值、多样性与同一性的价值、稳定性与自发性的价值、辩证性的价值、生命价值、宗教价值。罗尔斯顿将自然的价值分为两大类，即对人的非工具性价值和对人的工具性价值。对人的非工具性价值是大自然在无人干涉的情况下所呈现出来的意义和功能，主要表现在她对生命的支撑和承载上，在这一层面上说，任何生命都可以感受和评价大自然的价值。也正是在这个意义上说，大自然是生命之源，是生命的福地。在大自然对人的工具性价值这一层面上，人通过对自然有目的性的开发利用支配，创造了价值。人是在自然中创造价值、开发价值的，我们应该理所当然地想到自然的根源意义。因此在选择支配自然的问题上，人类应该选择的是帕斯莫尔的"有责任的支配"，人类应以"托管人的精神"去协助大自然，帮助大自然完善。

除了从大自然中获得物质享受外，对于人来说，自然还是他成

---

① 《马克思恩格斯选集》第4卷，人民出版社1995年版，第383页。

长、获得心灵成熟的摇篮。大自然是心灵源源不断的刺激物,正是在体验和感受大自然的精神价值上,人才体会到自己的价值。自然的价值不仅存在于人类的心灵中,而且是掌握在大自然的手中。人们在评价大自然时应该遵循大自然,大自然的价值确定了人对大自然的义务——保护、协助、完善大自然的义务。

自然之于人,自然哺育着人类,自然保存了人类的历史,自然涵育着人的性情,自然奠定了文化的基础。① 自然把她的一切都奉献给了人类,因此人在处理与大自然的关系时,应该像爱惜自己一样爱惜大自然,同自然和谐相处。

---

① 黄兆钰:《关于人与自然的和谐发展》,《法制与社会》2007 年第 9 期,第 77 页。

第四章 社会主义和谐文化 建设的困境分析

当前思想文化领域中影响、阻滞和谐文化发展的重大现实文化矛盾主要有：市场经济的消极影响；传统文化与现代文化中非和谐的因素；主流文化与多元文化的冲突；身心和谐、人际和谐、天人和谐的现代文化困境；科学精神与人文精神的双重不足与缺失。

第一节 市场经济的消极影响

今天构建社会主义和谐社会是在发展社会主义市场经济的条件下进行的。和谐文化对发展市场经济有着广泛而深刻的作用：环境制约、文化先导、动力支持、渗透参与作用等。然而市场经济的消极因素也给和谐文化建设造成了特有的文化矛盾和价值冲突，突出表现为市场的趋利性和交换原则对社会道德文化生活领域的侵犯，导致拜金主义、享乐主义、消费主义、诚信危机等泛滥蔓延，成为社会不和谐的重要文化诱因。积极探求消除市场经济发展与和谐文化建设之间矛盾冲突的途径，对于和谐文化建设和社会主义市场经济的健康顺利发展都有着重要而现实的意义。

一、和谐文化对市场经济发展的促进作用

市场经济的生存和发展不是单纯的经济活动过程，从文化的

视角管窥市场经济的发展,便会看到文化对经济发展的深刻而又广泛的作用,主要表现为①:1. 环境制约作用:文化氛围协调经济意识;文化范式影响经济模型;文化活动吸引、驱动经济行为。2. 文化先导作用。3. 动力支持作用:观念变化产生新活力;智力和精神动力的支持提高整体素质。4. 渗透参与作用:有价值的谋略文化直接被借鉴参与市场经营决策;企业文化转为经济力;商业文化促进市场经济的发展;文化产业化趋势汇入经济发展的潮流。

(一)环境制约作用

一切经济活动都要受到一定历史条件下社会文化环境的制约,现实社会没有纯粹的经济活动。文化环境对经济活动的制约作用,主要表现为:

第一,文化氛围协调经济意识。文化环境的熏陶,使人们在从事经济活动的过程中,必然打上文化的烙印。优秀的文化因素可以协调不规范的经济意识和经济行为,最终使社会成员受制于文化所创造的有利于经济发展的文化氛围之中。当今的中国,发展社会主义市场经济,延传几千年的中国传统文化必然要影响、作用于市场经济的运行。

中国传统文化尽管有桎梏市场经济发展的负面影响,但是我们有批判地挖掘、借鉴和弘扬优秀的传统文化,不难发现优秀传统文化对市场经济的正面效应是主要的。首先,儒家文化的"义利之辨"、"见利思义"、"先义后利"的思想既有利于经济行为的扩张,也有助于高尚价值观的形成,从而促进、诱导良好经济秩序的建立。其次,儒家文化以"仁"为核心,以仁爱、和谐、诚信为重要

---

① 琚忠友:《论市场经济发展中的文化作用》,《南京政治学院学报》1995年第6期,第100页。

特征的伦理道德观,对市场经济的健康发展具有协调矛盾和规范行为的积极效应。推崇仁爱,强调信义、诚信为本的商业道德观,能够约束市场经济运行中的不良行为。再次,传统文化中的"忠恕"思想、群体意识,摒弃其封建的"忠君"、"愚忠"思想,弘扬其正面积极因素,有利于全民爱国主义、集体主义和敬业精神、创业精神的发扬,还有利于全民群体意识和集团优势的发挥。

第二,文化范式影响经济模型。当今世界研究经济的学者,都重视文化对经济模式的作用。有的学者根据当代世界经济受不同文化的影响而大致区分为两大类①:一是欧、美等以西方文化为背景下的"行为式管理经济模式"。这种经济模式的特征是企业体现"创造力"和"想象力",不守旧,在所授权之内充分自由,并且明显带有西方宗教文化的色彩。二是东亚和东南亚的日本、新加坡等受儒家文化影响的国家和地区。这些国家和地区的市场经济被称为"亲和式管理模式"。他们的企业除了吸收西方先进的科技管理诸因素外,还得益于"仁"文化中的积极成分。这种经济模式的特点是强调"集体力"、"协调力",强调兼爱与和谐的人际关系。儒教文化经济圈所表现出的特有的市场经济模式,充分反映了"仁"文化对市场经济模式的影响和制约作用。

第三,文化活动吸引、驱动经济行为。鲜明的文化活动具有吸引经济行为的趋同和导向功能。人们的心理状态、审美情趣、价值取向,乃至经济行为会在特定的文化活动的作用下产生共鸣或出现一致性。

---

① 琚忠友:《论市场经济发展中的文化作用》,《南京政治学院学报》1995年第6期,第100页。

（二）文化先导作用

在经济与文化的关系上，一方面，文化以经济为基础，经济的发展必然促进文化的繁荣进步。但另一方面，文化一经形成，它对经济运行发展的推动力愈加明显。甚至，在一定的条件下，文化对经济的发展具有先导性的作用。实践证明，衡量某一地区的先进与落后，经济发展潜力的大小，不仅要有经济标准，还要用文化的指标体系，看有没有先进的文化作经济发展的先导。如果单纯抓经济建设，而忽视文化、教育事业，到头来必然会窒息经济的发展。

（三）动力支持作用

先进、优秀的文化对市场经济发展的动力支持作用体现在：

第一，观念变化产生创新活力。当今，人们观念的更新和现代意识不断确立，已成为一种新的文化现象。它不仅调整着人们精神生活的坐标，还渗入到经济活动，积极引导着经济行为，拓展经济活动的新视野，从而导致新产品的系统构思、功能设计、结构外形、审美情趣的产生，为经济模式的改革和经济事业的发展注入了活力。

第二，智力和精神动力的支持提高国民整体素质。在现代社会中，一切外化的经济竞争从根本上都是人的文化能力（智力）和精神动力的竞争。人的文化能力不到位，精神支柱不牢固，一切都只是空中楼阁。一方面，一个国家、一个民族的全体社会成员，具有了较高的科技知识水平，有比较高的文化素质，那么将是经济快速发展最重要的保证。另一方面，精神支柱蕴积内在动力。民族精神、社会精神、企业精神是一个民族、一个社区、一个企业的精神支柱，也是文化的核心。它以特有的理想、信念和精神追求鼓舞着人们的士气，引导着人们的行为，对经济的发展起着强大的动力作用。

（四）渗透参与作用

随着社会文明的高度发展，文化渗透参与经济活动、促进经济进步的作用愈加明显，这已成为当代经济发展的重要趋势。这种文化渗透参与作用表现在很多方面：

第一，传统的谋略文化直接被借鉴参与市场经营决策。博大精深的中国传统文化除了具有宝贵的伦理道德观价值外，还有一种重要的谋略文化价值。这种谋略文化蕴藏于古代的《周易》、《老子》、《易经》、《易传》、《孙子兵法》等经典之中。市场经济运作复杂多变，传统文化中制宜变动的灵活谋略思想，对市场经济的具体运作有着实际的借鉴意义。其中关于"天时、地利、人和"与审时度势的思想，"择人而任势"、"攻心为上"、"出奇制胜"、"知己知彼、百战不殆"等许多谋略思想，对于指导市场决策也同样具有重要的借鉴意义。

第二，企业文化转为经济力。企业文化，是指企业在生产经营中所体现出的价值观念、企业精神、经营之道、经营境界和广大职工认同的道德规范和行为准则。[1] 它是一个企业传递下来的特有的精神财富，它是无形的、又是能动的，时时刻刻都在企业生产、经济行为中发生影响和作用。良好的企业文化能够增强企业内部的凝聚力和外部的竞争力，使文化力转化为经济力。

第三，商业文化促进市场经济的发展。市场经济缺不了商业，而商业发展离不开商业文化。商业文化是现代文化领域的重要内容，也是现代市场经济运行中的重要因素。商业文化的基本内容

---

① 琚忠友：《论市场经济发展中的文化作用》，《南京政治学院学报》1995年第6期，第102页。

包括商品文化、营销文化、商业伦理文化和商业环境文化。① 商品文化在商业文化体系中起着重要的载体作用,包括商品的构思、设计、造型、装潢、包装、商标、款式、广告、消费习惯等。它展示着一定的文明水平、文化特色、文化素养和审美情趣。从商品的文化含量、商业营销的文化品格到商业人员的价值道德取向,再到商业活动的文化环境,构成的商业文化体系,对市场经济的有效发展、促进商品的合理顺畅流通,有着极大的推动作用。

第四,文化产业化促成经济新的增长。一些经济学家提出"新文化产业论"的观点,认为21世纪的经济将由文化和产业两部分组成。② 当今,市场经济的发展,使文化直接汇入经济大潮,成为一种产业,扮演着愈来愈重要的角色。如,利用地方文化特色,进行文化搭台经济唱戏;利用文化遗产、文化景点发展旅游产业;文化发展为"文化产业"等。社会主义市场经济体制的建立,文化产业化的趋势也逐步形成乃至深化。文化产业愈来愈成为经济发展新的增长点。

总之,文化在现代市场经济发展中起着独特而重要的作用。经济与文化的关系是有机的、动态的、辩证统一的。随着社会的不断进步,文化与经济相互渗透、相互作用、相互影响将更加广阔而深刻。从这个趋势中,我们可以看到一种双向的真切需要:现代市场经济需要"文化力"的激励、推动和支持,文化需要在市场经济潮流的旋动中获得蓬勃发展的生机。

---

① 琚忠友:《论市场经济发展中的文化作用》,《南京政治学院学报》1995年第6期,第103页。

② 琚忠友:《论市场经济发展中的文化作用》,《南京政治学院学报》1995年第6期,第103页。

二、市场经济的消极影响给和谐文化建设带来的难题

社会主义市场经济体制的建立,一方面为和谐文化建设注入蓬勃生机和活力,但同时市场经济的负面效应也给和谐文化建设带来新的时代难题,突出表现在社会道德"滑坡"日益严重,一些领域和行业的道德状况更是令人担忧。这反映在经济生活和社会生活之中,反映在人与人的关系处于严重的失调之中。

(一)市场经济的趋利原则对和谐文化建设的负面影响

市场经济活动是物质活动,同时也是谋求利益最大化的文化活动,内部包含诸多矛盾或价值冲突。由于市场经济的扩张,使人因缺乏持久性的价值屏障而遭致安全感的丧失,使得人们的自由的基础——道德秩序也无法建立。而且,市场经济对人们生活的影响还在于它使人的真实生活本身疏离化、市场化。市场经济原则确认经济主体对自身经济利益关注的合理性,由于人的自然属性——趋利避害性,决定了人为了自身利益的最大化,在竞争中容易滋生自私自利、损人利己等思想。利益驱动强化和利益矛盾复杂化会在一些人中诱发拜金主义、利己主义、享乐主义思想,产生片面追求个人利益而不顾国家、集体和他人利益,追求眼前利益、局部利益而不顾长远利益和全局利益的倾向。这给和谐文化建设造成极大负面影响。

(二)市场经济的交换原则成为和谐文化建设的消极因素

市场经济是商品经济,而商品交换意识"泛化"到非经济活动领域,成为和谐文化建设应该引起高度重视和防止的问题。市场经济的盲目性较多地倾向于用市场交换形式吞噬一切交往形式;倾向于把市场求利原则、交换原则、竞争原则和自主原则等扩充到社会生活的一切领域,包括私人生活和公共生活,如家庭、政治、文

化、教育以及政府机关和党内生活等,任其发展还会诱发出钱权交易等一系列腐败现象和丑恶行为。

(三)建设和谐文化,强化市场伦理道德是必由之路

市场经济原则中的负面影响和弱点为市场自身所固有,它与社会主义市场经济条件下的伦理秩序发生矛盾和价值冲突。资本主义商品生产条件把市场的负面影响和弱点进一步放大,成为资本主义社会的普遍现象。如今,由于"德性"的缺失,以及道德多元化和道德相对主义的盛行,使得西方市场法治和市场经济相对衰落。西方著名道德哲学家麦金太尔在《德性之后》一书中指出,失去了前现代文明中的"德性","人类生活的性质本身已经改变,社会道德如此贫乏,只能意味着一个新的黑暗时代已经来临。"①

我国自向市场经济体制转变以来,社会上出现了许多不良现象,与市场自身的负面影响和弱点有关系,也与社会主义市场道德的建构和道德调控的弱化有很大关系。因此,道德调控作为一种文化价值,它在市场经济运行秩序中调整规范的过程,实际上也就是市场经济逐步走向稳定、成熟的过程,从更长远的角度看,也就是市场经济的规范内化于人们心灵的过程。

伦理道德是支持经济发展的重要人文力量,任何一个民族的经济发展,都离不开一定的伦理道德基础和主体道德精神的支撑。离开一定的道德基础和道德精神,社会繁荣的创造和经济的可持续发展都是难以想象的。马克斯·韦伯在《新教伦理与资本主义精神》一书中曾对落后的资本主义国家的道德状况作过这样的分

---

① 郭齐勇:《略谈传统道德资源的活化》,《新华文摘》1998年第5期,第36页。

析："许多国家的资本主义的发展程度,按西方的标准来看一直是落后的,但在靠赚钱以谋取私利方面使绝对不讲道德的做法普遍流行,却恰恰是那些国家一直具有的一个突出的特征。"①这说明伦理道德状况对一个国家的经济发展起着至关重要的作用,从某种意义上说起着决定性的作用。

三、建设市场经济条件下的和谐文化价值观

在发展社会主义市场经济条件下,加强道德建设已成为构建和谐社会刻不容缓的紧迫艰巨任务。目前首要的是要形成一种与市场经济发展相适应的,合乎社会主义制度目标的,同时又具东方伦理特色的社会主义精神。

新的市场经济伦理精神既要体现集体主义原则、公正原则和互利原则,又要倡导人道主义原则和共产主义道德原则;既要立足于自己的文化土壤,发掘本民族文化的精华部分,同时也要吸收外部一切先进文化,以实现内外精神文化的交融。新的市场经济伦理精神应该包括:自强不息、开拓进取、遵纪守法、成德建业的精神;崇尚整体、热爱集体、爱国齐家、修身践履精神;敬业乐群、务实求效、谦德守信、敬职敬业精神;节俭忍耐、勇敢正直、廉洁奉公、无私奉献精神;既竞争又协作,义利相容、互惠互利、共同发展、共同富裕精神等等。② 从当前社会现实的具体情况看,培育现代市场经济伦理首先应该努力实现以下几个方面的转变与升华:

---

① 马克斯·韦伯:《新教伦理与资本主义精神》,陕西师范大学出版社2005年版,第29页。

② 李兴昌:《市场经济条件下的道德危机与重建》,《学术研究》2005年第7期,第155页。

（一）把单纯功利、利己的谋利动机升华为一种社会成就感和责任感，使全民族的经济行为有一个更高尚的动机

在市场经济条件下人们追求物质利益是正当的，但是社会主义市场经济更呼唤人们追求物质利益的合乎道德要求的动机和行为。当今人们物欲高涨，对物质利益的追求到了前所未见的程度，一些人认为，人生最重要的事就是努力实现个人利益最大化，人的一切行为归根到底是经济行为，人生的意义在于占有尽可能多的金钱和物质财富。人们一旦走向物质利益追求的极端，就有可能在经济活动中采取不择手段、不顾后果的行为牟取暴利。而这种过度行为往往损害他人的利益或国家和集体的利益。这不仅会破坏经济的正常运行和发展，而且还会使社会生活中的人情淡漠，关系疏远，和个人精神浮躁、空虚、失落、颓废。任何经济活动本质上都是一种与人的利益相关联的道德活动，人的本质并不仅仅是物质功利的，文化精神更是不可或缺的。我们不仅要关注功利，而且还要关注灵魂。我们不仅要求经济活动中的经济主体成为有道德的"经济人"，而且还要求经济行为的动因升华为一种敬业精神、民族情感和爱国主义，以此来推动经济的健康发展。

（二）把诚信缺失升华为诚实守信，为经济的良性运行奠定道德基础

国人的诚信问题从来没有像今天这样成为社会热点问题。中国目前正处于严重的诚信危机之中，经济活动中存在的诚信问题尤为突出：假冒伪劣商品、坑蒙拐骗行为，以及尔虞我诈、相互倾轧、玩弄诡计等丑恶行径几乎遍及社会的各个角落，不讲诚信的事情经常发生，使人们不得不高度提防，以免受骗。

市场经济的良性运行需要有道德诚信作为基础，缺失了道德诚信的经济活动将会变得无序而混乱不堪。"诚信的缺失会增加

经济的不确定性与变数,使经济充满了无谓的风险,人与人之间的交易变得偶然和难以预测,正常的交换变得不正常,刚性的合约变得脆弱不堪。诚信缺失造成的不确定性还使得很多交易变成了一次性博弈行为:骗一把就走。"①缺失诚信的经济行为使得人人都以一种警觉的心态进入市场,交易变得缓慢,经济运行的摩擦力加大,资本流通速度减慢,进而效益降低。而一个失信于别人的经济主体,又会被别人不信任,从而会影响和阻碍自己事业的发展,既害了别人也害了自己。市场经济的发展和完善需要人们的经济行为光明磊落,处事实在,讲信誉、重信用、履行自己应承担的义务。经济活动的有序进行离不开人们的诚实守信,因此,发展市场经济更需要提升人们的道德诚信修养。

(三)要把安逸、享乐升华为一种追求真正生活价值和生命意义的高尚精神

　　改革开放30年,使国家强大了,人民富裕了,但也使一些人面对"滚滚而来"的金钱与财富不知所措,找不准生活的坐标,不能超越庸俗的物质享受,沉湎于一种安逸、享乐的生活之中。他们的超前享受、挥霍享乐绝不逊色于一些发达国家,与我们国家依然属于贫困的发展中国家的现实极不相称。"挥霍即是气派"、"消费即是道德","比阔攀富"、"沉湎感性"的氛围一度笼罩了我们的社会。不少人患上了"贫困国家的富贵病","游戏人生、享乐主义",这种思想及行为既是一种畸形的文化现象,又是体制转型时期的一种变异的消费方式,是对生活真正价值与意义的扭曲。贪图安逸、享乐是一种资产阶级的生活作风,它可以使人生活上糜烂、庸

---

　　①　李兴昌:《市场经济条件下的道德危机与重建》,《学术研究》2005年第7期,第155页。

俗,精神上浮躁、颓废,任其蔓延泛滥,会扰乱市场经济的秩序,使人们丧失更高的精神追求。随着财富的不断增多,我们必须更加警惕和坚决反对消费主义和享乐主义,必须升华出一种超越感性、超越享乐的真实精神追求。

总之,面对市场经济条件下的文化价值冲突,我们需要提倡和培育一种新的和谐文化精神:一种顾全大局、全面发展的精神;一种诚实守信、兼爱互利的精神;一种艰苦奋斗、开拓进取的精神。这种精神的深入人心,不仅可以重建一度坍塌的道德大厦,而且可以促使人们的价值取向趋于更高的目标和水平。只有人们真正树立起以为人民服务为核心的、集体主义为原则的社会主义和谐文化价值观,我们的社会主义市场经济条件下的和谐社会才会真正建成。

第二节　传统文化与现代文化中的非和谐因素

传统文化中存在的阻滞和谐文化建设的非"和谐"主要表现在:因循守旧的传统与现代革新创造精神的冲突;家长制(权威主义)传统与现代民主平等精神的冲突;人治传统与现代法制精神的冲突;平均主义传统与社会主义各尽所能按劳分配原则的冲突;迷信愚昧与现代科学理性精神的冲突;重义轻利观念与发展市场经济的冲突;传统的安分守己、小富即安观念与现代自由竞争、优胜劣汰原则的冲突;传统文化中求稳怕变、循规蹈矩心态与现代改革创新、敢于冒尖观念的冲突;传统的恋家情节与现代的开放观念的冲突;传统的奴性意识与现代的主体意识的冲突;传统文化思维方式向后看的特点与现代思维向前看的冲突,等等。这些都成为和谐社会构建的文化阻滞力。

现代文化中不利于和谐社会构建的主要文化阻滞因素主要表现在道德危机、信仰危机、诚信危机、以及人文精神的缺失等方面。

一、传统文化中的非和谐因素透视

中华民族有着悠久而博大精深的传统文化,这足以使我们充满文化自信。然而历史的局限亦是客观必然,因而我们要秉持文化批判的精神,厘清传统文化中阻滞和谐文化形成和建设的因素,同时力避文化虚无主义观,形成客观、科学的文化自觉,促进社会主义和谐文化的发展。

(一)文化自信:博大精深的中华传统文化

传统文化,是指在长期的历史发展过程中形成和发展起来的,保留在每一个民族中间具有稳定形态的文化。传统文化是一个民族的历史遗产在现实生活中的展现,它有着特定的内涵和占主导地位的基本精神,它负载着一个民族的价值取向,影响着一个民族的生活方式,聚拢着一个民族自我认同的凝聚力。中国传统文化,是指在长期的历史发展过程中形成和发展起来的,保留在中华民族中间具有稳定形态的中国文化。它包括思想观念、思维方式、价值取向、道德情操、生活方式、礼仪制度、风俗习惯、宗教信仰、文学艺术、教育科技等诸多层面的丰富内容。①

中国传统文化是中华民族历史的结晶,也是中华民族对于人类的伟大贡献。中华民族传统文化的精华,是人类文明中一笔宝贵的财富,它与各民族的优秀文化相互交融,共同造就了全人类的文明。在世界文化的宝库中,中国传统文化有其独特的魅力,有不

---

① 潘万木、李孝华等主编:《简明中国传统文化》,华中科技大学出版社2004年版,第8页。

朽的生命力。它有独具特色的语言文字,浩如烟海的文化典籍,博大精深的科技工艺,灿烂精彩的文学艺术,雄伟辉煌的建筑,充满智慧的哲学宗教,完备深刻的道德伦理等,这些都是中华民族引以自豪的传统文化的核心内容。中华民族在长期的社会生活实践中,在各民族之间不断的交融与碰撞中,逐渐形成了以天下一统的国家观、人伦和谐的社会观、兼容并蓄的文化观、勤俭耐劳的生活观等为主要特征的中华优秀传统文化。尤其是近代以来,在中华民族不断探索、寻求独立的实践中,在中华民族救亡图存、英勇抗敌的奋斗中,中华传统文化中的爱国爱乡、维护统一的民族精神,"天下兴亡、匹夫有责"的人生理念等,更是发挥了极其重要的作用。中华传统文化所蕴涵的民族精神、民族品质、民族美德,对今天中国的经济建设和社会发展,对社会主义和谐文化的建设等,也将产生重大而深远的影响。

文化是民族之根,民族之魂。中华优秀传统文化为中华民族的生存与发展提供了巨大的心灵支撑和强大的内在动力,在中华民族五千年文明史上发挥了重要作用。中华民族优秀传统文化是中国人民的精神宝库,是培育子孙后代民族魂的教科书,是中国人能够立于世界民族之林的根本,是社会主义精神文明赖以生根的沃土,是开创和建设有中国特色的社会主义新文化的历史依据和现实基础,更是全面建设小康社会、构建社会主义和谐社会、实现中华民族伟大复兴的民族精神动力。

(二)文化批判:传统文化中阻滞和谐文化建设的因素分析

由于中国传统文化主要形成于封建社会和小农经济时代,作为封建地主阶级文化,其在漫长的封建社会中得到了充分的发展,以至于形成了巨大的历史惰性。这对于今天在市场经济条件下构建社会主义和谐社会也形成了巨大的文化阻滞力。传统文化中存在的阻滞和谐文化建设的因素主要由于中国传统文化中的消极陈腐、不利于现代化的因素与我们的社会主义现代化建设发生着尖锐的冲突，主要表现在：

1. 因循守旧的传统与现代革新创造精神的冲突。中国几千年的农业社会，形成了一种安于现状、因循守旧、不思进取的思想习惯，缺乏对于未知事物的强烈兴趣和对新知识的渴望。"述而不作"、"率由旧章"，懒于变革，不愿变革，这同现代社会不断探索未知领域、不断弃旧图新、讲求创造与革新的精神是格格不入的，与现代化的发展恰相冲突，因而也严重阻滞了社会主义和谐社会的建设事业。对于改革创新在新时代的意义和重要性，我党领导人有着深刻的认识和精辟的概括。邓小平同志曾经指出："改革的性质同过去的革命一样，也是为了扫除发展社会生产力的障碍，使中国摆脱贫穷落后的状态。从这个意义上说，改革也可以叫革命性的变革。"①他还强调了社会主义改革所引起的社会变革的深刻性和广泛性，指出："改革促进了生产力的发展，引起了经济生活、社会生活、工作方式和精神状态的一系列深刻变化。改革是社会主义制度的自我完善，在一定的范围内也发生了某种程度的革命性变革。"②对于改革的必要性和重要作用，他指出"要发展生产力，经济体制改革是必由之路"③。改革"已经给我们带来了可喜的结果。中国不走这条路，就没有别的路可走。只有这条路才是通往富裕和繁荣之路"④。关于创新的时代意义，江泽民同志有一著名的论断："创新是一个民族进步的灵魂，是一个国家兴旺发达

---

① 《邓小平文选》第 3 卷，人民出版社 1993 年版，第 135 页。
② 《邓小平文选》第 3 卷，人民出版社 1993 年版，第 142 页。
③ 《邓小平文选》第 3 卷，人民出版社 1993 年版，第 138 页。
④ 《邓小平文选》第 3 卷，人民出版社 1993 年版，第 149—150 页。

的不竭动力,也是一个政党永葆生机的源泉。"①他进一步指出:"没有创新,就没有发展,没有生命力。"②"如果不能创新,一个民族就难以兴盛,难以屹立于世界民族之林。对这个问题,不仅各级领导干部要有很强的政治意识,而且要使全社会都树立这样的意识。"③

2. 家长制(权威主义)传统与现代民主平等精神的冲突。中国长期农业经济和宗法社会赖以生存的基础是家庭。中国传统的家庭主义以一整套家规、族规、家教培养了每个人对家庭、家族的归属感、依附感和认同感。父母要求子女顺从、孝敬,"孝亲"成为中国的道德本位。强调家庭本位和"孝亲"的结果,使个性的发展受到抑制,个人往往屈从于独断的权威或传统的家庭礼教,失去了独立的人格。在"父为子纲"的伦理关系的长期束缚下,养成了一种一切听命于"一家之长"的传统观念。在"家长"的管理下,子女无权过问家长的事情,而家长却可以操纵和代办子女的事情,这样就造成了一种家庭关系中的不平等。这种不平等的关系又被逐渐推广到整个社会,造成君与臣、官与民、上级与下级、领导与群众之间的"管"与"被管"的关系。现代社会中所顽固存在的封建家长制作风,作为传统文化的遗存,与现代的平等观念严重冲突。

封建专制主义权威传统的另外一种表现是尊官贵长。在这种观念的束缚下,往往把"民主"当做是"长官"的恩赐,不敢争取。这种观念与现代民主平等精神处于对立地位,也成为构建社会主义和谐社会的文化阻滞因素。

---

① 《江泽民文选》第3卷,人民出版社2006年版,第64页。
② 《江泽民文选》第2卷,人民出版社2006年版,第439页。
③ 《江泽民文选》第3卷,人民出版社2006年版,第392页。

3. 人治传统与现代法制精神的冲突。中国自古以来,就有深厚的人治传统。《中庸》中的"人存政举,人亡政息"便是比较典型的人治观念。这种观念认为政治好坏完全取决于为政之人本身品格和道德的好坏,因此,不论为政者还是平民百姓,都把希望寄托在圣君贤相、清官廉吏的身上,而很少从制度上、法制上考虑为政的根据与方法。这种不重法制而重人治的传统一直延续到近现代,形成一种牢固的价值观念,并以此判断政治的得失。显然,如果不改变这种传统价值观念,即使有种种立法,建立起法制制度,也难以真正实行。

4. 平均主义传统与社会主义各尽所能按劳分配原则的冲突。平均主义思想既是"重农抑商"的原因,又是其结果。它是儒家实现治国安民理想的重要手段,如孔子所说:"不患寡而患不均,不患贫而患不安。"这种平均主义思想与中国文化中知足、安贫、不争、克己等一系列反映农业经济特点的价值观念相协调,成为支配人们行为模式的普遍理想和要求,甚至成为农民起义、改朝换代的思想武器。这一传统的价值观念与小农经济相适应,与现代社会,特别是与社会主义社会各尽所能按劳分配的原则相抵触,严重扼杀了人们的积极性、创造性的发挥。①

5. 迷信愚昧与现代科学理性精神的冲突。中国是一个有着悠久迷信传统的国家,信仰的对象很多很杂,从日月星辰到风雨雷电,从先君先臣到神灵上帝,可以说无所不包。尽管中国古代也有若干有影响的科学发明,但缺少科学的理论和传统。为数不多的自然科学成果又往往不是应用于生产实践,而是应用于占卜和迷

---

① 潘万木、李孝华等主编:《简明中国传统文化》,华中科技大学出版社2004年版,第261页。

信活动。如,我们的祖先虽然制造了世界上最早的指南针,却没有像西方人那样借助它带来航海事业的突飞猛进,倒是为风水先生进行迷信活动提供了很好的工具。在中国的传统观念中,道德是"大学",技术是"小道",甚至是"贱学"。这种观念不仅使科学精神不能在中国生根开花,而且导致了愚昧思想。这些传统文化中迷信愚昧的糟粕,在今天的社会生活中也随处可见,成为构建社会主义和谐社会的不和谐音。

6. 重义轻利观念与发展市场经济的冲突。"君子喻于义,小人喻于利",这一传统文化中被奉为经典的言论充分体现了中国传统文化重义轻利的思想。把"义"与"利"对立起来,否认人们通过诚实合法劳动取得正当物质利益的道德性,这是与我们今天发展社会主义市场经济的价值取向相冲突的。义利观作为人生价值观的核心,体现着物质利益与精神追求的关系。中国传统义利观有其合理的成分,如它主张见利思义,先义后利,不义之财不可得。认为"先义而后利者荣,先利而后义者辱。"但是,传统文化中义利观的主导思想是重义轻利,甚至是义利对立的。儒家思想的先驱孔子就是把义与利对立起来看待的。他认为"君子喻于义,小人喻于利",实际上是把利摆在了义的对立面,主张无条件地强调义永远重于利。受这种观念的影响,民间也广为流传着"钱财如粪土,仁义值千金"、"恣豪华不如乐名教,广田宅不如教义方"之类的说法。

在新的历史条件下,邓小平纠正了传统义利观的弊端。他认为,一个真正的马克思主义者是物质追求和精神追求的统一论者。一方面,他高度重视人们对物质利益的追求,认为物质利益是一切经济关系的轴心,是推动社会发展和实现人生价值的内在动力,指出:"每个人都应该有他一定的物质利益","如果只讲牺牲精神,不讲物质利益,那就是唯心论。"①马克思主义的原则就是要使广大人民群众认识到自己的利益,并团结起来为全体人民的物质利益而奋斗。另一方面,邓小平也十分重视精神价值的追求。强调我们重视物质利益的追求,"但是这决不是提倡各人都向'钱'看"②。在这里,崇高理想与物质利益是紧密联系在一起的,义与利是一致的,精神与物质是统一的。我们今天所构建的社会主义和谐社会,是在发展社会主义市场经济的条件下进行的,这样的和谐社会是物质利益与精神追求相和谐的社会。

7. 传统的安分守己、小富即安观念与现代自由竞争、优胜劣汰原则的冲突;传统文化中求稳怕变、循规蹈矩心态与现代改革创新、敢于冒尖观念的冲突;传统的恋家情节与现代的开放观念的冲突;传统的奴性意识与现代的主体意识的冲突;传统文化思维方式向后看的特点与现代思维向前看的冲突,等等,都成为和谐社会构建的文化阻滞力。

(三)文化自觉:传统文化辩证观

综上可见,中国传统文化的确存在不适应现代化、因而也会阻滞和谐社会文化发展的一面,对其进行厘清并形成正确的"文化自觉"意识,是我们今天构建社会主义和谐社会的文化必不可少的一项重要工作。对中国传统文化进行综合调整,使之适合现代社会的需要,是一项复杂和艰巨的系统工程,只有通过这项文化改造工程,克服中国传统文化与现代化种种冲突的方面,中国文化才能最终实现自身的现代化,这是一个客观的事实。当然,这并不意味着中国传统文化已积弊重重,一无是处,必须彻底摧毁,从根本

---

① 《邓小平文选》第2卷,人民出版社1994年版,第146页。
② 《邓小平文选》第2卷,人民出版社1994年版,第337页。

上全盘抛弃中国的传统。而是说,我们在继承传统的同时,又要有一种理性的批判精神,不继承和发扬传统文化中的优秀成分与拒绝接受新思想新观念,对中国文化的现代化来说,都同样是不可取的。

中国传统文化在向近现代转变的艰难历程中,尤其是中国文化与西方文化的交流与撞击中,这个传统文化显示了其优秀的品质和丰富的内涵,主要表现在以下几个方面。

1. 中华民族独特而曲折的历史经历,磨砺出了一种刚健奋进、沉毅坚韧、礼让互助、克己奉公的精神。这是几千年形成的我们民族的灵魂,是我们民族被誉为"礼仪之邦"的核心所在,是不可或缺的精神资源。这些方面恰恰是我们现实生活所缺失的。文化的重建,首先要在精神上"补钙",使之足以支撑起一个民族的脊梁。

2. 中国传统文化以"兴灭国、继绝世、举逸民"为代表的博大、宽容的人文精神具有顽强的生命力。这是中华民族的民族内聚力与文化同化力的象征,是在人道的基础上聚合全民族的精神纽带。中国在历史上多次沦于外来民族的统治之下,文化却始终没有断裂,反而把入主民族的文化同化于中华文化,这其中的原因,关键在于这种符合人性的中华文化的生命力与凝聚力。只要文化在,民族就不会解体;一旦文化灭亡了,也就意味着民族的真正灭亡。世界上许多盛极一时的民族相继在历史上消失,中华民族却世代相传,这从一方面说明了传统文化在中华民族生存与发展中的重要地位。

3. 民主、爱国传统和大同理想。在中国古代,产生了主张仁政、反抗暴政的现实主义传统以及天下为公的理想。中华民族古代文化发展的过程,就是在不断同黑暗、愚昧作斗争中逐渐得到启蒙和觉醒的过程。中国古代还产生了"民本"思想。虽然这并不是近代的民主,也不可能摆脱封建思想的制约,但却是中国古代比较富于原始民主性和人民性的精神成果。这些都是中国传统文化不可磨灭的、宝贵的历史遗产。

4. 不尚玄虚,直面社会现实生活。章太炎先生说:"国民常性,所察在政事日用,所务在工商耕稼,志尽于有生,语绝于无验。"①这种"君子务实"的思想,比较确切地刻画了以农业为主体的中国人"重实际而黜玄想"的民族性格。在务实的基础上,中国传统的优秀文化力图从各个历史时代所提出的迫切现实问题出发,"究天人之际,通古今之变",探求宇宙、社会发展的趋势与规律,寻求"治世之道"。它具有强烈的使命感、责任感,"天下兴亡,匹夫有责",经世致用,救世之危,济世之穷,力求"富天下、强天下、安天下"。这种优秀的文化传统为和谐文化建设乃至21世纪中国文化的重建提供了基础性的精神资源。

针对传统文化对现代社会影响的两面性,为充分发挥中国传统文化在构建社会主义和谐社会中的作用,必须立足于中国的国情,从时代的要求出发,将优秀的传统文化继承下来并发扬光大,同时扬弃传统文化中因不适应现代发展而阻滞和谐社会文化建设的方面,从而构建起适应社会发展需要的社会主义和谐文化。

二、现代文化中非和谐因素管窥

现代文化具有鲜明的体现时代精神的崭新内容:科学理性精神、开放精神、自主和独立意识、竞争意识、效率意识、民主精神、法

---

① 章太炎:《驳建立孔教论》,见章炳麟:《章太炎政论选集》(下册),中华书局1977年版,第689页。

制精神等。这对于构建一个民主法制、公平正义、平等友爱、安定有序、充满活力、人与自然和谐相处的社会主义和谐社会具有重要的文化保障和促进作用。但生活在物质财富极大丰富的当代，人们可能深有所感：虽然工业化给我们带来了极其灿烂的物质成果，我们却并没有因此而获得所渴望的幸福。当代社会的一个严峻现实是：人们在构建物质家园的同时，却失却了精神家园。精神的问题不仅没有因为物质的丰富迎刃而解，反而变得更加复杂和困顿，心灵的空虚与物质的富足成正比。精神危机正在经历着社会深刻转型的我国国民中出现：人们对既有的道德信仰体系产生了怀疑、动摇；道德危机、信仰危机、诚信危机等的呼声渐高，成为构建和谐社会的不和谐音。

道德危机、信仰危机、诚信危机以及人文精神的缺失是现代文化中不利于和谐社会构建的主要文化阻滞因素。正视并反思现代文化中的这些不"和谐"因素，积极探索超越精神危机的文化建设路径，是当代每个身处其中的国民的愿望、责任和主体性体现。

（一）道德危机

当前我国社会存在的道德危机主要表现在：道德价值边缘化或虚无化、道德理想目标丧失和道德失范、道德人格分裂以及道德情感麻木和缺失等方面。

其一，道德价值边缘化或虚无化。中国传统文化非常重视道德价值在人生中的地位，认为不义而富且贵的人生是不值得过的。孔子说："不义而福且贵，于我如浮云。"[①]孟子认为，人要是没有道德，就与禽兽没多少区别了。孔子强调"杀身成仁"，孟子强调"舍生取义"，可见道德在人生中的地位多么崇高。中国传统文化强

---

① 《论语·述而》。

调人生在世要讲求志节，做人要有原则，"富贵不能淫，贫贱不能移，威武不能屈"①，这就是中国人的道德信仰，是千百年来仁人志士所崇尚的人生信条。它成为激励人们重视精神生活、精神情操的强大动力。

然而，今天，在金钱与商品交换的喧嚣声中，在物欲的滚滚洪流中，在外在世界的诱惑下，一些人迷失了自己，道德信仰被冲刷得荡然无存，道德价值在人生价值中被挤到了边缘的位置，拜金主义、享乐主义、极端个人主义大为泛滥，见利忘义、损人利己行为时有发生，不讲信用、欺骗欺诈成为社会公害，以权谋私、腐化堕落现象日益严重，自私、冷漠、缺乏同情心和关爱，以及人被物化、工具化、非人化等非道德现象也十分普遍。

其二，道德理想目标的丧失和道德失范。道德信仰是对某种道德理想目标及其精神基础或根据的信仰，进一步表现为"我应具有什么样的道德理想"和"我为什么要具有这样的道德理想"两个道德基本问题。作为一种信仰，它更突出地表现在对道德价值基础的认可和确信上。因此，道德信仰危机首先表现为对某种道德理想目标及其精神基础或根据的怀疑、动摇乃至否定。比如，在西方启蒙运动时期，以上帝存在为价值根基的基督教关于"天堂"的道德理想目标就遭到了普遍的怀疑、动摇乃至否定。

道德理想目标的丧失与道德失范密切相关，因为道德规范就是为达到道德理想目标而对人们提出的道德要求，表现为行为准则或规范。道德失范就是人们在社会现实生活中，对原有的作为存在意义、生活规范的道德价值系统及其规范要求怀疑、动摇乃至否定，但又没有新的道德价值系统及其规范要求来取代原有的，出

---

① 《孟子·滕文公下》。

现了道德价值系统及其规范要求的"真空",这是一种道德规范系统"青黄不接"的饥渴状态。在道德失范情况下,善恶是非标准模糊不清,价值标准由多元化走向相对主义、怀疑主义、虚无主义。在旧道德规范失效而新道德规范未被接受为权威的道德标准时,一些人会把旧道德规范失效当做败坏道德的借口和安慰剂。

在我国当前市场化的过程中,社会的一些领域和一些地方道德失范,是非、善恶、美丑界限混淆。比如在现实道德生活实践中,传统道德敌视或蔑视个人的正当权利,新道德肯定并尊重个人的正当权利,鼓励一部分人或地区先富起来,这本来是向道德的合理目标迈进,却被一些人当做以权谋私的挡箭牌,走向了拜金主义、享乐主义和利己主义。胡锦涛主席提出的"八荣八耻"社会主义荣辱观对当前社会的道德失范现象有着极强的现实针对性。

其三,道德人格分裂。人格分裂意味着人的精神世界的瓦解,道德人格的分裂意味着人的道德精神世界的分崩离析,人生丧失追求的价值目标,没有了奋斗的方向,整个道德生活没有一个支撑点,道德价值的大厦被夷为平地。道德人格分裂,使人对现实生活的意义和价值失去了判断能力,对未来生活丧失了希望和信心,徘徊在人生的十字路口,不知何去何从。道德人格分裂的人,有一种强烈的失落感、孤独感、空虚感,他们既没有道德理想目标,没有道德规范和行为准则,也没有道德情感和道德意志,在道德领域处于瘫痪状态。① 当前社会中存在的道德信仰危机,已经成为社会不和谐的重要诱因。因此,重振道德信仰,建设社会核心价值体系,是构建和谐社会的紧迫任务。

---

　　① 魏长领:《道德信仰危机的表现、社会根源及其扭转》,《河南师范大学学报》(哲学社会科学版)2005 年第 1 期。

其四,道德情感麻木和缺失。其突出表现有:

1. 同情心、怜悯心缺乏。孟子曾把"恻隐之心"当做"仁之端",意思是说,对生活艰难、陷入困境、遭受苦难的人具有同情心和怜悯心,是道德的起码要求,是仁德的开端或萌芽。而在现实生活中,不乏对弱势群体漠然视之、缺乏应有的同情、关爱和帮助,甚至出现落井下石、欺软怕硬、虐老弃幼等现象。

2. 荣辱感扭曲。孔子认为,君子应该具备智仁勇,《中庸》中说:"知耻近乎勇。"①勇是敢于付诸道德实践的人,有羞耻感是有道德责任感的一种表现。管子把礼、义、廉、耻当做"国之四维",甚至认为:"四维不张,国乃灭亡。"孟子说:"无羞恶之心,非人也。"②当今社会,有相当一些人道德情感麻木:不再满腔热情地称颂道德行为,不再仰慕道德人格的崇高,也不再疾恶如仇地去揭露、谴责坏人坏事并与之勇敢斗争,而是置若罔闻、避而远之。甚至有人自己做了背德之事,不是感到内疚、羞愧和自我谴责,而是怀有只要不被发现和制裁就暗自庆幸的心理。

荣辱感扭曲的另一种表现是以耻为荣。《荀子·正论》中曾区分了"义荣"和"势荣"、"义辱"和"势辱","义荣"就是因为德行好而得到的荣誉,"势荣"就是因为权势大地位高而得到的荣誉;"义辱"是由于违背道德而受到的侮辱,"势辱"是由于受到权势排挤、打击而受到的侮辱。荀子认为,对于君子来说,没有"势荣"乃至受到"势辱"都不可怕,可怕的是受到"义辱"、缺乏"义荣"。意思是说,贫穷和地位低下并不可怕,可怕的是人丧失道德人格和做人的尊严、气节。可现在就有一部分人以耻为荣,以权势大、地位高而带来的荣

---

① 《礼记·中庸》。
② 《孟子·公孙丑章句上》。

华富贵、花天酒地为荣，而把"有权不用"、两袖清风的人视为"傻瓜"加以嘲笑，甚至有"笑贫不笑娼"的荣辱颠倒道德观。

3. 正义感薄弱。正义感可以表现为人们对行为者的行为或品质所表现出来的喜爱或憎恶、亲近或疏远、认同或排斥、赞扬或指责等态度和情感。这种情感态度往往通过影响人的归属感而影响人的道德价值观念，它作为一种无形的力量调节着人们的行为和信念。在今天的现实生活中，一些人缺乏正义感或正义感薄弱，明知谁是谁非却不表明态度，或是怕打击报复，或是认为"多一事不如少一事"，甚至有人利用手中的权力对主持正义的人打击报复。

道德情感的麻木和缺失已经成为构建和谐社会的一大障碍，应该引起我们的高度重视。一个和谐的社会必然是一个充满道德情感的社会，应该充满爱心、温馨和友情，充满人情味，应该尊重人、理解人、关心人。

（二）信仰危机

信仰是社会成员对一定的世界观、人生观、价值观等观念体系的信奉和遵循。关于信仰的作用，伟大的诗人歌德曾有过一段精辟的论述，他说："世界历史的唯一真正的主题是信仰与不信仰的冲突。所有信仰占统治地位的时代，对当代人和后代人都是光辉灿烂、意气风发和硕果累累的，不管这信仰采取什么形式，另一方面，所有不信仰在其中占统治地位的时代（也不管这不信仰是什么形式），都只得到一点微弱的成就，即使它也暂时地夸耀一种虚假的光荣，这种光荣也会飞快地逝去，因为没有人操心去取得一种对不信仰的东西的知识。"[①]共同的信仰引导社会心理和社会意识

---

① 歌德：《东西集·注释》，转引自《伦理学体系》，中国社会科学出版社1990年版，第363页。

统一为共同的精神,成为社会的精神支柱。任何一个社会,都得通过共同信仰所产生的凝聚力量去维系社会心理、社会意识和社会精神,协同尽量多的人自觉地为共同的社会目标而努力奋斗。

　　无数历史经验证明,健康的信仰是社会生机所在。在中国共产党所领导的革命历程中,信仰曾经发挥了巨大的作用。邓小平同志在总结经验时说:"对马克思主义的信仰,是中国革命胜利的一种精神动力。"①"为什么我们过去能在非常困难情况下奋斗出来,战胜千难万险使革命胜利呢? 就是因为我们有理想,有马克思主义信念,有共产主义信念。"②江泽民同志也指出,一个民族、一个国家,如果没有自己的精神支柱,就等于没有灵魂,就会失去凝聚力和生命力。有没有高昂的民族精神,是衡量一个国家综合国力强弱的一个重要尺度。③

　　所谓的"信仰危机",并不是也不可能是人们完全没有了信仰或者不再需要信仰,而多半是对原有的一种信仰,由于某种原因而动摇了、削弱了,产生了困惑或迷失。这也表明,人类正在对自己以往的一切活动和信念,包括思维方式在内进行重大的反思。

　　考察信仰危机可以有两个基本的角度,一是社会群体的角度,一是个体人生的角度。一般而论,在社会历史进程中,每当社会发生某种重大的变革,社会或政权处于一种转折或转型时期,往往都会引起人们精神信仰的动摇,在这个层面看到的更多的是整个社会群体主导信仰的危机,实质上成为意识形态的危机,给社会带来巨大影响。同时,这种信仰危机对个体的人生也会造成剧烈撞击,

---

①　《邓小平文选》第3卷,人民出版社1993年版,第63页。
②　《邓小平文选》第3卷,人民出版社1993年版,第110页。
③　《江泽民文选》第3卷,人民出版社2006年版,第559页。

表现为众多社会个体的人生信仰危机,使社会个体的人生信仰危机与整个社会的意识形态危机重合。由于此种情况下的人生信仰危机具有相当的普遍性,而且具有更大更深的社会和时代的背景性原因,因而具有很大的危险性,表现为某一时期社会道德的群体性失范。在这种失范的状态中,社会既有价值观念及行为模式被普遍怀疑、否定并遭严重破坏,逐渐失却对社会成员的影响力和约束力的危机,而新的价值观念、行为模式也尚未形成,或尚未为社会成员普遍接受,使社会成员的个体发生生存意义的危机,在思想和行为方面迷茫而无所适从,呈现出某种紊乱无序的状态。

当前信仰危机的表现主要有以下方面:其一,信仰的多元化。这种多元化体现在:在今天的社会生活中,人们的信仰已经不再是单一的马克思主义、社会主义和共产主义信仰,而是既有马克思主义的,又有非马克思主义的;既有科学的信仰,也有非科学的信仰;既有理性的信仰,又有非理性的信仰;有信仰集体主义、社会主义的,也有信仰个人主义的;还有信仰宗教和迷信、信仰权利、金钱的等等。总之,信仰的多元化已成不争的现实。

其二,信仰的非理性化。表现在部分社会成员的信仰具有迷信、盲目、盲从的倾向。当共产主义运动遭受挫折时,对马克思主义的信仰便开始怀疑和动摇,认为马克思主义不灵了;当打开国门,引进资本主义的先进技术和管理经验时,他们便认为资本主义比社会主义好,放弃对社会主义的信仰;在世界经济一体化、政治民主化、科技全球化及思想多元化的新趋势下,他们又认为什么信仰都可以了。

其三,信仰的非科学化。随着我国社会各项改革的深入,社会生活中的竞争愈来愈激烈,部分社会成员因不能适应这种转变而对现实感到失望,转而向神灵寻求庇护,开始信仰宗教和迷信,这种消极的信仰对和谐社会的构建造成不可忽视的负面影响。

其四,信仰的世俗化。在市场经济的消极因素刺激下,部分社会成员的理想信念淡化,而把金钱和利益看得至高无上,拜金主义、物质主义、享乐主义、个人主义、消费主义等现象的增多凸显了信仰的世俗化倾向。

（三）诚信危机

诚实守信曾经是中华民族的传统美德和文化精髓,但在今天,我们却面临着前所未有的"诚信危机"。"诚信危机"是指社会中诚信道德严重缺失的状态及其造成的负面影响。[①] 当前我国社会"诚信"之所以构成危机,是因为其产生的范围广、影响深,严重阻碍了社会的健康、和谐发展。我国的诚信危机突出表现为以经济生活领域为辐射中心、向其他领域扩散并渗透到人们日常生活的各个方面。

诚信危机的主要表现有:

1. 行业信用危机,如,在学术领域、教育领域、传媒领域、医药领域、中介领域,都存在严重的诚信危机。

2. 企业信用危机,主要表现在:第一、企业经营管理制度不健全,尤其是奉行诚信和守法经营上的制度建设跟进不足、保障不力;第二、企业违法、违规经营,主要是隐瞒、欺诈、幕后操纵、暗箱交易等非规范化甚至非法行为;第三、企业经营运作上:产品交易以次充好,以劣充优;招商引资坑蒙拐骗,签订合同引诱威胁;专利技术转让"掉包",合作开发架空卖空;无限期拖欠赊销款,转移投资集资款;等等。第四、企业微观经济行为上表现为,作假账、开假发票、伪造证件、漏税、骗税、抗税、拖欠各种规费等。[②]

————————

　① 赵利屏:《诚信危机的成因分析及消弭探寻》,《中共贵州省委党校学报》2004年第6期,第59页。

　② 何洪周:《社会诚信危机及其调适》,《中共四川省委机关党校学报》2006年第2期,第89页。

3. 官员信用危机:在商品经济大潮的冲击下,钱欲和物欲使少数"公仆"打着行政机关的旗号、利用手中的权力寻私获利——乱收费、乱罚款、乱集资、乱摊派。他们损害了国家行政肌体的健康,疏离了党群、干群的血肉关系。

4. 国人诚信告急。在物质文明愈益发达的今天,"诚信"却成为社会稀缺的道德资源。社会上人与人之间诚信消失,社会温情严重不足,甚至造成社会整体道德水平的滑坡,阻碍了我国经济社会的有序、快速、健康发展。

人无信不立,国无信不昌,诚信对社会的正常运转、对社会主义市场经济健康发展、对社会主义民主政治建设及和谐社会构建具有重要保障和促进作用。"诚信危机"严重危害着和谐社会的建设,今天,加强诚信建设已是刻不容缓。

第三节　主流文化与多元文化的冲突

今天的和谐文化建设是在网络信息时代,在经济全球化的世界背景下,在我国建设社会主义市场经济条件下进行的,文化多元化趋势明显,主流文化的中心地位受到极大冲击,主流文化与多元文化的矛盾和冲突凸现,给和谐文化建设带来新的时代难题。

一、主流文化与多元文化
(一)文化多元化的两个层次

文化多元化可以从不同角度或范围来理解。今天所谈论的文化多元化多包含两个不同的层次:其一,指世界文化格局多元化;其二,指当前我国文化价值观念的多元化。本文论述的主流文化与多元文化的博弈问题所涉及的"多元文化"主要是指后者,即当前我国文化价值观的多元化。

1. 世界文化格局多元化。文化本身是具有民族性的,不同民族、国家有不同的生活方式,也就必然具有不同的文化现象和文化价值观。这里的文化多元化是相对于过去西方文化一统天下的现象而言的,它特指文化霸权主义时代的结束,各弱小民族国家在世界文化体系中发挥着越来越重要的作用这一文化现象。

在 20 世纪 70 年代,基辛格指出,世界出现了美、苏、中、日、欧 5 个力量中心。美、苏两个超级大国主宰世界的雅尔塔体系以及两极对立格局崩溃,世界向多极化方向发展。与国际政治、经济的多元格局相应,世界文化出现了多元化趋势。各民族国家文化的平等、互补、合作意识在不断增强。广大的发展中国家,尤其是东方国家不再轻信西方文化,而是致力于发展本民族优秀传统文化;西方国家也对自身文化进行反思,学习其他文化,特别是中华优秀文化。美国哈佛大学教授塞缪尔·亨廷顿指出:"未来不会出现一种普世皆准的文化,人类仍然生活在一个不同文化并存的世界。"[①]

2. 中国文化价值观念多元化。随着改革开放的深入,特别是社会主义市场经济体制的推行,中国文化价值观念领域产生了深刻的变化,突出的特点是大一统的文化价值观念被打破,文化价值观念向多样化方向发展。"新的与旧的,洋的与土的,传统的与现代的,大马路与小胡同,迪斯科与太极拳,疾驶而过的摩托车与慢腾腾的三轮车,大企业的联合公司与个体商贩的夫妻老婆店,灯红酒绿的夜总会与悠闲清淡的小茶馆,通讯卫星与长线风筝,豪华建

---

① [美]塞缪尔·亨廷顿:《文明的冲突与世界秩序的重建》,新华出版社 1998 年版,第 140 页。

筑与低矮瓦房并存。"①

　　社会学界的研究者指出,当今中国的文化价值领域有着三种价值判断体系:原有的、不定的、新生的。这三种价值判断体系,也可以看做是三种文化价值观类型。目前,这三种类型的文化价值观念并存,且处于矛盾斗争和渗透交融之中:原有的价值观念不断受到新生的价值观念的冲击,一部分已被扬弃,转化为新生的文化价值中的有机成分,一部分被保留下来。同时,由于文化处于转型过程中,一部分文化价值观念还处于组合过程中,尚未出现稳定的形态,这种现状表明了我国当前的文化价值观念领域的多元化特征。

　　（二）主流文化

　　主流文化是表达国家意志和正统意识形态的文化。无论任何制度的国家,都有表达自己国家意志、利益的意识形态。权威性是这一文化形态的主要特征。无论任何一种社会形态,都必须有统治或整合公民意志的意识形态,它的合法性和权威性在持续表达过程中变为"社会无意识"。用弗洛姆的看法,"社会无意识"是由社会的过滤器（语言、逻辑、"社会禁忌"）造成的,而"社会禁忌"的标准又是由社会意识形态确立的。意识形态从统治阶级的根本利益出发,宣布某些表象和观念是危险的,并千方百计地阻止这些表象和观念达到意识形态的层面上。② 阿尔都塞则进一步强调,"意识形态并不是供社会成员自由选择的,不管人们是否愿意,他们都得接受。谁不与一个社会的意识形态认同,谁就不可能进入

---

　　①　转引自陈光春,万承贵:《论多元文化背景下现代大学文化精神的重塑》,《内蒙古师范大学学报》2006 年第 1 期,第 38 页。
　　②　孟繁华:《传媒时代文化领导权的重建》,《辽宁大学学报》2004 年第 1 期,第 25 页。

这个社会,所以,意识形态是通过强制的、无意识的方式为社会成员所接受的。"①在今日中国,就文化领域而言,"主旋律"是正统意识形态的文化表达形式。它以突出党的领导,弘扬革命传统,倡导社会主义精神文明为基本特征。

(三)多元并存、各竞所长

长期以来,我国一直力图在文化领域里促成一个"百花齐放,百家争鸣"的局面。如今,这种局面正在成为现实。其中最明显的表现,就是当前各种文化形式多元并存、自由发展。

所谓多元乃是针对一元而言的,二者之间是相对性的关系。从文化哲学上看,任何形态的文化,尽管其内部存在不同文化要素和不同亚文化,外部也与其他形态的文化有着各种各样的联系,然而都是相对独立、完整的,有着与其他形态文化相区别的内在特征。这样,就其上位概念而言,它是整个文化大系统中的一个"元";就其同位概念而言,则是多元文化中的一元。如果就其内部来看,每一种形态的文化又是由若干亚文化依据一定的规则、特征、关系所构成的,因而严格说来,任何文化又都是多元的。

一般来说,"一种文化如果与其他文化相对而言处于中心地位,一方面对其他文化有强制性、排他性、垄断性,另一方面其内部也有较强的统一的意识形态规则,较不能容忍偏离和变化,就可以称之为一元文化;一种文化如果处于非主导地位,对其他文化较多宽容性、开放性,其内部也较少强制性的统一的意识形态规则,较能容忍偏离和变化,就可以称之为多元文化。"②

我们说改革开放前的文化呈现出一元特征,主要是指当时的

---

① 俞吾金:《意识形态论》,上海人民出版社1993年版,第357页。

② 邹广文:《当代中国大众文化论》,辽宁大学出版社2000年版,第159页。

文化具有较强的强制性、排他性、垄断性以及意识形态性;说当前文化呈现出多元的态势,则是指我们已具有了较为广阔的胸襟,能够涵纳、容忍其他特性的文化的存在。

与改革开放以前相比,近年来我国文化发展呈现出显著的多元化格局。中国的、西方的、前现代的、后现代的等多种文化共时并存于当代中国,构筑成一幅"万类霜天竞自由"的壮阔场面:一是中国文化与西方文化共时共存。西方文化大量进入我国,从近代以来共有三次。如果说鸦片战争之后西方文化涌入我国带有明显的强迫性,20世纪初学习西方文化是为了改造我国传统文化、以求民族自新从而使之带有不得不为的性质,那么,在改革开放的今天,我们学习西方文化则是为了吸收人类文化史上的一切优秀成果,以便于建设有中国特色的社会主义文化,从而带有了完全自觉的性质。西方文化的主动引入,扩大了我们的视野,为建设社会主义新文化创造了有利的环境和条件。二是前现代、现代、后现代文化共潮共涌。严格来说,前现代的、现代的、后现代的不仅是不同的文化样式,而且是不同的文化思潮。每一种思潮都是对前一种思潮的批判与超越。如今,这些思潮亦同时共存于我国文化领域。三是主流文化、精英文化、大众文化同时并存,其中,最蔚为壮观的是大众文化的异军突起。此外,网络文化的后来居上也是当今文化领域里引人注目的一大现象;反文化的悄然流行同样应该予以特别注意。

由上可见,我国当今的文化具有多元的特征。然而它们又是有机统一的。其统一性首先表现为它们都共存于建设社会主义新文化的实践进程中,都为这种建设提供了可资吸收的素材和可资鉴照的东西;其次表现为每一种新的文化形式的勃兴都是对原有文化的批判与超越,因而它们之间可以相互借鉴,有着极强的互补性。

二、多元文化的冲突及后果

当多元价值出现在当代社会各个阶层面前时,对每个社会成员乃至整个社会而言,既意味着更多自主选择的机会,更意味着何去何从的困惑,同时也必然伴随出现社会转型期的价值失范现象。

(一)多元文化的冲突表现

当代中国社会面临的多元价值冲突集中表现在以下几个方面:

1.传统社会主义的现代变革使集体本位价值面临挑战

几十年来,集体主义精神一直具有受人崇尚的地位,集体主义价值观亦已成为社会主义中国的民族价值观,但在今天它所面临的挑战却是严峻的。挑战之一来自于传统社会主义对集体主义价值观的认识本身。我国传统的集体主义价值观成为国家主导价值观始于上世纪50年代的计划经济时代,计划经济体制虽然对强化集体主义价值观有一定作用,但也使传统的集体主义价值观出现了三大偏差:

一是对"集体"认识的偏差。传统的集体主义价值观形而上学地把"集体"神圣化、绝对化,片面强调了集体的权利,过分突出了个人必须对集体承担的义务,却忽视了集体对个人应承担的责任,忽视了一个真实的集体要求它能维护集体中每个成员的切身利益。这种偏差使得传统的集体主义价值观背上了"假"的恶名。

二是对集体主义先进性的认识偏差。集体主义的先进性是毋庸置疑的,但传统的集体主义价值观片面地强调了道德的先进性,却没有对这种先进性进行具体区分。事实上,集体主义的先进性要求首先是针对先进分子的,而传统集体主义价值观却把适应社会普通群众的集体主义要求与适应社会先进分子的最高层次的集体主义要求等同起来。这种适应对象的泛化使传统集体主义具有了"大"的色彩。

三是对集体主义教育的认识偏差。传统的集体主义价值观把不分对象的抽象说教,看成是进行集体主义教育的唯一手段,这种教育方式割裂了与人们现实利益的联系,容易被看成是脱离实际的"空话",从而削弱了传统集体主义价值观的道德认同和规范能力。

2. 市场经济的建立与不断完善打破了传统义利道德观

在市场经济条件下,个人的经济动机得到了合法化,惟义无利的传统观念被破除,追求财富和富裕的生活已经为社会所肯定。在市场经济中,每个人都是从自我本位出发参与到市场运行的各个环节去追求自己的私人利益。所以马克思认为,在市场条件下能够使市场主体"连在一起并发生关系的唯一力量,是他们的利己心,是他们的特殊利益,是他们的私人利益"①。由于经济活动中的决策、收益、风险、责任最终都由个人承担,市场经济体制下这种个人主体的凸现,以及对自我中心的突出强调,反映到道德价值观上来,必然会引发对个人权利和利益的强烈认同,这一点在个人价值长期受到片面否定的中国所引发的反弹更趋强烈。同时市场经济使利益主体多元化,当然也就造成道德价值观的主体多元化,造成个人、团体之间因不同的利益立场而在道德价值观上的差异与对立,形成对原有的社会主导价值观的挑战。

3. 西方世界刻意的价值渗透在一定程度上威胁我国社会主义基本价值的认同

在当代,以知识经济、网络经济为特征的经济全球化趋势已经

---

① 《马克思恩格斯全集》第44卷,人民出版社2001年版,第204—205页。

成为不可逆转的客观历史进程,成为当代社会变迁最重要的特征之一。全球化正在"以一种非常深刻的方式重构我们的生活方式"①,而且"这些对我们产生影响的变迁并不局限于世界的某个地区,而几乎延伸到世界的每一个角落"②。但全球化不是一种价值中立现象,它本身就是一个价值范畴。随着全球化在世界范围内的不断扩展,不同民族、国家之间的制度体系、生活方式,及其背后隐藏的价值观念的相互影响也在日益加快,由此产生的各种价值观的冲突也愈来愈明显和频繁。全球化时代的价值冲突集中表现为"普世价值"、"全球伦理"与本土价值的冲突。而在这种价值冲突中,西方国家刻意利用其在全球化推进中所处的有利地位,通过各种方式推行它们所希望的"西方价值普世化"、"西方价值全球化",以最终实现"全球价值西方化"。

以美国为代表的西方世界希望利用"全球化"这个良机,用他们的资本主义价值本位去冲击其他国家(特别是社会主义中国),固有的思想观念、文化传统和价值观,通过价值渗透在全球树立西方生活方式、社会心理和价值判断,造成我们对原有的社会主义本位价值认同感的逐步消解和丧失,从而实现他们的政治目的。

4. 信息化与网络化的"副产品"直接影响了社会成员的传统个人伦理观念

当代世界互联网技术的迅速发展,直接促成了社会的信息化和网络化发展方向,大容量、多渠道、高速度的信息流通和信息获取,可以使人们方便地获取大量进步、健康、有益信息,但同时也会

---

①　[英]安东尼·吉登斯:《失控的世界——全球化如何重塑我们的生活》,江西人民出版社2001年版,第4页。

②　[德]马蒂亚斯·霍尔茨:《未来宣言:我们应如何为21世纪做准备》,云南人民出版社2001年版,第2页。

使社会成员自觉不自觉地接受许多消极内容，并容易产生无所适从的感觉，从而堕入道德和价值的相对主义。一旦堕入道德相对主义，就不但会缺乏明确的是非观念，而且会拒绝对道德是非的辨别。由于信息化与网络化带来的"副产品"而引发的伦理问题早已不绝于耳，它在一定程度上直接构成了对当代中国社会，特别是青少年群体的个人伦理观念和道德水准的威胁，甚至会引发社会问题和刑事犯罪。①

（二）多元文化对主流文化的冲击造成的消极影响

1. 精神和信仰的危机与分裂。多元文化的出现及各种新的社会思潮的兴起为中国民众提供了各不相同甚至激烈冲突的信仰选择，这给主流文化价值观造成极大冲击，突出表现在政治信仰上，一些人经受不住西方价值观念的诱惑，丧失了一直指导我们前行的主体意识形态，表现出怀疑甚至是反马列主义、毛泽东思想、邓小平理论的情绪。这种对马克思主义和共产主义伟大信仰的怀疑，是在多元文化的冲突中，我们所面临的转型时期的严重信仰危机。

2. 冷淡与漠然。在多元文化的冲突中，有些人在文化选择中表现出冷淡和漠然，他们在强烈的文化碰撞中失去了自我，失去了精神和信念的追求与期望。少数人经受不住西方生活方式的诱惑，丧失了我国主流的理想信念和价值追求，文化心理受到了冲击，集体主义、社会责任被抛之脑后，享乐主义、拜金主义、生活腐化成了他们的救命稻草。在人文精神和理想信念缺失之后，他们只关心个人的利益和个人的自由，无视个体利益和社会群体利益的协调，有的沉湎于消费和娱乐，形成病态的"消费主义"和"颓废

---

① 李立锋：《多元价值选择与建构当代中国主流价值体系的思考》，《毛泽东邓小平理论研究》2004年第9期，第119页。

主义"，并自诩为是"躲避崇高"。

3. 困惑与彷徨。由于人们总是在历史给定的价值体系中抉择自己的行为目标和行为方式，而现在一些固有的目标和方式体系为多元文化冲突和社会的改革所瓦解，代之而生的是形形色色陌生的价值目标和行为方式，因而，无所抉择的困惑与迷茫也就随之而来。人们在文化选择上一方面表现为困惑彷徨、无所适从，另一方面又缺乏对目标及达成目标方式的思考与自信，很容易出现观念上的相互碰撞和行为方式上的不定性。

4. 盲目与浮躁。在多元文化的相互激荡中，一部分人失去了价值选择上的方向感，丧失了基本的价值判断力，是非不辨，美丑不分，匆忙轻浮、草率从事。要么一味崇拜西方文化，把西方的价值观、民主观、自由观不加辨别地"照单全收"；要么一味拒斥西方文化，视西方文化如洪水猛兽，表现出一种狭隘的爱国主义和民族主义情绪。

5. 不稳定性、无中心、多样化。世界格局由两极对峙转向多极化以后，意识形态和社会思潮发生了明显的变化。其间，"淡化意识形态"成为一种流行思潮。有人认为，过去两极对峙时期，人们用冷战眼光分析世界事件，意识形态色彩自然比较浓厚；现在两极对峙格局结束了，世界格局呈现多极化，与此相应，意识形态色彩也"淡化"了，代之而来的是民族冲突、地区冲突和宗教分歧。在"淡化意识形态"流行思潮的影响下，部分人在思想信念上出现了动摇，呈现出不稳定性、无中心、多样化的状态，内心冲突剧烈，精神家园迷失。①

---

① 刘明君、陈再国：《多元文化冲突与"文化自信"的培养》，《三峡大学学报》2002年第9期，第73页。

三、多元价值观兴起的原因

（一）文化的多元发展是历史的事实

尽管多元文化是随着全球化的发展而日益为人们所关注，但事实上，多元文化是从人类文明诞生之日起就存在了。

首先，人类文明的诞生是多元的。在上古时代，人类文明是在不同的地区独立产生出来的，这种文明可称为最初的文明或第一代文明。在这些第一代文明的基础上，通过各民族之间的继承、交流、借鉴，形成大小不同的文化圈和层层叠压的"文明世代"。据英国考古学家丹尼尔的研究，属于"独立起源"的文明，全世界共有9个：古埃及、两河流域、中国、印度、爱琴—米诺斯、南俄、美洲的奥尔梅克、玛雅、查文。尽管这9个文明的历史命运很不相同：有的文明已后继无人（古埃及文化）；有的文明已濒临灭绝（玛雅、查文等）；有的文明得到了继承和发展（中国、印度等），但人类文明诞生的多元化毕竟是历史事实。

其次，世界文化发展的历史证明，文化的多元发展是历史的事实。3000余年来，以苏格拉底、柏拉图、亚里士多德为代表的希腊文化传统，以孔子、老子为代表的中国文化传统，以犹太教先知为代表的希伯莱文化传统，及阿拉伯、伊斯兰文化传统和非洲文化传统等，始终深深地影响着当今的人类社会。同时，世界文化发展的历史也证明，各民族的文化和各文化圈文化的发展是不平衡的，它们对于世界文明的贡献也大小不等。在这个意义上，存在所谓的"文明中心"的转移。笼统来说，在世界文化史上，文明中心已经历了多次转移，古希腊古罗马文明、中国文明及属于基督教文化圈的西欧和美国文化，都曾在不同的时代各领风骚。

最后，文化运行规律决定了文化的多元发展。文化作为社会的一个子系统,具有相对独立性,并且具有自己独特的动态进化过程。这一过程主要通过两个方面体现出来:一是纵向上,文化具有它自己的积累与传递机制;二是横向上,文化具有自己的传播与渗透机制。[①] 前者是对主流文化的"趋同",后者是对主流文化的"离异";前者起整合巩固作用,后者起开拓作用,对文化发展来说都是必不可少的,而横向传播、渗透尤其重要。显然,正是不同文化的差异构成了一个人类文化的宝库,这些文化差异诱发人们的灵感而导致某种文化的革新,没有差异、没有文化的多元发展,就不可能出现今天多姿多彩的人类文化。

(二)多元文化的出现是全球化的必然结果

全球化一般指的是经济体制的一体化,科学技术的标准化,特别是电讯网络的高度发达,三者不可避免地将世界各地连接成一个不可分割的有机整体,使地球变成了一个"地球村"。全球化使某些强势文化遍及全世界,大有将其他文化全部"同化"和"吞并"之势,似乎全球化与文化的多元发展很难两全。但事实上,多元文化的发展与之并行不悖。

首先,全球共同文化是以文化的多元化为前提的。公正的全球化应该是各民族互相依赖、互相合作的过程。经济的全球化是以实现全球范围内资源合理配置为优势的,政治的全球化中,不同国家的参与所实现的权力制衡是谋求公正合理的新秩序的基础,而全球共同文化的建立,也正是以民族文化的多样性为前提。

在今天世界一体化的时代,"世界正在变小",各民族间的文化交流越来越频繁,这就造成了一种现实的可能性,使每个民族在

---

① 朱毅蓉:《社会主义市场经济条件下文化多元的必然性》,《福建师范大学学报》2001年第4期,第95页。

吸收世界上最先进的文化成果的同时,也使自己民族的文化在与世界文化的交往中,充分发展了本民族文化的特色,成为整个人类文化的有机构成部分。这样,每一个民族的文化都是其民族性和人类性的有机统一。在这个意义上,可以说,越是民族的,就越是世界的。当代人类文化的共通性的基础,寓于全世界各民族在解决这些关系人类命运问题的共同实践之中。真正属于世界文化宝库的东西,不会是非民族的;而真正为世界各国人民欣赏的民族文化的精品,也必定具有世界性,内部蕴涵着对全人类共同命运的关怀,因而为世界各国人民所喜爱。

其次,经济全球化也引起了意识形态的大变动,促进文化的个性解放。经济全球化在西方社会引起了意识形态的大变动,这就是在文化方面以后现代性为标志的后工业社会意识形态。后现代性大大地促进了各种"中心论"的解体。世界各个角落都成了联成整体的地球的一个不可分割的组成部分,每一部分都有自己存在的合法性,过去统帅一切的"普遍规律"和宰制各个地区的"大叙述"正面临挑战。

正是由于这一认识论和方法论的深刻转变,对"他者"的追求,对文化多元发展的关切等问题才被纷纷提了出来。人们认识到,不仅需要吸收他种文化以丰富自己,而且需要在与他种文化的比照中更深入地认识自己,以求发展。这就需要扩大视野,了解与自己的生活习惯、思维定势全然不同的他种文化。因为文化不是单纯的社会现象,它代表着不同群体、不同人的生存的实质内涵,即代表了不同群体或个体的生存观、存在的价值意义和未来指向价值。在文化交流中,各种文化无非是在与外在世界的联系中重新调整、定位彼此的价值取向、生存方式和行为选择。所以,认同一种文化,就是认同一个民族,认同一种价值观,从而导致文化融合;拒绝一种文化,就是拒绝一个民族,拒绝一种价值观,从而导致文化冲突和民族冲突。①

在经济全球化的今天,文化的交流、碰撞、冲突无所不在、无时不在,这同时也是价值观、思维方式和行为方式、甚至是世界观的交流、碰撞和冲突;而文化的交流、碰撞、重构和融合也正是文化多元发展的实质。由此可见,正是全球化带来了多元文化的进一步发展。

(三)社会主义市场经济决定了我国文化必须走多元化发展道路

首先,社会主义初级阶段国情决定了我国文化的多元发展。一定的文化是一定的经济、政治在观念形态上的反映。我国社会主义初级阶段的国情决定了我国存在多种经济成分共同发展,这反映在文化上,就决定了多种文化的共存。特别是在当前,我国正处于社会转型时期,由于政策、社会结构、产业结构的调整、分配方式的多元化等多种因素的变动,导致社会阶层分化,已使我国产生了多种新型文化,最明显的即私营企业主文化、亦工亦农群体文化、贫困阶层文化、自由职业文化等。这些文化在改革前未曾存在过,是改革开放特别是市场经济体制改革的产物,是与多种经济形式相适应的。随着改革的深入、制度的完善,一些文化将会继续存在,而一些文化将会衰亡,另一些文化将会兴起,这既是由我国的经济基础决定的,同时也是由文化运行规律决定的。②

其次,与社会主义市场经济相适应的社会主义文化必然是多元

---

① 朱毅蓉:《社会主义市场经济条件下文化多元的必然性》,《福建师范大学学报》2001年第4期,第95页。

② 朱毅蓉:《社会主义市场经济条件下文化多元的必然性》,《福建师范大学学报》2001年第4期,第95页。

文化。市场经济是一种开放性经济,作为反映社会主义市场经济的社会主义文化也必然是一种开放型文化。凡是能适应并促进我国市场经济健康发展需要的文化,不管是民族传统的还是外国的,都要择取;反之,都要舍弃。社会主义文化作为人类文明长期发展的必然结果,是以马克思主义的大文化观主导文化的。这种文化既是对传统文化精髓的继承光大,又是对人类一切先进文化的学习借鉴,是融汇世界各个国家和民族优秀思想和文化成果的文化。

社会主义市场经济条件下的文化,作为历史发展和经济、政治全球化的必然结果,除了继承优秀传统文化,同时也积极向外来文化学习;既有纵向上的继承,又有横向上的开拓与渗透,同时也是一种立足于中国现实的有中国特色的多元文化。总的说来,在可以预见的相当长的一段时间内,不同传统的文化,特别是目前仍在起作用的多元文化,将在社会主义市场经济条件下得以继续发展;而社会主义文化作为全球多元文化中的一元要得以长存,最重要的条件,就是能在人类文化发展的进程中做出自己特有的贡献而有益于其他文化。

第四节　身心和谐、人际和谐、天人和谐的文化困境

社会主义和谐社会的表征,从社会主体——人的视角而言,自内而外依次体现在三个层面:身心和谐、人际和谐、人与自然和谐。而实现这"三重和谐"在当代却存在着诸多时代性的文化困境。

一、身心和谐的现代文化困境

社会的"和谐"不仅是一种外在社会表征,更是社会主体的内

在感受。真正的和谐社会应当是社会成员能够实现身心和谐的社会。实现现代人的身心和谐在当代存在着诸多时代性的文化困境。为此,在构建社会主义和谐社会的背景下探索实现现代人身心和谐的路径,当以借鉴传统文化的和谐思想精华为进路;以重建现代道德信仰体系为支撑;以确立公平正义的社会制度为保障,使社会和谐与人的身心和谐相互促进。

　　构建社会主义和谐社会,就其层次而言有三个层面:身心和谐、人际和谐、与自然和谐。其中社会成员的身心和谐是和谐社会的基点。这种和谐的指向是指每个社会成员对自己,包括精神追求、需要层次、思维方式、个性特点和行为方式等,能够保持一种和谐、和顺的状态。身心和谐也是一种境界,一种情操,一种态度。实现身心和谐的过程,是一个人不断提高思想觉悟、加强道德修养的过程,不断改造世界观、人生观、价值观的过程,就是成为"高尚的人"、"纯粹的人"、"有道德的人"、"脱离了低级趣味的人"和"有益于人民的人"的过程。

　　(一)身心和谐的内涵

　　"身"是指人的形体,由此派生出情、欲、利等;"心"是指人的思想、灵魂、精神,由此派生出理、义等。"身心和谐,就必须克身扬心,出形入神,崇理灭欲,用心之满足去弥补身之匮乏,使身心统一于心。"①身心和谐,就是指思想与行为之间的和谐,心理与生理之间的和谐,灵魂与肉体之间的和谐。

　　具体而言,人的身心和谐是指人的身体、思想、行为均处于一种健康协调的状态。它包含三个方面:一是身体和谐。是指人的

---

　　①　吴威威:《爱好和平:中华民族精神的重要体现》,《思想政治教育》2003年第8期,第61页。

身体健康无病,各种机能良好的状态。这与人的身体素质、生活环境、生活条件以及生活规律有关。二是思想和谐。主观思想和客观存在之间很容易产生某些差异,这就导致了有些思想意识是对客观存在的错误认识或者不理解。这样许多问题就想不通,思想就不会和谐,思想不和谐就谈不上身心的和谐。如果人的主观思想正确地认识了客观存在,理解了客观存在的合理性或它的发展规律,就会对自己的意识进行调整,使思想形成统一而又正确的认识,心情就会稳定平和,从而达到和谐。三是行为和谐。行为是思想的体现。人的行为是受思想支配的。错误的思想当然不会产生行为的和谐,而正确的思想如果不全面、不能用适当的方式表达,也容易导致行为的不和谐。正确的思想要用适当的方式来表达,才能使行为和谐。人的身心和谐的这三个方面是密切联系、互相影响的,如果缺少一个方面就不会达到身心和谐。身心之和谐在本质上是指一种内心精神的和谐。

今天,在构建社会主义和谐社会的背景下,我们应更加关注人的身心和谐,尤其是现代人的精神状态的和谐。

(二)中华传统文化、西方文化中的身心和谐观

1. 以儒家思想为主导的中华传统文化十分注重人的身心和谐。儒家主张心与身的统一、和谐,正确处理理与欲的关系,肯定人们对物质利益的正当追求,肯定人的正当欲望追求。孔子说:"富与贵,是人之所欲也。"①"富而可求也,虽执鞭之士,吾亦为之。"②但他又强调"欲而不贪"③,反对放纵欲念。他说:"君子有

---

① 《论语·里仁》。
② 《论语·述而》。
③ 《论语·尧曰》。

三戒,少之时,血气未定,戒之在色;及其壮也,血气方刚,戒之在斗;及其老也,血气已衰,戒之在得。"①也就是说,人们在追求情欲上,在追求物质利益上,要掌握中和的原则,要保持平衡谦和的心态,不能贪得无厌,不能把物质利益作为人生的全部追求,更不能见利忘义。这种把对生命价值的关怀与对道义价值的弘扬有机结合起来的人生观是值得肯定的。

　　儒家所推崇的身心和谐的境界被后人概括为"孔颜乐处"。孔子在阐释这种和谐的境界时说:"饭疏食饮水,曲肱而枕之,乐亦在其中矣。不义而富且贵,于我如浮云。"②他曾称赞他的学生颜回道:"贤哉,回也! 一箪食,一瓢饮,在陋巷,人不堪其忧,回也不改其乐也。"孔子认为,人有多种需求,如何正确引导人的各种需求,使之达到身心和谐,避免人格的分裂,这也是儒家关注的问题之一。儒家认为,在"物欲横流"的时代,人不能仅仅满足于物质需求,不能为了蝇头小利而放弃做人的尊严。富贵必须建立在"义"的基础上而取得,不能弃义取利。哪怕粗茶淡饭,曲肱而枕,天当被,地当床,也不能放弃做人的尊严,更不能唯利是图,要一直把求道作为自己追求的目标。孔子在《论语·里仁》篇中阐述了这一要求,他说:"朝闻道,夕死可矣!"所以,理想的人格是"志于道"的,而不是仅仅满足于感官的愉悦,在《论语·里仁》篇中他还说:"士志于道,而耻恶衣恶食者,未足与议也。"把那种沉溺于感官享受、以吃粗粮穿破衣为耻辱的人,看成是不足与其理论的人,真正的人应该是超越感官的欲求,在理想的追求中得到精神上的满足,强调健康的人格。他认为,完善的人格追求不仅仅在于感性

---

① 《论语·季氏》。
② 《论语·雍也》。

　　的欲求、欲望的满足,更重要的是在于精神的需求,追求完善的自我,以内在的精神价值超越外在的物质刺激,达到身心的和谐,从而展现了理想人格的内在价值。

　　道家创始人老子也主张人之形体与精神的合一,他说:"载营魄抱一,能无离乎?""挫其锐,解其纷,和其光,同其尘。"①这是说,具有和谐的人格,就能"消除个我的固蔽,化除一切的封闭隔阂,超越于世俗偏狭的人伦关系局限,以开豁的心胸与无所偏的心境去看待一切人物。"②宋明理学家重视提高精神境界,讲"身心性命之学",宣扬"安身立命之道"。

　　我国著名的历史学家、思想家、教育家钱穆认为,相对西方人而言,"中国人则比较倾向于'身心一致'的观念,并不相信有灵和肉的对立"③。身心和谐也是我国古人极力追求的理想目标。孟子宣称:"养心莫善于寡欲"(《孟子·尽心下》),孔子主张"吾日三省吾身"(《论语·学而》)来进行自我道德修养,逐步完善个体人格。汉代大儒董仲舒说:"天之生人也,使之生义与利。利以养其体,义以养其心。心不得义不能乐,体不得利不能安。义者心之养也,利者体之养也。体莫贵于心,故养莫大于义。"(董仲舒:《春秋繁露》)物质利益是养护身体的,道德修养是培养心灵的,在身心中,心灵最高,所以道德具有最高的价值。

　　国学大师张岱年也指出,所谓"安身立命","就是要建立自己的生活信念,坚持一定的道德原则,在自己的精神境界中感到安然恬适,不因环境的变化而动摇"④。北大教授汤一介则作了进一步

---

①　《老子·道德经》。
②　陈鼓应:《老子注释及评价》,中华书局1984年版,第136页。
③　柴文华:《现代新儒家文化观研究》,三联书店2004年版,第350页。
④　张岱年:《张岱年全集》第5卷,河北人民出版社1996年版,第507页。

的阐释,所谓"安身立命","就是要使自己的身心和谐,内外和谐,言行符合天道的要求,至于衣、食、住、行等等都不能对自己身心发生什么重要影响,这种对待生活的态度正是儒家所追求的'孔颜乐处'"①。同时,汤教授还指出了儒家、道家在身心和谐观上的差异,"道家与儒家不同,它要求通过顺应自然、超越自我,以求身心之和谐"。道家老子提出"无为不争"、"见素抱朴,少私寡欲"(《老子》),精神不为外物所累,以保持内心的宁静和人性的纯洁。庄子则提出"心斋"、"坐忘"的修养方法,保持心灵的恬淡虚静和精神的绝对自由。儒家和道家都十分注重人的身心和谐问题,只不过实现身心和谐的途径不同而已。

虽然儒学是在封建时代形成和发展起来的,其中的许多思想和价值观随着时代的发展而变得陈旧过时,不能适应现代社会的需要了。但是,儒学作为几千年来中国传统文化的主干,也在一定程度上积淀了千百年来中华民族在社会生活、道德生活实践中的特有智慧与历史经验,其中包含不少真理性的颗粒,这些思想至今仍充满活力,对现代人实现身心和谐有着重要的思想文化价值借鉴意义。

2. 西方学者的身心和谐观。西方传统文化同样十分关注人的身心关系,注重人的灵魂、精神的意义。但与儒学主张的身心互动不同,西方学者则把肉体和灵魂对立起来,古希腊的毕达哥拉斯学派就认为灵魂可以脱离肉体而独立存在。苏格拉底也认为,人的灵魂优越于人的肉体,肉体不过是精神的奴隶。柏拉图更把肉体视为灵魂的监狱与坟墓,认为只有"灵魂"才是人的真正存在和本质。到了中世纪,身心更被极端地对立起来,认为肉体是人类原

---

① 蔡方鹿:《中华和合文化研究及其时代意义》,《中国社会科学》1997年底6期,第69页。

罪的渊薮,要使灵魂获救,必须消灭肉体。近代以来,哲学家们破除了基督教对肉体的憎恨,但在思维方式上仍是二元论地思考二者的关系,这在笛卡尔、莱布尼茨的思想中有深刻反映。康德对人的问题作了最深刻和最有创意的理解,但仍是把人两重化。认为,一方面,人是感性的存在,受因果律的支配;另一方面,人是理性存在物,受自由律支配。人之为人,在于有理性,人不仅为自然立法,还为人自身立法。尽管康德第一个系统地确立了人的主体性理论,但他把人的两重性割裂和对立起来,无法科学说明人的自由本质。

由上观之,无论是中国传统文化还是西方文化,都十分关注人的身心和谐问题,并且倾向于更加注重人的心灵和谐、精神上的和谐,这些思想对于解决"无根基时代"人们的精神困扰,对于我们今天构建社会主义和谐社会,对于现代人实现自身的身心和谐有着积极的启示和借鉴意义。

(三)现代社会实现身心和谐的文化隐忧

1. 现代性的社会弊病是造成社会成员身心不和谐的首要原因。

正如许多现代思想家所忧虑的,无论工业化给我们带来了多么灿烂的物质成果,我们并没有因此而获得所渴望的幸福。工业化的一个严重后果,亦即现代性的社会弊病是:人们在建构物质家园的同时,却失去了精神家园。精神的问题不仅没有因为物质的丰富迎刃而解,反而变得更加复杂和困顿,心灵的空虚与物质的富足成正比。吉登斯曾直言不讳地断言:"现代性的一个特色就是道德沦丧。"[①]现代社会人的多样化选择、交往空间的不断拓展与

---

① [英]安东尼·吉登斯著,赵力涛、胡宗泽译:《民族——国家与暴力》,三联书店1998年版,第370页。

确定感、归属感的相对削弱交织在一起,共同构成了现代人独特的生存体验,也成为现代人生存焦虑的终极根源。① 现代社会中人们的身心不和谐问题更为严重。

社会成员的身心和谐是和谐社会的基础。今日中国社会正在从传统走向现代,中国人在领受现代化带来的历史进步的同时,也已开始品尝到其引发的某些苦果,比如物欲的奴役、人性的物化等。而从根本上说,这一现象的产生,是人们过度地、片面地强调物质需求,忽视精神价值的结果。现代化的发展不仅是物质文明的发展,也是精神文明的发展和人的发展。现代化的发展必然要求人们正确处理物质价值与精神价值的关系。现代化进程致力于推动科技进步、发展市场经济和民主政治,这些都只是实现人的存在价值的手段和过程,而不是人的存在价值的终极目的。当我们把实现人的存在价值的手段和过程作为终极目的来认同,把人生的全部意义倾注于物质价值的追求时,就不仅会引发人与自然之间的尖锐对立,引发社会各方面的不良反应(如法律虚悬、官员腐败、社会不公、贫穷与犯罪、黑色经济等)②,而且最终将不可避免地导致人性的物化和道德的沦丧,使人丧失支撑其生命活动的价值根基和意义归属,陷入深刻的精神迷惘和意义危机中,使人的身心发展失衡从而走向片面畸形发展。

2. 社会主义市场经济体制的不健全成为社会成员身心失衡的社会诱因。

社会主义市场经济的发展提高了人们的物质生活水平,给我

---

① 贾英健:《和谐与价值认同》,《和谐发展研究》,社会科学文献出版社2007年版,第89页。

② 周道华:《儒家的和谐思想与现代精神文明建设》,《理论学刊》2000年第1期,第115页。

国社会生活和文化思想注入了极大活力。但同时市场经济的趋利性也使一些人逐渐形成了金钱至上、重财轻德、见利忘义的心理，为了获得金钱、财富，不择手段，竞奢弄富，挥霍浪费等现象十分严重。拜金主义和享乐主义在社会上蔓延滋长开来，一些人为此甚至走上了贪污腐败、违法犯罪的道路。这种现象的存在和蔓延，既破坏了社会自然生态的平衡，也破坏了社会文化生态的平衡，不利于个人身心达到和谐一致。

　　古希腊的哲学大师柏拉图指出，善的生活应该是一种混合的生活，是一种理性与感性、快乐与智慧混合的生活，即物质生活与精神生活相和谐的生活。① 他的观点对于现代中国构建和谐社会不无启迪。在人生观上强调物质生活与精神生活相和谐，一方面有利于提高人的素质，提升现代人的精神境界和道德修养，减少影响社会和谐、社会稳定的贪污腐败、违法犯罪等行为，另一方面也有利于人与自然的和谐。因为现代人对物质生活的强烈追求，进而又使消费主义抬头，加大了人类对自然界的掠夺和破坏。而物质生活与精神生活相和谐的人生观，引导人们在享受经济发展成果的同时，重视人的精神文化生活，从而更好地实现人的全面发展，促进社会主义和谐社会的构建。

　　3. 社会道德信仰体系的坍塌是造成社会成员身心失衡的主要内因。

　　和谐的身心状态意味着人不仅有自己的物质追求，而且向往精神超越；不仅追求欲望的满足，而且关照价值的实现；不仅有逻辑的理性，而且有丰富的感情。而自我身心失衡则会导致人的精

---

　　① 周中之：《和谐社会需要什么样的人生观》，《伦理学研究》2006 年第 1 期，第 9 页。

神萎靡,感情冷漠,社会责任感丧失,甚至导致各种生理或心理疾病。

道德信仰是物质利益在意识形态领域里的反映,共同的道德信仰是共同的物质利益的反映。随着市场经济的建立,对外开放的深入,全球化的推进,信息网络技术的发展,中国社会出现了思想价值观多样化的局面,原有的价值体系遭到了瓦解,而新的价值体系尚未完全建立,部分人陷入了信仰危机,迷失了自己的精神家园,沉迷于功名利禄的追逐而难以自拔,困囿于感官欲望的滋扰而无以解脱,最终导致自我的身心失衡。因此,重建社会道德信仰体系,才能健全人们失衡的身心,重建人们失落的精神家园。

(四)实现身心和谐的路径探索

在构建社会主义和谐的背景下探索实现现代人身心和谐的路径,当以借鉴传统文化的和谐思想精华为进路;以重建现代道德信仰体系为支撑;以确立公平正义社会制度为保障。

1. 实现自我身心和谐,借鉴传统文化和谐思想的精华

在实现人的身心和谐问题上,中国的传统哲学家从"内在超越"的观念出发,提出"安身立命"的主张,强调个人通过自身坚持不懈、持之以恒的道德修养,才可以实现人的身心和谐。儒家十分重视"修身"的作用,认为普天下的人,都应该以"修身"为本,实现对自我的内在超越。儒家还以"君子"为理想人格,提出了修养的具体要求,如"三戒"、"三乐"、"四绝"、"五行"、"五美"、"九思"等。除了上述具体的修养规范之外,儒家还进一步提出了最高的思想行为规范——"中庸"。"中庸"作为一种思维方式,即孔子所谓"叩其两端",其意为,对于一件事物,要了解其方方面面,尤其是最极端的两种情况,然后根据具体情形而确定应对的方法。符合"中庸"原则的行为,孔子称之为"中行"。儒家要求人们正确处

理修养中所遇到的各种矛盾，从而真正达到身心和谐的状态。

　　在个人身心的关系上，主张保持平和、恬淡的心态，追求一种"穷则独善其身，达则兼善天下"、"厚德载物"的境界。孔子曰："天下有道则见，无道则隐。邦有道，贫且贱焉，耻也；邦无道，富且贵焉，耻也"①。后来，这一思想被孟子发展为"穷则独善其身，达则兼善天下"②。儒家认为，生死和富贵不是人力可以追求到的，也不应是人追求的目标，"死生由命，富贵在天"；但是人的学问和道德则是要靠人的努力来取得的。"天行健，君子以自强不息"，"地势坤，君子以厚德载物"。③ 要求世人效法天德之刚健勤奋和地德之博大兼容，并把这两种精神同人的成功经验结合起来，努力向上，力求达到天、地、人三者的和谐共济，从而实现个人身心内外和谐的境界。

　　实现身心和谐必须树立正确义利观。儒家重视人之身心和谐，因而主张要妥善处理义与利、精神追求与物质追求的关系。孔子曰："不义而富且贵，于我如浮云。"④要人挺立自己的道德人格，轻视世俗的荣利，通过精神修养使身心和谐。孟子要人"富贵不能淫，贫贱不能移，威武不能屈"；"居天下之广居，立天下之正位，行天下之大道"⑤，无论贫富都要注重人格的完善和人生价值的追求。孔子说："富与贵，是人之所欲也。"（《论语·里仁》）程朱理学也承认"君子未尝不欲利"，肯定物质生活的重要性。然而，儒家以弘扬道德理性为己任，因而在对正当欲望的合理满足加以适

① 《论语·泰伯》。
② 《孟子·尽心上》。
③ 《周易·大传》。
④ 《论语·述而》。
⑤ 《孟子·滕文公下》。

当肯定的同时,强调要以道德来规范和约束人的欲望,反对非义之利、唯利是图,反对对利欲的放纵,反对对物质的片面追求。孟子提出"饱食暖衣,逸居而无教,则近于禽兽"①,认为精神生活比起物质生活来更有价值。儒家文化认为,一个人的生命价值与道德价值、人格价值相比较,道德价值和人格价值更为重要。孔子的"杀身成仁"之说和孟子的"舍生取义"之论,就是儒家为了保全仁义道德价值而不惜牺牲生命的典型表述。

儒家文化在人之身心关系的基本理论立场上,高扬对人本身身心和谐的关怀和人格的追求,尽管具有压抑人性的消极因素,但却有其合理性及时代超越性。儒家思想重视人的身心和谐发展,追求精神价值与物质价值的统一,提倡求真、行善、崇美,使人生脱离了物欲满足的低级趣味,也为现代人摆脱物欲困扰,确立起健康的人生态度,促进精神文明与物质文明协调发展,构建社会主义和谐社会,提供了深刻启迪。

2. 以重建现代道德信仰体系为支撑

现代社会激烈的竞争、复杂的利益关系、多元的价值观和伦理观,以及层出不穷的新情况、新问题,使现代人的思想道德观念受到强烈的冲击,社会出现了某些躁动和不安,甚至原有的道德信仰体系坍塌。社会上广泛存在着财富观、利益观、权力观、地位观、道德观、价值观上的扭曲,以及道德失范、诚信缺失等现象;公民的社会责任意识、社会荣誉感和职业伦理有所弱化。一些人在金钱与商品交换的喧嚣声中,在物欲的滚滚洪流中,在"外面的精彩世界"的诱惑下,迷失了自己,道德信仰荡然无存,道德价值被排挤到边缘地带,拜金主义、享乐主义、消费主义、极端个人主义大为泛

---

① 《孟子·滕文公上》。

滥,见利忘义、损公肥私、腐化堕落现象日益严重,自私、冷漠、缺乏对弱者的同情心和关爱以及人被物化、工具化、非人化等非道德现象十分普遍。现代社会道德信仰的危机已成不争的事实,这给社会主义和谐社会的构建以及实现现代人自身的身心和谐造成了严重威胁。因而必须以重建现代道德信仰体系为支撑,来实现现代人的身心和谐。

从中国实际出发,我们必须旗帜鲜明地以马克思主义的世界观、人生观、价值观为指导,以社会主义的理想和信念为核心,以"八荣八耻"的社会主义荣辱观和社会主义核心价值体系为主要内容,以最大限度地实现社会公平和正义为主要目标,重塑社会主义道德信仰体系。这种信仰体系是高尚的、积极的、健康的、向上的,它既符合人类社会的发展规律,又符合以广大劳动人民为主体的最大多数人的根本利益;它既尊重人们多元的个性,又追求人类最高价值的普遍性;它既关照人们现实利益的需要,又感召着人们精神品格的提升。

3. 以确立公平正义社会制度为保障

实现现代人的身心和谐既取决于社会成员自身具有的良好心态,同时也取决于外在社会制度的合理安排。只有社会成员感到社会规则大致公平,认为个人虽然还没有达到他人的成就,但每个人都具有与周围成功人士相同的社会权利与机遇时,才会形成良好的心态。也只有这样,实现个体身心和谐所要求社会成员具有的超越精神,才不是阿 Q 式的自我麻醉,而是基于个体对社会制度安排的心理认同,基于对生存意义的深刻领悟。尤其是当劳动真正被社会所尊重,并且值得全社会所尊重的时候,当财富并不仅仅是作为个人的贪欲被追求,而是全社会各种要素的合理聚合,并通过多种值得人们信赖的方式而反馈于社会的时候,个体的身心和谐才有可能得到与社会发展相一致的实现。

二、人际和谐的现代文化困境

人际和谐(个人与他人、个人与社会的关系和谐)是社会和谐的重要体现。现代社会人际关系出现了冷漠化、功利化、复杂化、虚拟化、理性化及诚信缺失等时代特征。这也成为实现现代人际和谐的严重障碍,是构建和谐文化应关注的现实问题。

(一)人的社会性

1. 人的存在和发展是社会性的。人类社会的历史是人们生活和交往的历史,它使人类逐渐形成了不同范围、不同等级、不同性质和不同水平的关系和联系。正如马克思所指出的:"人的本质并不是单个人所固有的抽象物。在其现实性上,它是一切社会关系的总和。"[1]当人类作为肉体的存在,从自然中获得生存和发展的生活资料时,人并非以个体的形式来面对自然,而是以一定方式联合起来,才能在自己的联合体中获得直面自然、征服自然的力量,求得自己的生存和发展。这也是一种必然性,即人的存在和发展的社会必然性。这种社会必然性表明,各个个人的物质生活需要的满足,是互相制约、互为前提的。通过他人获得自己的存在和发展,又为他人提供生存和发展的条件,这是人成为人的逻辑。这种"逻辑"内在地包含着一种新型的主客体关系:人与人之间的主客体关系。在这里,关系的双方都是"有激情"、"凭思虑"活动着的人,所谓的客体,说到底也是主体,因而,毋宁说它是一种主体与主体之间的关系。这种关系使得人真正能超越于动物界之上,是人之为人的本质所在。

---

① 《马克思恩格斯选集》第 1 卷,人民出版社 1995 年版,第 60 页。

2. 市场经济社会中的人际关系。随着市场经济的深入发展，我国传统的人际关系已经和正在发生着巨大改变。对于资本主义市场经济下的人际关系，马克思、恩格斯早就做过精辟的论断："资产阶级……使人和人之间除了赤裸裸的利害关系，除了冷酷无情的'现金交易'，就再也没有任何别的联系了。"①"资产阶级抹去了一切向来受人尊崇和令人敬畏的职业灵光。它把医生、律师、教士、诗人和学者变成了它出钱招雇的雇佣劳动者。资产阶级撕下了罩在家庭关系上的温情脉脉的面纱，把这种关系变成了纯粹的金钱关系。"②

恩格斯在一次演说中还指出：资本主义市场经济的结果之一就是"人们的利益彼此背离"。"我们大家辛勤劳动的目的只是为了追求一己之利，根本不关心别人的福利。可是，每一个人的利益、福利和幸福同其他人的福利有不可分割的关系，这一事实却是一个显而易见的不言而喻的真理。虽然我们大家都应该承认，没有自己的伙伴我们就寸步难行，应该承认，仅仅是利益把我们大家联系起来，但是我们却以我们的行动来践踏这一真理，我们把我们的社会安排得好像我们的利益不但不能一致，而且还是直接对立的。"③

由此看出，资本主义市场经济下的人际关系是利己主义的，彼此背离的，剥削他人的，以金钱为媒介的。在观念和理论上，我们社会的市场经济不同于资本主义的市场经济，我国实行的是"社

①　马克思、恩格斯：《共产党宣言》，《马克思恩格斯全集》第4卷，人民出版社1995年版，第468页。
②　马克思、恩格斯：《共产党宣言》，《马克思恩格斯全集》第4卷，人民出版社1995年版，第468—469页。
③　恩格斯：《在爱北斐特的演说》，《马克思恩格斯全集》第2卷，人民出版社1995年版，第605页。

会主义的市场经济"。所以,似乎可以断定,它给人际关系带来的影响会与资本主义有所不同。但今天我们社会生活中人际关系的现状确实存在诸多类似资本主义市场经济下的状况,这给社会主义和谐社会的构建造成了严重障碍。

(二)中国传统文化中的人际和谐思想

中国向来是一个以重视人际关系和谐著称的文明古国。传统的中国人无不注重良好人际关系的建立。《论语》中多次提到"仁",所谓"仁"就是"爱人","泛爱众"。墨子也提出,人应该"兼爱","爱无差等"。儒家还提倡"义"、"礼"、"智"、"信"。所谓"义",其根本意义是尊重公共利益,不侵犯别人的利益。所谓"礼",就是体现"仁"、"义"的礼节,在与他人交往中应该遵守一定的规矩。所谓"智",就是对事物的认识和对道德的认识,知道"仁"和"是非善恶"。所谓"信",就是诚实相待,信守诺言。① 这些社会生活中的道德规范,都是针对人与人之间的关系的,都表明人际关系及其调节在社会生活中的重要性。

对于人际关系在我国社会生活中的重要性,当代著名人类学家和社会学家费孝通先生认为,"在西洋社会里争的是权利,而在我们却是攀关系、讲交情"。每个人都与他人发生关系,形成一个纵横交错的关系网络。每个人都是他的人际关系网的中心,中国的社会生活就是在这样的关系网络中进行的。② 这表明了人际关系在我们社会生活中的地位和作用。

人际和谐具体而言又指人与人的关系和谐,以及人与社会的

---

① 参见张岱年:《中国伦理思想研究》,上海人民出版社1989年版,第110、115、171页。

② 费孝通:《乡土中国》,三联书店1985年版,第21—28页。

关系和谐两个方面。

1. 人与人之间的和谐

在人与人之间的关系上,提倡宽和处世,创造"人和"的人际环境,追求"和而不同","礼之用,和为贵"。谋求人际关系的和谐发展是中国文化的一大特质,也是中国历来理想的为政之道。人所共知,儒家伦理对中国古代社会的影响最大。孔子所提出的理想人格便是宽厚处世,协和人我,从而创造和谐的人际环境。他说:"君子矜而不争,群而不党。"①孟子也认为"天时不如地利,地利不如人和。"②人以"和为贵",而"和"则受礼节制,尚礼重义则是和谐化的标准,也是中国传统文化的一个突出特点。对于"礼"与"和"的关系,孔子说"礼之用,和为贵。先王之道斯为美。小大由之,有所不行。知和而和,不以礼节之,亦不可行也"③。荀子曰:"水火有气而无生,草木有生而无知,禽兽有知而无义。人有气、有生、有知,亦且有义,故最为天下贵也。"④但"和"并不是没有原则的统一,而是"和而不同"《(论语·子路)》。我国传统文化中的这种人生价值观,在历代文化建设中得到了不断的发展,成为中华传统文明的重要组成部分。天地之性人为贵,而人则以"和为贵"。

2. 人与社会之间的和谐

在人与社会的关系上,主张人与人之间相容相生,追求以形成和谐人际环境基础上的"大同"社会。老子为人们描绘了一个人与人之间"无欲"、"无为"、"无争",彼此和谐相处,宽大为怀,人

---

① 《论语·卫灵公》。
② 《孟子·公孙丑下》。
③ 《论语·学而》。
④ 《荀子·王制》。

人"甘其食、美其服、安其居、乐其俗"的理想社会。以孔孟为代表的儒家提出了仁、义、礼、智、信、宽、勇、忠、恕、孝等一系列旨在维护社会秩序、实现社会和谐的道德准则,提出了建设"大同"社会的远景理想。正如《礼记·礼运》所云:"故人不独亲其亲,不独子其子,使老有所终,壮有所用,幼有所长,鳏寡孤独废疾者皆有所养……故外户不闭,是为大同。"①这是对大同理想社会的经典描述,十分形象地刻画了一个财富公有,贤人当政,讲求信用,互相关爱,人人劳动,各尽其力而又各得其所,道不拾遗、夜不掩户的和谐社会。古人所设想的大同世界,自然带有乌托邦的性质,但它作为一种崇高的目标和理想境界,始终引领着中华民族的志士仁人追求以人际和谐为基本特征的社会发展目标。

儒家还注重家庭成员之间的和睦相处,要求家庭成员做到:父慈子孝、夫和妻顺、兄友弟恭。孟子把人伦之和放在最重要的位置,孟子说:"天时不如地利,地利不如人和。"(《孟子·公丑下》)"人和"具有最高价值。所谓"人和",不仅包括君臣、朝野、父子、夫妇、邻里等各种人际关系的协调、和谐、和睦,而且还包括民族之间、国家之间的协调、和谐。《尚书·尧典》说:"克明俊德,以亲九族;九族既睦,平章百姓;百姓昭明,协和万邦。"这里表达了儒家用道德修养教化为本,先治理好自己的民族、国家,并以此去感化其他民族和国家,以实现"协和万邦"的理想局面。所谓"协和万邦",就是反对侵略,热爱和平,主张各国相互团结,和平交往。人与人之和谐还突出地表现为整个社会的和谐。孔子希望整个社会成为一个"老者安之,朋友信之,少者怀之"②的和睦大家庭。儒家

---

①　《礼记·礼运》。
②　《论语·公冶长》。

经典《礼记·礼运》中描述了两种"安定祥和"的农业社会生活状态:一是低层次的"天下为家"的"小康"社会;一是高层次的"天下为公"的"大同"社会。

道家老子也提倡"不争之德",主张人与人之间的和谐相处。老子设计出一个"邻国相望,鸡犬之声相闻,民至老死,不相往来","甘其食,美其服,安其居,乐其俗"的和谐社会蓝图。庄子设计出一个"同心"、"同德",平等自由的和谐社会蓝图①。可见,在中国传统文化中,儒家、道家都注重人际关系和谐,都体现着一种对和谐社会的美好追求。

3. 中西方关于人际和谐原则的差异

如何看待人与人的关系,以及如何引申出处理这种关系的原则,其终极根据是一个社会的物质生活条件和文明进程的不同路径。因此,我们可以在中国古代伦理社会与西方契约社会的比较中,揭示儒家对人的社会关系的把握及处理这种关系的道德原则。

第一,在中国古代伦理社会中,组成社会的单位是伦理的人,是处在人伦关系中的个体,这个个体不是独立和自由的,是属于家族的。在这个意义上,不妨说组成中国社会的单位是家族。这和西方社会把人看做是独立的、原子式的个人不同。在西方文明的演变过程中,由于私有制和商品生产发展得极为成熟,家与国不但不是一体的,甚至常常是对立的,个人的独立和自由是经济、社会的基础和前提,文化上的个人主义正是这个基础的反映。社会就是由这些原子式的独立的个体所组成的。

第二,处在伦理关系中的人是以关系为本位的,社会是以义务为纽带联系在一起的。因此,维系这个社会存在的机制主要是道

---

① 李君如:《社会主义和谐社会论》,人民出版社2005年版,第14页。

德。所以,中国传统社会的治理是礼治、德治、仁治,而非法治。与此不同,在所谓的契约社会里,法律所确认和保护的个体权利是社会的核心,社会秩序存在的机制是外在的法律强制。

第三,伦理社会处理个体和群体关系的原则是群体主义。个人利益服从家庭、社会和国家的利益,当二者发生冲突时,牺牲的是个人利益。可以说,在中国的宗法制文化里没有给个人留下独立的生存空间。个人的价值实现是通过社会或群体的价值实现来表现的。相反,契约社会的生存原则是个人本位。契约社会存在的前提,就是要有双方或多方彼此独立的、自然的、地位相等的签约者。签约的目的就是保护个人的基本权利,社会法律的基点就是对个人权利的保障。可以说,一个社会价值的大小是通过个人价值实现的程度来决定的。

儒学可以说是伦理社会的典型代表者,它对伦理社会中人与人的关系作出了最为深刻和精辟的论述。

首先,在家国一体的伦理社会里,儒家从家庭血缘亲情中直接引申出仁者爱人的原则。任何人一生下来,首先遇到的是家庭中的父母兄弟,处于亲人的爱抚之中,并逐渐萌生对亲人深深的依恋、敬爱。因此,家庭中的亲情之爱,是人最早形成的爱心。孔子弟子有若即把孝敬父母、尊敬兄长作为仁的根本、基础:"孝弟也者,其为仁之本与!"①后来的儒家也以"亲亲敬长"作为"仁"的基本含义。一个人离开了亲情之爱,"仁者爱人"就成为无根之萍、无本之木。亲情之爱孕育了对他人的爱心,爱人就是爱亲之心的外展与扩充,即所谓"老吾老以及人之老,幼吾幼以及人之幼"。可见,"仁者爱人"作为处理人际关系的一般原则,又不限于宗法

---

① 《论语·学而》。

血缘道德的范畴,而是要求人们以仁爱之心对待一切人,建立人与人之间相亲相爱、和谐相处的人际关系。

其次,儒家提出的"爱人"的行为模式是取譬于己,推及于人,也就是孔子提出的"忠恕"之道。关于"忠恕"的含义,南宋朱熹解释说:"尽己之谓忠,推己之谓恕。"①就是说,在以"仁"调节人际关系时,一方面,对人应尽心尽力,奉献自己的全部爱心;另一方面,设身处地地为他人着想,不苛求于人。"忠"属于积极的方面,孔子说:"夫仁者,己欲立而立人,己欲达而达人。"②作为"为仁之方"的行为模式,即自己所追求的、希望得到的东西,应当积极使别人也同样得到。"恕"是推己及人的消极方面,孔子说:"己所不欲,勿施于人。"③就是说当你的行为可能给他人带来影响时,必须考虑它的后果能否为他人接受。可见,儒家以自我为中心不是为了满足自己,而是去理解别人。

最后,"爱人"的前提是正己,要推己首先须正己,正己即修养仁德。儒家提出的路径是"为仁由己",一个人是否能成为仁人,取决于自己的主观努力。后儒继承孔子的思想,以"修身正己"为"仁爱"的前提,强调只有"正己"才能正人正物,只有"修身"才能安人安百姓。《大学》以"修身"为"齐家、治国、平天下"的基础,认为"自天子以至于庶人,壹是皆以修身为本"。所以,儒家在处理人己关系时,首先要求端正自己,搞好自身的道德修养,其中最重要的便是克己,即克制自身与道德相违背的一切私念和私俗,完善个人的道德人格,达到"从心所欲不逾矩"的境界。

---

① 《论语集注》卷二。
② 《论语·雍也》。
③ 《论语·颜渊》。

总之,儒家以"仁"调节人际关系,主张人与人之间相亲相爱、互相关心、互相爱护、互相帮助,认为"仁爱"是人固有的道德情感,故"爱人"的根本途径,就是推己之仁爱于他人,而要推己首先必须正己,也就是说,"仁"不是偏爱、滥爱,一团和气,姑息养奸,而必须爱人以德,始终坚持道德的原则,在此基础上建立和谐的人际关系。①

(三)现代社会人际和谐的障碍

现代社会实现人际和谐存在着具有新的时代特点的文化障碍:人际关系冷漠化;人际关系疏离化;人际关系功利化;人际关系虚拟化;间接化;复杂化;理性化,以及诚信缺失等。

1.人际关系冷漠化。当今社会中,人与人之间的心灵距离不断拉大,人与人之间感情淡漠。人际关系的冷漠是人性自私的表现。随着社会责任的淡漠,人的观念向利益倾斜的表现越来越明显,个人利益至上。东方式的情感文化提倡"温、良、恭、俭、让",做事力求"中庸",而现代社会变迁使人与人的联系越来越松散,人的流动性较过去大大增加,单元套房使人的家居生活闭塞,人们为了避免彼此发生矛盾摩擦,即使不是"老死不相往来",也普遍采取避免过于密切的交往态度,过去的邻里亲密程度不次于亲戚,而今却很少情感的交流,冷漠也就不足为奇了。和谐社会需要"一方有难,八方支援",需要更多热心肠,需要更多"爱的奉献",而人际关系的冷漠化严重影响了社会的和谐。

2.人际关系疏离化。现代社会瞬息万变的发展,以及由此带来的人们生活节奏的加快,使人们之间非工作性质的交往日渐稀

---

① 曹刚、王艳玲:《和谐的人——儒学视野中的人及其道德维度》,《吉首大学学报》2002年第12期,第113页。

少,单元套房的居住形式又将人们相互孤立开来,这些直接导致人际关系疏离。同时,新的交往形式——网络交往的发展加剧了这一人际关系发展趋势。网络在给人们带来信息丰富、交往便利的同时,也带来了情感危机、人性异化。网络使人与人之间的往来和交流具有了很大的间接性,人与人之间的交往和沟通变成了人——机器——人之间的交往和沟通,因而造成了人机关系和人际关系的混淆。虚拟交往虽然可以帮助人们一时解脱现实的烦恼,找到一时的寄托,却不能真正满足现实人的情感需要,不能真正解脱心灵的孤独,反而会由于过分地沉溺于虚拟的世界而对现实中的人产生更大的疏离感。同时由于网络交往中人们行为的符号化,使真正的人隐藏在符号的后面,传统社会人际交往中的诚信制约机制被淡化,这就容易滋生种种欺诈行为,导致网络人际的信任危机。网络人际交往中普遍存在的人际信任危机甚至有可能影响到上网者的现实人际交往态度,对现实中的人际交往对象的真诚性产生怀疑,进而影响自己与他人良好人际关系的建立和发展,从而导致人们沉溺于"虚拟时空",不愿直面现实生活。网络孤独症、人际信任危机是由电脑网络所引发的主要的人际关系障碍。

3. 人际关系功利化。中国传统社会,人际关系很注重伦理,"君子之交淡如水","重义轻利"的思想占主导地位。现今从计划经济走向市场经济,市场经济的交换原则渗透进人们的日常交往中。市场经济重利轻义、竞争激烈以及效率意识的增强,使人际关系趋向功利化。这种功利主义因素导致人际关系中感情因素削弱,而建立在经济利益上的交往日趋增多,功利目的日渐增强,人际关系的和谐难以真正实现。

4. 人际关系虚拟化。网络和信息技术的快速发展不断改变着人类的生活方式,也使人们的交往方式发生了较大变化。不同于以往的以血缘、地缘、业缘为纽带的传统交际方式,伴随着网络的出现,产生了新的交往方式——网络交际。网络成为一种新型的人际互动媒介,形成了"网络社会"———一种与现实社会相伴的虚拟社会状态。

在网上,人们可以不受性别、职业、相貌、家庭、组织甚至道德等因素的影响,在虚拟世界里自由地交流思想、谈论学习工作。然而,这种新的交往方式带来的负面影响也成为实现人际关系和谐的隐患:网上交际具有很大的不稳定性;网上交际陷阱较多;网上交际具有很大的局限性,等。网络交际双方面对冷冰冰的机器进行交流,缺乏温暖亲切的感觉,而且随着工作和学习的日益网络化,人与人之间面对面的交往机会将大为减少,这将会导致人与人之间关系的疏远,容易使人产生孤僻的性格。另外,随着信息技术的发展及人们生活水平的提高和生活节奏的加快,现在人与人之间的交往除了利用网络外,还使用固定电话、手机等现代通讯工具,以及广播、电视等大众传媒,这些工具的使用大大方便了人们之间的交往。但与此同时,传统的交际方式的优势也正在丧失。总之,网络和信息技术的发展使得人际关系发生了很大变化,网络化和信息化一方面使人际交往更加快捷、便利,扩大了人际交往的范围,但同时这些现代交往的虚拟性、间接性也导致人与人之间交往的不和谐。

5. 人际关系平面化。随着现代社会的发展,人们生活节奏加快,人们交往的机会增多,交际时间的缩短,交际需求的加大,交际面的拓宽,导致了交往的深度趋于浅显,大大不如以往那么牢固、稳定,具有较大的流动性。这种人际交往的多元化表面化,一方面有其积极的影响,它可以拓宽人际交往的网络,扩大交友的范围;但也有消极的一面,这就是在频繁变换交友对象的同时,让人感到人际之间的深入了解趋于困难，人际和谐难以实现。

6. 人际关系复杂化。在计划经济时代，生产、供应、销售、分配严格按计划进行，人与人之间的物质利益占有相当平均，人与人之间的关系也相对简单。现代社会生活中外部环境的瞬息万变以及人们心理的微妙，使现代社会中人际关系的建立形成了一定的困难。

7. 人际交往理性化。在市场经济条件下，由于经济主体的相对独立，强化了当代人的主体意识，人际交往呈现个性化特点。这从一个角度讲，体现了社会的进步和文明。但从另一个角度讲，过于强调个性自由，只凭个人意志行事、交往，使得人际关系松散冷漠，甚至紧张恶化，影响了正常的生活和工作，影响了人际关系的和谐。

（四）人际和谐的实现

1. 实现人际和谐要树立诚信友爱的人生观。孔子说："人而无信，不知其可也。"[①]诚信是为人之本，也是当代中国和谐社会的必然要求。每个社会成员讲诚信，守规则，社会才能"安定有序"，人际关系才能和谐。美国学者弗朗西斯·福山把"社会资本"定义为"一个群体之成员共有的一套非正式的、允许他们之间进行合作的价值观和准则"[②]，构成社会资本的要素包括诚实、信任、责任和互惠等。在他看来，诚信作为"社会资本"，不仅是道德的概念、经济的概念，也是社会秩序和社会发展的概念。一个社会诚信缺失，人与人之间的信任纽带就会受到严重的破坏，社会就会出现

---

① 《论语·为政》。
② 弗朗西斯·福山：《大分裂：人类本性与社会秩序的重建》，中国社会科学出版社2002年版，第18页。

混乱的局面。人们以诚信为人生价值追求,人与人之间才能相互信任和尊敬,社会才能稳定和谐。

在人与人的关系中,不仅要讲诚信,也要有关爱精神。人们相互之间的关爱,使人性获得了精神的慰藉,也促进了和谐社会道德风尚的形成。市场经济的发展加快了生活的节奏,居住条件的改善使更多的人们有了相对独立的生活空间,人们之间的沟通、交流和关心相对减少了。现代社会人们之间的关爱严重不足,尤其应当加强对社会弱势群体的关爱。当代中国,贫富差距拉大,生活在社会底层的弱势群体需要更多的人去关爱去帮助。社会生活中"嫌贫爱富"的倾向与和谐社会的要求格格不入,必须加以改变。"穷则独善其身,达则兼善天下",我们的社会才会因充满诚信友爱而更加和谐美好①。

2. 实现人际和谐有待于个人道德意识的强化。道德不以强制力量为基础,而是诉诸于人们的良知。因此,道德应充分强调个人的主体意志,强调道德是个人的选择、个人的自觉行为,个人是否追求某种崇高的道德,完全是个人的责任。这种强烈的个人道德责任感可以促使个人将道德原则内化于心而成为自身的自觉行为。只有切实强化个人的道德主体性,每个人才能在自身道德铁律的规范下,自觉地调整自己的行为。实践证明:道德感沦丧,人与人关系紧张;反之,人与人关系和谐。而每个人只有成为自己的道德主体,才能保持或强化自己的道德感。所以,实现人与人之间的和谐关系有待于强化个人的道德主体性。

3. 净化社会环境,改善社会风气。随着改革的深化和市场经

---

① 周中之:《和谐社会需要什么样的人生观》,《伦理学研究》2006年第1期,第46页。

济体制的建立,人们的生活方式、思维方式、价值取向都发生了深刻变化。目前,中国社会正面临着社会转型造成的道德"失范"和信仰危机。道德"失范"的状况在各行业、各阶层都有发生,社会道德风尚亦深受其累。其中最重要的原因,是原有价值观念与道德规范统摄功能弱化,作为道德核心的终极价值——"最高善"或模糊、或崩溃,致使神圣的不再神圣,崇高的不再崇高。与计划体制有关的统一规划、服从命令、公而忘私等道德价值观,在现实中遭到冲击,不仅对社会现象缺乏足够的解释力,也与市场经济强调的"理性人"对自身利益最大化的追求发生冲突;同时,形式主义与"假大空"的道德说教,也遭到人们、特别是青少年的厌恶。与市场及商品相关的价值观念、西方的种种思潮,良莠混杂,并借大众传媒迅速传播,造成一些人思想混乱。甚至少数党的领导干部也丢失了共产党人的理想信念,沉溺于权力、金钱的攫取,造成了影响恶劣的腐败之风。

在一个假、恶、丑现象充塞的社会中,要求人们达到以情相融、以诚待人的境界是很不现实的。因此,重要的基础工程,就是整个社会多管齐下,惩治丑恶现象。尤其要通过反腐败来弘扬社会的正气,以正压邪,营造澄澈的社会环境。这样,人际关系的健康发展才会有肥沃的社会土壤。

4. 加强网络道德建设,构建和谐的网络人际关系。由于网络交往具有双重效应:一方面,网络交往为人与人之间建立更为和谐、民主、平等的人际关系提供了基础,它消解由现实社会种种限制而导致的人际心灵沟通的障碍,有助于人与人之间进行纯粹的平等的个体之间的交往。但另一方面,网上交往也为虚假的、甚至是带有欺骗性的人际关系的建立提供了方便,也容易造成现实社会人际关系的冷漠和隔阂,从而导致人际情感的疏远与信任危机,引起网络人际关系的不和谐。由于网络社会的人际交往是在虚拟世界中进行的,任何人都可以带上各种面具扮演各种角色与他人交往。这种人际交往是在匿名状态下进行的,缺乏外在监督和约束,因此,要想消除这种网络人际关系的不和谐,除了人际往来更需要交往双方内在的自觉,并靠个人的内心信念来维系,需要网络主体自我塑造、自我约束,提高自身道德修养以外,更重要的方面,是要加强网络道德建设,对网络技术进行道德关怀。

为了使网民之间的交往关系正常化,合理利用网络资源,每个网络用户或网友都必须平等相处,公平对待,彼此尊重,承担责任,履行义务,互惠互利,以诚相待,杜绝欺诈。网民之间,特别是彼此陌生的网民在交往中的互相诚实应成为自律的行为,使网上的人际关系与真实世界的人际关系趋于一致。只有这样,网民们才能在网络交往中受益,网络共同体才能成为一个友善的社会共同体。

三、天人和谐的现代文化困境

人与自然的和谐发展,是构建社会主义和谐社会的重要基础。最终走向和谐,是人与自然关系发展的总趋势,也是人类的美好理想。但当今现实与理想却相去甚远,当今世界,人类疯狂地破坏着自然界,自然界也疯狂地报复着人类。人与自然之间这种极端对立的状态,迫切需要转向和谐发展的道路。

(一)天人关系论

人是自然界长期发展的产物,人与自然的关系是人类生存与发展首先要面对的关系,因此,社会主义和谐社会的重要内涵和特征之一是"人与自然和谐相处"。

在中国文化里,人与自然的关系被表述为天人关系。儒家的主张是天人合一。这里"天"的含义极其丰富,它可以是自然之天,可以是社会之天,也可以是伦理之天,还可以是人格之天。因此,天人关系常在不同的角度和层面上被讨论,最多的是在天人合德的基础上讨论。和谐社会的特征之一是"人与自然和谐相处",这里所论的天人关系就是在人与自然的层面上讨论的。

　　人与自然的和谐共处思想在中国传统文化,尤其是儒家经典中有大量反映。儒家讲"身心关系和谐"、"人际关系和谐",也讲"人与自然关系和谐"及"自然之间关系和谐"。在孔子那里就有由前两者推及后两者的论述。孔子说:"知者乐水,仁者乐山。"①朱熹注说:"智者达于事理而周流无滞,有似于水,故乐水;仁者安于义理而厚重不迁,有似于山,故乐山。"在此用山、水来类比和描述仁、知。不仅如此,儒家还进一步指出君子与"爱物"、"仁"和"爱物"的关系,儒家认为"爱物"是君子必备的德性,所谓"君子以厚德载物"。能否爱物与能否爱人一样是衡量一个人道德境界高下的标准。《礼记·祭义》说:"断一树,杀一兽,不以其时,非孝也。"《大戴礼记·卫将军文子》亦记载孔子说:"开蛰不杀则天道也,方长不折则恕也,恕则仁也。"孔子主张寓"天道"于"人道"之中,要在"人道"的统一性中看出"天道"的统一性。因此,孔子既讲"天知人",又讲"人知天",强调人与自然之和谐互动。孔子还主张"钓而不纲,弋不射宿"(《论语·述而》)。即只用鱼竿去钓鱼,而不用渔网去大量捕鱼,不去射杀夜间在巢穴里睡觉的小鸟。这充分体现了儒家尊重自然、善待自然,极力维护人与自然之和谐的价值取向。

　　孟子说:"尽其心者,知其性也。知其性,则知天矣。"(《孟子·尽心上》)孟子把天和人的心性联系起来,主张"尽心"而"知

_____

　　① 《论语·雍也》。

性"，"知性"而"知天"，以人性为中介把天和人沟通和统一起来。《孟子·尽心上》云："亲亲而仁民，仁民而爱物。"①主张把爱心从家庭扩展到社会，再从社会而扩展到自然界，从而给仁爱之心赋予生态道德含义。儒家的"人与自然关系和谐"与"人际关系和谐"甚至"身心关系和谐"是联系在一起的，孝、恕、仁、天道是紧密联系，对自然的态度与对人的态度不可分离。同时，人与自然关系和谐在儒家伦理最高层次——"中庸"中也有表现，"中也者，天下之大本也，和也者，天下之达道也，致中和，天地位焉，万物育焉。"②

儒家的"乐文化"也体现了"人与自然关系和谐"。《论语·先进》记载：孔子让弟子各言其志，子路、冉有、公西华的回答都不能令孔子满意，轮到曾点："鼓瑟希，铿尔，舍瑟而作。"曰："暮春者，春服既成，冠者五六人，亲子六七人，浴乎沂，风乎舞雩，泳而归。"孔子听了，喟然叹曰："吾与点也。"曾点的志向是投身于自然，超然物外，忘世自乐，悠然自适。孟子也有相关表达："万物皆备于我矣，反身而诚，乐莫大矣。"（《孟子·尽心上》）

广义的儒家思想是整合了道家思想的儒家思想。在"人与自然关系和谐"观念上二者有许多共同点。不过儒家侧重于从人际关系和谐来推及人与自然关系和谐；而道家则更是强调后者，人与自然关系或自然与自然关系的和谐是更为根本的。老子就说："人法地，地法天，天法道，道法自然。"（《老子》二十五章）人应回归天地自然。庄子更明确指出："天地与我并生，而万物与我为一。"（《庄子·齐物论》）道家的乐文化更体现了"人与自然的和

---

①　焦杰：《论语·孟子·孝经·尔雅》，辽宁教育出版社 1997 年版，第 75 页。

②　《中庸》。

谐"。"知天乐者,其生也天行,其死也物化,静而与阴同德,动而与阳同波,故知天乐者;其动也天,其静也地,一心定而王天下,其鬼不察,其魂不疲,一心定而服万物,言以虚静推于天下,通于万物,此之谓天乐。"(《庄子·天道》)道家认为"乐"是在自然界和谐中体会到的与道冥合、与天合一的生命愉悦。因此,庄子把目光投向宇宙自然,从自然和谐中求得心灵的安慰。

儒道佛在宋儒那里实现了较好的整合。这种融合使宋儒的"人与自然关系和谐"思想更加突出。如:周敦颐讲:"天以阳生万物,以阴成万物,生,仁也;成,义也。故圣人在上,以仁育万物,以义正万民。天道行而万物顺,圣德修而万民化;大顺大化,不欠其迹,莫知其然之谓神。"(《太极图说》)张载更提出"民胞物与",其《西铭》对人与自然和谐,做了经典的描述,"乾称父,坤称母,予兹藐焉,乃混然中处。故天地之塞,吾其体;天地之帅,吾其性。民吾同胞,物吾与也。"二程也提出:"仁者与万物为一体。"程颢说:"仁者以天地万物为一体,莫非己也。认得为己,何所不至。""若夫至仁,则天地为一身,而天地之间品物万形为四肢百体。天人岂有视四肢百体而不爱者哉?"①

总之,在中国传统文化中,无论是儒家还是道家,都极力追求"天人合一"。"天人合一"是中国传统文化人与自然和谐发展的世界观,其核心是关爱人类,保护自然,从而实现人与自然的共存共荣。它肯定人是自然界的一部分,人与自然是一个不可分割的整体,二者彼此相通而又血肉相连,一荣俱荣,一损俱损;"天人合一"观倡导重视生命价值,兼爱宇宙万物。国学大师张岱年指出,

---

① 转引自陆自荣:《关系和谐:儒家伦理的主要特征》,《船山学刊》2004年第6期,第52页。

"'天人合一'的最高原则是:'先天而天弗违,后天而奉天时',裁成天地之道,辅相万物之宜'(《周易大传》),使人与自然达到协调的境界"。① 中国文化中所表达出的人文关怀和人与自然和谐相处的思想,对我们今天构建社会主义和谐社会有重要启迪和借鉴意义。

(二)天人和谐观对于建设和谐社会的意义

1. 天人和谐价值观是建设和谐社会、实现人与自然协调发展的重要思想前提。胡锦涛同志指出,"实现社会和谐,建设美好社会,始终是人类孜孜以求的一个社会理想,也是包括中国共产党在内的马克思主义政党不懈追求的一个社会理想。"②"我们所要建设的社会主义和谐社会,应该是民主法治、公平正义、诚信友爱、充满活力、安定有序、人与自然和谐相处的社会。"这一重要论断的提出,标志着社会主导价值取向在天人关系方面从"斗争哲学"到建设"和谐社会"的重大变革。建设和谐社会,必须解决好人与人、人与自然两个系列的和谐问题。如果不能处理好人与自然的关系,就不能实现生产发展、生活富裕和生态良好的统一,就不能实现人与自然和谐相处。如果资源严重短缺,环境日益恶化,那么,整个社会将不能达到和谐状态。由此还会引发人与人之间的矛盾和冲突。所以,建构天人和谐价值观,符合实现人与自然和谐发展的客观要求,是建设和谐社会的重要思想前提。

2. 天人和谐价值观有利于跳出人与自然二元对立的思维方式。在人与自然关系上的"人类中心主义"和"非人类中心主义"

---

① 张岱年:《张岱年全集》第 6 卷,河北人民出版社 1996 年版,第 161 页。

② 胡锦涛:《在省部级主要领导干部提高构建社会主义和谐社会能力专题研讨班上的讲话》,《人民日报》2005 年 2 月 20 日。

把人与自然截然分开,是一种二元对立的思维模式。这种思维的价值取向,"要么人为地制造非此即彼的取舍价值,要么人为地设计亦此亦彼的二元混淆价值,要么人为地造作分久必合、合久必分的二元循环价值"①,将人与自然绝对地对立起来,由此造成了人与自然尖锐的矛盾冲突。建构天人和谐价值观,超越了人与自然二元对立的思维方式,既可以克服人类中心主义拒斥和奴役自然的错误立场,又可以克服非人类中心主义拒斥、忽视人的利益的空想主义的偏颇。这种价值观既重视人的利益、人的价值,又强调生态整体平衡的利益和自然价值,追求人与自然共生共荣,协调持续发展。

3. 天人和谐价值观有利于缓解全球生态危机和人类生存危机。天人和谐价值观,既摒弃了"人类中心主义"与"非人类中心主义"二元对立的形而上学的思维方式,同时坚持了马克思主义的辩证自然观,又继承了我们传统文化中的和谐思想,是对天人合一观的一种积极扬弃和升华,成为科学的、现实的价值取向,便于人们接受,这有利于缓解全球生态危机和人类生存危机。②

（三）天人和谐价值观的内涵

天人和谐价值观追求人与自然的协调持续发展,既肯定人类价值,又尊重自然价值,强调人与自然的共生共荣。具体说来,天人和谐价值观内涵主要包括以下方面:

1. 人与自然的对立统一关系是天人和谐的前提。

人与自然对立统一,这是马克思主义的辩证自然观,也是天人和谐价值观的根本观点。

---

① 张立文:《和合哲学论》,人民出版社2004年版,第253页。
② 赵安启、张宏程、全锐:《天人和谐价值观发微》,《理论导刊》2006年第4期,第62页。

（1）人与自然的对立。人与自然的对立从人类产生就开始了。表现在：首先，自然界从不会自动地去满足人类生存和发展的需要。其次，自然界是与人类相对的一种强大的异己力量。在现实生活中，自然灾害时有发生，威胁着人类的生存。几千年来，人类大肆挥霍着地球上有限的资源，不遗余力地试图去改造自然，可是几千年的文明积累抵不上大自然的一次震怒，它几乎只用一瞬间便可以唤醒人类关于灾难的记忆，使人类陷入生存困境。

（2）人与自然的统一。人与自然的统一表现在：首先，人是大自然长期进化的产物，是自然界的一部分；其次，从现实关系方面讲，人与自然的统一是人与自然共同发展的基本条件，人是在大自然中生存和发展的，人与众多生物共同创造了适应自己生存和发展的自然环境。如果人类为了自己的某种追求而破坏自然，最终将失去自己的生存基础。因此，人要依靠自然而生存与发展，自然也同样需要人来管理和优化。

（3）天人和谐价值观坚持人与自然既对立又统一的观点。人与自然的对立统一关系，既不是简单地把人归附于自然，也不是简单地把自然归附于人来实现的，而是在实践中，通过自然的人化和人的自然化的辩证运动来实现的。在马克思那里，"自然的人化"与"人的自然化"是统一过程的两个不可分割的方面。一方面，通过劳动，人使自然界消除了原始直接性，成为对人有用的"现实的自然界"；另一方面，人也是自然的产物，通过劳动，作为与动物的感觉相区别的"人的感觉"因"人化的自然界"的存在而产生出来，"自然的人化"使人的"特殊的感性的本质力量"得到客观的实现。[1]

---

① 张立文：《和合哲学论》，人民出版社2004年版，第254页。

2. 天人和谐价值观肯定人的价值。从价值哲学的视角看，在处理人与自然关系的问题时，人具有能动性，表现为：一是具有能动的价值意识；二是具有能动的价值创造。所谓能动的价值意识，就是指人类特有的不仅能够准确认识、感知他与生态系统共生共存共荣的依赖关系，而且能够对生态环境做出有益于其整体发展的近期、长期、局部、整体目标的计划或规划设想。而许多动植物尽管也可能对适宜于自己的生存环境有令人惊异的把握，但无论如何不可能像人类那样对生态价值有理性自觉的把握。

所谓能动的价值创造，乃是指人类一开始就不满足于生态客体对自身的天然满足，从火的使用、工具的发明到文明社会的建立，人类与自然关系的实现，基本上是在自然界的人化过程中完成的。这在所有非人的生物物种中是无论如何不可能的，价值意识与价值创造是只有人类才具备的。在这一点上说，人毕竟是高于其他物种的理性动物，有其主动性、能动性和创造性。也正因为如此，在对待自然界的问题上，人类要起主导作用，人类必须运用自己的理性智慧来自觉地、合理地维护自然、管理自然，从而展开对象性活动。

总之，满足人的需要、提高人的素质、实现人的价值、促进人的发展是社会发展的本质要求，也是衡量社会进步的根本标准，离开人的需要谈发展是毫无意义的。马克思主义的社会发展理论认为，人的全面发展既是社会全面发展的基本条件，也是社会发展的最终目的，任何社会的发展都必须重视人本身的发展。"要不是每一个人都得到解放，社会本身也不能得到解放"。天人和谐价值观首先是一种立足于解放人并实现人的现代化的价值取向。所以说，高扬人的价值，是人与自然和谐发展的首要内容。

3. 天人和谐价值观尊重自然价值。传统的价值范畴仅以人为主体,以人类所特有的主体性、实践能力与人所追求的目的作为价值的前提。而天人和谐价值观将一切自组织系统(最主要的是生命系统)都视为价值主体。承认自组织系统具有内在价值和外在价值。

所谓内在价值(目的价值),指的是生命系统维持自身存在与繁衍这个最高目的本身就是一种价值,这是系统自身所固有的,不以任何外部观察者、评价者和行动者的需要、愿望、利益为转移。它自身就是评价者与行动者。内在价值不是为了别的什么目的而存在,不是成为其他目的的手段价值。所谓外在价值(工具价值),就是功用价值、使用价值,即凡有助于自组织系统实现自身内在价值的事物或行为所具有工具、手段的意义。①

天人和谐价值观认为,所有的生命系统包括人类自身在内,都有它们的内在价值,以及由这些内在价值投射到周围环境而赋予它们以工具价值,某些生态系统的内在价值又可以转换为相对于别的系统的工具价值。于是这些价值之间相互冲突又相互协调,它们整合成更高的整体的自然价值。正如罗尔斯顿所指出的:"自然系统的创造是价值之母,大自然的所有创造物,只有在他们是自然创造性的实现的意义上,才是有价值的……凡存在自发创造的地方,就存在着价值。"②这就是说,自然界的价值就体现在自然物本身所具有的创造性。这些具有价值的自然物不仅极力通过对环境的适应来求得自己的生存和发展,而且它们彼此相互依赖、

---

① 张华夏:《现代科学与伦理世界——道德哲学的探索与反思》,湖南教育出版社1999年版,第227页。

② [美]霍尔姆斯·罗尔斯顿:《环境伦理学》,中国社会科学出版社2000年版,第182页。

相互竞争的协同进化也使得自然界本身的复杂性和创造性得到了增加,使自然界在演化中不断地发生突变,产生、创造出更多的新物种,使其从整体上更加有序化。这就是自然界的系统价值。

因此,所谓自然价值实质上就有了两种理论视角:其一是在对人的有用性上表现出的工具价值;其二是在自然的必然性上表现出的内在价值。对于前者,如自然具有满足人类的经济价值、医学价值、科研价值、审美价值等;对于后者,自然价值就集中体现为大自然自身的和谐稳定、物种的相互依存等。自然价值的功能表现为:一是提供稳定而基本的生存空间。二是提供足够的生活资料和生产资料。三是实现生态主体的自然竞争更新。这种自然竞争更新对个别物种是残酷的,然而对生态系统内部动态平衡的确立却是有益的。①

历史发展到今天,人类生存的困境昭示着:如果人类只从狭隘的利己观念出发,那么必将导致生存危机,而只有更好地理解和尊重自然价值,才能够拯救自我、拯救自然。对自然内在价值的肯定与尊重是人类价值意识的深化。

4. 天人和谐价值观追求人与自然的共生共荣。天人和谐价值观认为,人与自然并不必然是互斥关系,人类的生存和发展并不必然以破坏自然为前提,尊重自然价值也并不必然以牺牲人的生存发展权利为条件。人与自然协调统一、共生共荣的机制完全是可能的。

共生共荣关系是指人与自然之间互利共生、协同进化和发展。"共生"指的是人与自然以互相依存、互相开放的方式,形成作为整体的地球生态系统。自然环境的命运很大程度上取决于人,人

---

① 赵安启:《天人和谐价值观发微》,《理论导刊》2006年第4期,第43页。

的生存状态也取决于环境,二者密不可分。因此,理想状态应是二者和平共处、协调发展。为了生存,人类必须以友善的姿态向自然伸开双臂,这样自然才会同样地以友善的姿态回应我们。

"共荣"是共生的进一步延伸,即人与自然环境各自通过改善对方的生存状态而改善自身的生存。通过这种良性互动机制获得人与自然双重优化的宏观效果。共荣不是人原有生存状态的简单延伸,也不是自然原有存在状态的单纯继续,而是增加新的质、新的内涵,是优化、发展。一方面是人的生存状况得到改善,人得到了发展。而这又有利于自然环境的改善,因为人们无需为起码的生存而掠夺式地开发自然资源,还会把回归自然、美化环境作为高质量的生活来追求;另一方面是自然环境也得以优化、美化,生态质量得到提高。这反过来又会有益于人的生活质量的提高,因为自然条件的改善会为人类提供更舒适更优美的环境以及更丰富的资源等等。总之,共生共荣意味着人与自然耦合以形成一种互利、双赢机制,是双方良性互动、协调共进、不断优化的过程。

5. 天人和谐价值观维护地球生态系统的整体动态平衡。我们所拥有的地球是一个完美、稳定的生态共同体,一个进化发展的生态系统,一切价值之源。价值产生于地球生态系统一切事物的相互联系、需要、利用、合作、竞争的关系之中。内在价值、工具价值通过各自的连接机制整合于最高价值——地球生态系统的系统价值。地球生态系统的网络结构就是在内在价值与工具价值的转换之中,限制与维持物种的平衡之中保证所有物种的欣欣向荣,促进其整体保持动态的和谐与稳定,向着更有序、更完美的方向进化。

地球生态系统的这种整体动态平衡是人类生存发展的最基本保障,在一定意义上说,天人和谐价值观就是要维护这个最基本保障,满足人类的基本需要。这同时也决定了人类活动的客观范围,也就是说,人类的所有实践活动必须在不破坏地球生态系统整体动态平衡的基础上进行,必须在生态环境承载力允许的范围内进行。在一定程度上说,这实际上是对人类活动的一种"限制",对带来环境破坏的人类生产方式、生活方式、社会组织等方面的限制。人类只能认识自然规律,而不能粗暴地改变自然界运行法则,只能利用自然而不能无限度地损害自然。在生态环境允许的范围内,人才有生存发展的余地,才有管理、优化自然的权力和义务,才有利用自然的合理理由。超出生态环境允许的范围,和谐、发展都将是一句空话。

综上,天人和谐价值观强调人的价值,但不是狭隘的人类中心主义;强调自然价值,但不等同于非人类中心主义;强调人与自然的共生共荣、和谐发展,但不是朴素的、不切实际的天人合一。天人和谐是一种超越了人类中心主义与非人类中心主义,在更高层次上实现了人与自然和谐的新型辩证价值观。

(四)天人和谐的现代问题

(1)人类活动对自然界的影响。首先表现在人通过自己的活动,改变自然界的面貌,给自然界打上人和社会的印记。开垦活动使沙漠变成了绿洲,荒野变成了良田,"北大荒"变成了"北大仓";种植和栽培使陆地上的植物发生了变化,饲养和杂交使动物的品种增加起来;矿藏开发,电塔林立,公路铁路遍布大地,工业迅速发展,城市不断扩大,改变了地形地貌、生态环境、大气成分……总之,现代自然环境的面貌,远非原始自然环境可比。特别是人类建造的巨大工程,更是深深地给自然界打上了自己的印记,如埃及的金字塔、中国的长城,屹立地球之上数千载。

人的活动加速了自然界的发展变化。恩格斯曾经写道:"日耳曼民族移入时期的德意志'自然界',现在只剩下很少很少了。地球的表面、气候、植物界、动物界以及人类本身都不断地变化,而且这一切都是由于人的活动,可是德意志自然界在这个时期中没有人的干预而发生的变化实在是微乎其微的。"① 例如,动植物物种的进化,在自然形态下,需要几十万年、几百万年才能完成,但在人工培育下,只用几年的工夫就可以产生一个新的品种。地球表面无人干预的地方,在风化作用下,经过几万年几十万年,才会发生微小的变化。而在那些人们需要土地的地方,围湖、围海造田;在人们需要修路的地方,搬掉山头,凿通隧道,几年的工夫就会大变其样。

人的活动对自然界的影响是相当大的,能够大规模地改变自然环境。地球上相当一部分植物,是由人的活动造成的。在古希腊时期一共只有两种苹果树,现在则有一万种以上。在人的活动的作用下,许多农作物的种植地区不断扩大。马铃薯的故乡在南美,玉蜀黍原来生长在北美,西瓜则"出生于"非洲,在人的活动的作用下,它们已经遍布世界各国。

人的活动对自然界的作用,总的说来,是自觉的、有意识的。但人的活动在有目的地改变着自然环境的同时,也有预见不到的后果;对自然界既有好的影响,也有坏的影响。

人的活动对自然界的影响,与生产力发展水平、社会和人本身的发展水平有着密切的关系,且大体上成正比,即生产力水平越高,人的活动对自然界的影响也就越大。实践证明,在有利的方面和不利的方面都是这样。不同的是,当生产力水平、社会文明程度和人本身的发展达到一定阶段的时候,人们能够自觉地选择最佳

---

① 《马克思恩格斯全集》第20卷,人民出版社1995年版,第574页。

活动方案,尽量避免和消除不利的影响。因为,自然界的发展是无限的;人作为一个具体事物,作为物质进化的一种形态,它的认识和活动的手段是有限的。无论在什么时候,在自然界的深度和广度两个方面,人的认识总有达不到的地方;即使认识达到了,活动的手段也有达不到的地方。所以,人们不可能做到使灾害永不发生,永远只能趋利避害。

(2)现代科学技术条件下人的活动对自然界的影响。现代科学技术的发明和使用,使人的活动不仅在宏观上发生了质的变化,而且在广度上越出了地球的界限,扩展到了宇宙空间,在深度上进入了原子和细胞的内部,即在宏观和微观两个方面,都展示了给予大自然巨大影响的可能和现实。任何事物都有两重性,现代科学技术本身也有着自己特有的两重性,在给自然界和人类带来有利影响的同时,也带来了负面的影响。

由于现代科学技术的发展,人的活动已经对自然环境造成了全面的破坏。若不采取措施,一个生机盎然的自然环境,有可能变成人类无法生存的死气沉沉的大荒漠。由此可见,人类社会的历史,是人的活动的历史;它既是人的活动的建设性发展的历史,又是人的活动的破坏性发展的历史①。

(3)当今社会,经济竞争的加剧使生态环境破坏和环境污染骤然变得严重起来,全球气候变暖、臭氧层被破坏、生物多样性锐减、森林资源减少、淡水供应不足等生态环境问题已经成为全球性问题。而这些问题在我国也都不同程度地存在着,有的还很严重,已经影响到我国经济社会的发展,构建人与自然之间的和谐发展

---

① 刘长明主编:《和谐发展研究》,社会科学文献出版社2007年版,第78页。

已经到了刻不容缓的地步。

恩格斯曾告诫人们,不要过分陶醉于对自然的胜利,要正视自然界对人类的"报复"。① 从"天人和一"的和谐思想里,我们可以看出,人类认识自然,改造自然能力的提高,并不意味着人类在处理与自然的关系时,可以以征服者自居,为所欲为。人类已跨入的21 世纪正经历着工业文明转型,应该摒弃西方近代工业初期那种为征服自然而毁坏生态的观念,而应在物质文明高度发达的同时,恢复自然,保护生态,建构生态和谐,从而使人与自然不再是对峙、冲突的关系,而是和谐统一的关系。没有生态和谐的社会就不是真正的和谐社会。

古代的"天人和一"只是被动的和谐,而现在则是在熟悉大自然规律的基础上去主动地适应与创造人与自然和谐相处的美好环境,这是新时代人与自然和谐发展的新内涵。

（五）超越困境,探寻实现天人和谐的出路

第一,确立新的"社会—自然"观。传统的"社会—自然"观忽视社会结构中的人与自然的关系,甚至简单地把自然界看做是外在于人类社会的、不变的形而上学实体,是社会发展的外因。这是不全面的。事实上,人类社会结构具有两维性,一是人与人的关系,一是人与自然的关系,两者之间相互联系、相互作用、相互影响。正如马克思恩格斯所指出的:全部历史"第一个需要确认的事实"就是"个人对自然的关系","任何历史记载都应当从这些自然基础以及它们在历史进程中由于人们的活动而发生的变更出发"。② 社会既是人与人的现实统一,又是人与自然的现实统一。

---

① 《马克思恩格斯选集》第 4 卷,人民出版社 1995 年版,第 383 页。
② 《马克思恩格斯选集》第 1 卷,人民出版社 1995 年版,第 67 页。

人化的自然界与自然界的人化是社会发展的根本向度。将"人与自然和谐相处"作为构建社会主义和谐社会的内在要求提出,是正确的"社会—自然"观。

确立新的"社会—自然"观,需要我们全面认识自然界对人类生存发展的多重意义和价值。只用经济的眼光对待自然,是片面的,不利于人类的生存和发展。随着对生态危机的反思,一些学者越来越重视自然界生态系统价值的多样性。① 在构建人与自然和谐社会的进程中,我们在重视自然界的经济价值的同时,应当特别重视自然界作为生命和健康摇篮的价值、作为审美对象的价值、作为文化根基的价值、作为科学研究对象的价值、作为愉悦身心的休闲价值。将自然界的多元价值相互综合,可以避免由于片面突出经济价值而恶化的生态危机。

第二,确立新的发展观。中外历史实践表明,不同的发展观会产生不同的发展模式,不同的发展模式又会带来处理人与自然关系的不同结果。随着资本主义兴起而形成的发展观,曾经长期支配着近代社会。其核心就是以经济增长为目标,片面追求经济效益,将其视为社会发展的唯一尺度。这种发展模式造成的后果是,为了经济增长而牺牲生态环境,为追求 GDP 而忽视社会和人的健康全面发展。环境的破坏使人面临生态家园的失落,伦理道德的发展滞后又使人面临精神家园的失落。人们越来越"失魂落魄"式地生活在"无根的世界"。

一种有别于传统发展观的新的发展观,在反思中得以逐步形成。这种发展观的主要特点是:(1)不再片面追求以经济增长为

————————

① 曾建平:《自然之思:西方生态伦理思想探究》,中国社会科学出版社2004年版,第53—54页。

目标,而是以人的全面发展和社会的全面发展为目标。(2)不再是片面以发展的"客体"(物)为中心,而是以社会的发展主体(人)为中心。(3)不再将科学技术与人文精神相分离,而是实现科学技术与哲学社会科学的同步发展。(4)不再认为发展是没有极限的,而是实施将人类活动限制在自然生态能够容纳的范围之内。

这种新的科学发展观既以肯定人与自然的统一为前提,又充分认可人在自然面前的积极的能动性。它明智而适度地对待自然界,既肯定人类的生存和发展离不开对自然界的改造,又要求将这种改造活动保持在合理的阈限之内。它所倡导的人与自然的协调发展,要求社会生产力与自然生产力相和谐,经济再生产与自然再生产相和谐,经济系统与生态系统相和谐,从而实现在保持自然资源质量和持续供应能力前提下的可持续发展,在不超越环境系统涵容能力和更新能力前提下的人类社会的健康发展。

第三,确立新的消费观。《21 世纪议程》指出:"地球所面临的最严重的问题之一,就是不适当的消费和生产模式,导致环境恶化、贫困加剧和各国的发展失衡。"[1]发展循环经济是实现由粗放式生产到集约化生产、解决环境与发展矛盾的根本途径,是在发展中解决生态问题的治本之策。循环经济的基本原则是"减量化、再利用、再循环"(简称 3R 原则),三者不可或缺。

除了经济增长方式的改变,还需要倡导消费观念的转变。在当代资本主义制度下,不仅存在着劳动异化,而且存在着消费异化。所谓"消费异化",指的是通过制造"虚假的需要",来对人们

---

[1]　万以诚等:《新文明的路标:人类绿色运动史上的经典文献》,吉林人民出版社 2000 年版,第 47 页。

实现强迫性的消费。人们通过金钱获得物品的目的,只是为了占有它们,实现一种被刺激起来的虚幻满足。如弗洛姆所指出的那样,"人本身越来越成为一个贪婪的被动的消费者。物品不是用来为人服务,相反,人却成了物品的奴仆"。① 这种过度奢侈的消费加剧了环境污染,强化了生态危机。我们应当遏制人无尽欲望的膨胀,引导并确立合理、文明的消费观。

第五节　科学精神与人文精神的双重不足与缺失

　　科学精神与人文精神的关系是社会现代化进程中的重要问题,也是当前我国构建社会主义和谐社会的文化面临的重要问题。从社会发展角度看,现代化进程是社会转型的过程。近代以来,许多国家和地区在社会向现代化转型的时期,都出现了科学精神和人文精神的碰撞或矛盾,而对两者关系的处理,又反过来影响着社会转型能否顺利实现及其代价之大小,影响着社会主义和谐社会的构建。

一、科学精神与人文精神的界定

(一)克服对科学精神的片面理解,重塑当代科学精神

　　有学者指出,对科学精神大致有三种理解:第一,以"实证性"为原则,把"科学"作为与"非科学"进而与"错误"相对立的概念,由此与"精神"组合起来的"科学精神"就成了"正确精神"的代名词,于是,人类一切美好、崇高、值得肯定的精神价值都可以归结为

---

① 弗洛姆:《在幻想锁链的彼岸》,湖南人民出版社1986年版,第174页。

科学精神。第二,将"科学"作为一种职业,科学精神就成为一种特定的职业精神,进而将从事这一职业的人即科学家们通常具备的精神品质作为科学精神的代表,如"理性精神"、"批判精神"、"创造精神"……等等。这种意义上的科学精神实际上相当于"科学家的精神"。第三,将"科学"从学科的意义上去理解,从科学这门学科所具有的特性中提升出"科学精神"的要义,并从科学和科学以外的学科,尤其是人文学科的区别中,归结出科学精神不同于其他精神尤其是人文精神的特质。从科学活动的客观性、精确性、实证性、效用性等显著特点中,或从科学所普遍持有的观念和使用的方法中,可以归纳出科学精神的大致内容是:以物(外在对象)为尺度,追求真实、探索规律、推崇理性、重在获取真知、注重实证依据、实现最大功效。即人们通常所说"客观精神"、"理性精神"、"实证精神"、"实效精神"等等。① 由上可以看出,当代的科学精神包含了实证性又不能仅仅归结为实证性,包含着功利追求但又不能仅仅看做功利性意向。它体现着人类对客观性、真理性、合理性的追求与创造。

(二)消除对人文精神的片面理解,重建当代人文精神

目前人们至少在三个层次上使用"人文精神"的概念:第一,在最广义上使用,把人文精神看做"人类精神",或再加一种褒义的限制,定义为"在历史中形成和发展的、由人类优秀文化积淀、凝聚、孕育而成的精神",它包括追求崇高的价值理想,崇尚优良的道德情操,向往和塑造健全完美的人格,热爱和追求真理,养成和采取科学的思维方式等等。显然,在这一层次上理解的"人文

---

① 王平:《论科学精神与人文精神的融通与共建》,《贵州民族学院学报》2005年第5期,第16页。

精神"，凡是人类美好的精神都包括在这种人文精神之中，如此理解，则科学精神也成为人文精神的一部分。第二，在知识主体上使用，把人文精神看做是人文知识分子身上体现出来的精神价值，即通常所说的"文人精神"。毫无疑问，知识分子，尤其是人文知识分子，对于人文精神的价值具有更自觉的意识，对人文精神的话题有着更热切的关注，对于弘扬人文精神也有更迫切的愿望。然而，如果把人文精神仅仅看做专属于知识分子或人文知识分子圈的东西而使之与社会大众相隔离，则这种人文精神必然失去其最广泛的生存基础，无助于社会文明发展和精神进步。第三，在学科意义上使用，把人文精神看做是从人文学科和人文文化中提升出来的一系列价值观念、共同准则和规范特点等。与科学精神的内容相对应，人文精神的内容包括：以人为中心，开掘主体的内在感受，推崇觉智、追求美好、重在良善、实现浪漫情怀、向往健全完美的人格等价值理想。① 这种意义上的人文精神，就是对专属于人的那些特性的弘扬和开掘，就是推动一种有别于科学认识的探究活动，去展现人的内心世界以及它与外部世界的交相辉映。人文精神中包含着对人的生存价值、人性的提升、人类的前途命运等终极关怀的高度关注。当下，人们普遍关注的"人文精神"的衰落，指的是人们因过度关注眼前的物质利益追求而对一些根本性的人类问题不再关心，对不能马上带来眼前利益的人文学科失去兴趣，对带有形而上的终极性问题不再追问，由此而导致社会和人群的人文境界的低落。

---

① 王平：《论科学精神与人文精神的融通与共建》，《贵州民族学院学报》2005年第5期，第16页。

二、科学精神与人文精神的冲突裂变

科学理性与人文精神,作为人类精神的两个侧面,它们在本质上是和谐、统一的。这种统一在早期是一种原始的、朴素的、未经分化的统一。到了近代,由于启蒙主义精神与科学理性传统相互促进,两者和谐发展;然而在此后相当长的时间里,由于片面强调科学理性的作用,又产生了两种对立的观点——唯科学主义与反科学思潮。进入 20 世纪以后,随着对科学理性认识的进一步深入,出现了科学的人文化趋势;21 世纪,科学理性与人文精神必将在新的实践基础上重新融合。

人文精神与科学精神的分野与对立,根源于 15 世纪下半叶以来随着近代科学技术的发展所产生的物质繁荣与人性扭曲的双重效应。现代科学技术和工业的巨大发展,创造出极其繁荣的物质文明,与此同时,也造成了人性的扭曲与压抑。一方面,在现实生活中,人文发展与科技进步呈现出日益分化的趋势,在客观上形成了人文精神与科学精神的分离态势;另一方面,当人们对科学技术及其功能进行反思时,又在思想上对科学精神和人文精神产生了过于片面或偏执的理解,从而在主观上形成了人文精神与科学精神的对立认知。

(一)正视科技进步与人文发展的现实对立

从历史的角度看,人文发展与科技进步的分化与对立主要是近代科学技术产生以来的事。近代科学技术史上的一切发现、发明及其广泛运用,一方面极大地强化了人的认识和实践能力,发展了人的主体性,创造出巨大的物质和精神财富,改变了人的生产方式、生活方式、思维方式、情感方式等,拓展了人的生活和发展空间,产生出巨大的正面效应;另一方面也加剧了人类与自然、个人与社会、人的物质生活与精神生活之间的分化与对立,在现实社会中造成了人文文化与科技文化的对立和冲突,相应地在精神上带来了人文精神与科学精神的分化与对立。

正是这两个方面的问题相互交错,演化出了当前人类社会的各种"现代病"。例如,在人与自然的关系问题上,生态问题、资源问题、气候问题、物种问题等日趋严重,这些问题实际上是以"天灾"方式表现出来的"人灾",以至造成人类自身生存的危机、发展的极限等。在人与社会的关系方面,阶层矛盾、民族矛盾、国家与国家、国家集团间的矛盾等并未随着社会财富的迅速增长和全球一体化进程的加速而消失或减弱,而是以更加复杂多变的形式存在,并时常以异常尖锐的形式表现出来,如"911"事件、反恐战争等。在人的精神生活领域,拜金主义的横行、物欲主义的泛滥、精神家园的迷失、人文关怀的淡漠、宗教信仰的冲突、行为方式的失范等种种现象被归结为人文精神的失落。这些都是科学理性与人文精神冲突裂变的现实表现。

(二)"科学的时代"与文化异化

自近代科学的大厦在 17 世纪基本建立以来,科学在各个领域都表现了它的巨大潜力,人们把科学奉为新的神明和人类的救星。科学打破了神学的教条而把力学奉为新教条,推翻了人们对上帝的崇拜而建立了对科学理性自身的崇拜。人们仅盯着科学所能触及的领域,而把在人类生活中起非常重要作用的人的情感、信仰等精神因素以及人自身排除在视野之外,把任何非理性的东西都视为不可理解的甚至是荒谬的东西。这种状况人为地造成了科学理性和人文精神的割裂,不利于人类自身的发展和人类知识的完善。

由于近代科学对中世纪神学的胜利,以及它在技术上的巨大成功,我们在某种意义上把近代标示为"理性的时代"或"科学的时代"。西方文明的发展与科学精神的张扬显示了人类理性的进步与胜利,也为人类取得了较大的生存空间及较大的灵活性。西方的科技照亮了整个世界,西方的理性滋润和启发了人们的心灵。在西方的文化舞台上,科学是主要角色。作为西方文化主义向度的科学理性,因其在技术上的巨大功利而被人们称为征服物质世界的"十字军"。[①] 人们醉心于用新兴的科学去索取财富,而忽视了人文关怀。在18世纪,人类获得的知识被传播到空前广阔的范围内,而且还被应用到每一个可能的方面,以期改善人类的生活。这个时代的一切理智和道德都被套在人类进步的战车上,这是前所未有的。19世纪,西方文明在富强的道路上疾驰,价值观念经受了更大的冲击,为积累财富所需的知识和理性活动为文教界所重视,而人文文化由于其无助于直接换取市场上的优势而受到冷遇。科学与人文的对立,随着科学技术的发展而愈演愈烈,形成了科学和人文精神相分离和对立的两种文化观。

(三)"人文精神"的诞生与变异

与此同时,近代科学技术诞生在文艺复兴运动之中。这场运动的实质是价值观念的转变。这种转变首先发生在人文文化领域,呼唤人性的解放,尊重人的价值、权利和作用。文艺复兴运动是工业生产诞生的思想基础。机器生产是近代工业生产的基本形式,机器是人的体力强化、智力物化的基本物质手段。机器是高效益的源泉和象征。这既刺激了机械力学的发展,但又在哲学上导致了机械论,在社会文化领域形成了机器文化。机械论哲学与机器文化的核心是崇拜机器。于是在生产领域,人成了机器的奴隶;

---

① 高剑平:《论科学精神与人文精神的相互整合》,《求索》2003年第4期,第155页。

在哲学领域,人被看做是机器;在社会生活领域,国家、各种组织都被看做是机器的不同形态,人与人的关系被看做是机器与机器、零件与零件之间的关系。用物性来说明人性,成为不可阻挡的思潮,这实际上是否定人性。于是,自然科学家在强调科学技术、工具、机器作用的同时,忽略了人的地位;而从事人文文化的专家则对此愤愤不平,开始反思乃至贬低科学技术的作用。文化被割裂成两种对立的文化:科学文化与人文文化,人的价值观念开始出现了大分裂,西方哲学也分成了唯科学主义与反科学两大思潮。科学理性与人文精神的分裂和西方文化与东方文化的隔阂直接导致了20世纪的文化危机。

三、科学精神和人文精神的统一与和谐文化建设
(一)和谐社会的提出呼唤人文精神的回归

西方社会现代化进程曾表现出二重性,一方面,科技和生产突飞猛进,社会物质财富急速增长,另一方面,出现了一系列现代化问题:个人主义、拜金主义、消费主义盛行,人的生存状态片面化,资源和环境的危机达到前所未有的程度。① 现代化问题表现在文化精神上,即科学理性和价值理性的碰撞。

我国也同其他国家或地区一样,社会向现代化急速转型,科学精神和人文精神的矛盾已不期而至。与社会变革相伴随,当代中国的文化精神正处于内在的动荡与变迁之中。改革开放引起的精神文化领域的变动乃至于震动,决不亚于物质或制度层面的变革。随着社会现代化进程的深入,科学精神与人文精神的碰撞已成为

---

① 陈新夏:《人的发展视域中的科学精神与人文精神》,《晋阳学刊》2006年第4期,第64页。

普遍现象,社会生活中的许多领域都贯穿着这一矛盾。现代化建设强调认识和实践的正确性,强调工具、手段的合理性,强调打破平衡和激励,强调功利、效率和发展,强调物质财富的增长和物质利益的满足。与之相对,人生存的目的和意义,社会生活中的道义、公平、价值及人的理想境界和精神追求等,便自然地退居次要地位甚至被忽略。这样,社会长期以来形成的精神状态被颠覆,认识和实践的正确性与价值合理性、合规律性与合目的性、人活动的目的与手段、义与利、公平与效率、物质利益与精神追求的矛盾日显突出,科学精神和人文精神的关系结构失衡,于是,便出现了"人文精神失落了"的慨叹和对人文精神的呼唤,以及由此引发的种种争论。当前"以人为本"、"和谐社会"等理念的提出,亦是基于对此类问题的反思而作出的回应。

(二)科学精神与人文精神在当代中国的双重不足与缺失

如果说在科学精神源远流长且长期显性存在的西方社会,人们在社会转型期尚会产生人文精神失落的危机感,并导致对社会现代化的反弹,那么在中国这样一个有着悠久人文传统且人文精神一直强势于科学精神的国度,这种碰撞对于社会现代化进程及其代价的影响显然将更为明显。就民族精神和文化传统的基本取向而言,中国的民族精神和文化传统的人文取向一直强于科学取向,在科学与人文、认识与价值、利与义、效率与公平等问题上,向来是轻前者而重后者。

科学精神与人文精神的矛盾,已在社会心理、文化和道德等领域引起种种争论和探讨。其中,由于研究的视角各不相同,有些探讨得出了似是而非的结论,尤其应指出的是,有关的反思总体上存在着一种片面的倾向,即主张抑科学而扬人文,似乎科学精神在我国已经彰显得过了头,应该有所限制。这一认识潜在的前提是:科学精神与人文精神在本质上是对立的,二者非此即彼。这种看法既误判了我国科学精神的现状,又片面地解读了科学精神与人文精神的关系。

由于社会发展特别是文化传统的原因,我国对科学精神的倡导肇始于"五四"时期,又由于历史的曲折,科学精神的真正普及并为人们所接受,只是近些年来的事情。客观地分析,即使在认同"科学技术是第一生产力"的今天,科学精神在我国也不是倡导得过了头,而是还很不够,因为人们对科学意义的理解,更多是停留在手段、器物的层面,而非文化精神的层面。① 强调认识和实践的正确性,强调工具、手段的合理性,强调打破平衡、注重激励,强调功利、效率和发展,这种观念和行为取向,对于当今的现代化建设和人的现代化仍然是十分必要的。这表明,弥补人文精神缺失的路径,不应是限制科学精神,而是协调科学精神与人文精神的关系,即在彰显科学精神的同时弘扬人文精神,科学精神与人文精神同样重要,二者不是势不两立的敌对关系,而是彼此依存、相互促进、共同发展的。值得注意的是,应使二者之间始终保持一种合理的张力,如果片面强调任何一方而忽视、抑制另一方,都不利于社会和人的和谐、全面发展。一味强调功利、效率、操作和增长,忽视人文精神的并行发展,势必会使社会和人的发展片面化,丢失传统文化精神中的人文精华,导致精神危机和人生意义的失落。另一方面,以抑制科学精神来弘扬人文精神,势必矫枉过正地导致非科学甚至反科学因素的回潮,影响现代化建设的顺利进行,使我国的社会现代化进程付出更大的代价。

---

① 陈新夏:《人的发展视域中的科学精神与人文精神》,《晋阳学刊》2006年第4期,第64页。

（三）和谐文化建设倡导科学精神与人文精神的融合

在根基上阐明科学精神与人文精神的关系，应从人的全面、整体发展视角切入。离开了人的发展总目标，单纯地谈论人文精神或科学精神，难免会陷入将人文精神与科学精神对立起来的误区。

在社会现代化进程中，既不能因强调科技与经济发展而忽视人文精神，又不能因张扬人文精神而抑制科学精神，而应协调二者，使两种精神之间保持一种张力，一种平衡的度。总体上说，协调两种精神的基本尺度和原则，应是有利于人和社会的全面和谐发展。

社会主义现代化建设中的人文精神的建构，关键是确立以"人的自由全面发展"为核心的价值取向。马克思关于人的发展思想，蕴涵着对人的生存价值和意义的深刻理解。在马克思看来，人的全面发展、自由发展、自由个性，皆是就人的本质对象化而言的；自由全面发展的人，是实践、劳动、生产中的人，即人在创造中不断丰富个性，充分发展自己的天赋和能力，将自己的知、情、意在对象中体现出来，因而人的"发展"，主要地或根本上不在于无限制地享受或消费。人的发展，无论是"全面"的还是"自由"的发展，都并非享受意义上的，而是活动、实践、创造意义上的；只有活动、实践、创造，才能本质地显现人生存的价值和意义。从而，人生存的最高价值和意义，与其说是物质上的，不如说是精神上的。

人文精神的实质，是对人生存价值和意义的肯定与关注，亦即追求人的发展。在现代化进程中，确立和弘扬人文精神，不仅要着眼于人文素质的培育和提升，进行人文教育，更要以人的发展为引领，正确对待社会发展中的一系列基本关系，如手段与目的的关系、合规律性与合目的性的关系、效率与公平的关系、物质生活与精神生活的关系等。在理解和处理这些关系中，应贯通"人本"理念：手段以目的为皈依，合规律性以合目的性为导向，协调效率与公平,平衡物质生活与精神生活。就个人而言,应重视生存价值和意义的自觉,确立合理的生存态度和需要定位,走出重占有甚于重生存的误区,避免"在毫无价值的状态中生存"①。

在和谐文化观念下,构建社会主义和谐社会,要确立以人为本的理念,提升人的生存价值和意义,必须超越"更多即是更好"的物欲观,摆脱拜金主义、消费主义的桎梏,拓展精神生活空间,提升精神生活质量,这是人的持续发展的主要途径。在物质生活已相当富足的当代,人们应将对生活幸福的追求转向精神生活、社会关系和闲暇方面。改善精神生活,不仅应丰富精神生活内容,更应提高精神生活质量,特别是提升人的精神境界。拓展精神生活空间和提升精神生活质量,是未来人的发展的基本趋势和特征,也是构建当代中国人文精神的主要切入点。

科学和人文是社会进步的车之两轮、鸟之双翼,缺一不可。科学和人文的融合是世界文化发展的总方向。只有同时具备这两种精神,人们对世界的把握才更全面,人类的实践活动才能更自觉。科学与人文汇流的趋势也已经露出端倪,"我们正朝着一种新的综合前进,朝着一种新的自然主义前进,也许我们最终能够把西方的传统(科学精神)与中国的传统(人文精神)结合起来。"②这种结合无疑能够使我们对世界的认识更加全面。人类未来的文化发展需要两种精神的汇流,只有如此人类的生活才会更加和谐。

①　丹尼斯·米都斯:《增长的极限》,吉林人民出版社1997年版,第152—153页。
②　普里高津等:《从混沌到有序》,贵州人民出版社1987年版,第57页。

第五章　社会主义和谐文化建设的理论路径探索

社会主义核心价值体系是和谐文化建设的根本,社会主义荣辱观是和谐文化建设的重要内容,营造和谐舆论氛围是和谐文化建设的环境条件,实现文化创新是和谐文化建设的主要手段。

第一节　社会主义核心价值体系是和谐文化建设的根本

社会主义核心价值体系是社会主义和谐文化建设的灵魂和根本。党的十六届六中全会作出的《中共中央关于构建社会主义和谐社会若干重大问题的决定》首次明确提出了"社会主义核心价值体系"的命题,指出:"马克思主义指导思想,中国特色社会主义共同理想,以爱国主义为核心的民族精神和以改革创新为核心的时代精神,社会主义荣辱观,构成社会主义核心价值体系的基本内容。"①并进而指出:"社会主义核心价值体系是建设和谐文化的根本。"这一文化理论创新对于巩固马克思主义在意识形态领域的指导地位,巩固和发展和谐社会的思想道德基础,促进和谐文化建

① 《中共中央关于构建社会主义和谐社会若干重大问题的决定》,《人民日报》2006年10月11日。

设具有重要的理论和实践意义。

一、建设社会主义核心价值体系的必要性管窥

建设社会主义核心价值体系,是适应现阶段我国社会思想观念新变化、新特点的要求;是社会主义市场经济发展的要求;是社会主义民主政治建设的要求;是社会主义先进文化建设的要求;是构建社会主义和谐社会的要求。没有社会主义核心价值体系的引领和主导,构建和谐社会、建设和谐文化就会迷失方向。建设社会主义核心价值体系,对于我们党团结带领全国各族人民开拓前进、战胜艰难险阻、抵御错误思想、形成全民族奋发向上的精神力量和团结和睦的精神纽带,具有巨大的作用。

(一)是巩固马克思主义在意识形态领域指导地位的需要

核心价值体系,是社会意识的本质体现,决定着社会意识的性质和方向。任何社会都有自己的核心价值体系。[①] 改革开放以来,随着我国经济体制深刻变革、社会结构深刻变动、利益格局深刻调整、思想观念深刻变化,人们思想活动的独立性、选择性、多变性和差异性进一步增强,这一方面有利于人们更新观念、拓宽视野、激发活力,但也带来了人们价值取向的多样性,思想观念的五花八门,正确的与错误的、先进的与落后的、主流的与非主流的思想观念相互交织。这种现实迫切要求我们对社会主义核心价值体系作出清晰界定。提出建设社会主义核心价值体系,就是树起一面旗帜,旗帜鲜明地告诉人们,无论社会思想观念如何多样、多变,无论人们价值取向发生怎样的变化,

---

① 雒树刚:《建设社会主义核心价值体系》,《党建研究》2006年第11期,第4页。

我国社会主义意识形态的核心部位不会动摇。建设社会主义核心价值体系的提出，有利于我们在迅速发展变化的新形势下和复杂多变的环境中，更清醒、更坚定地把握社会主义意识形态的本质，有利于我们更清醒、更坚定地坚持社会主义先进文化的前进方向。

（二）是形成全社会团结奋斗共同思想基础的需要

共同的思想基础是一个党、一个国家、一个民族赖以存在和发展的根本前提。没有共同的思想基础，党就要瓦解、国家就要分裂、民族就要解体。我们党历来重视共同思想基础的建设。毛泽东强调党要有"共同语言"，社会主义国家要有"统一意志"，讲的是共同思想基础建设。邓小平指出：我们这么大一个国家，要团结起来、组织起来，一靠理想，二靠纪律，否则建设就不能成功，[①]强调的是要加强共同思想基础建设。江泽民同志指出，"一个民族、一个国家，如果没有自己的精神支柱，就等于没有灵魂，就会失去凝聚力和生命力。"[②]这强调的还是共同思想基础建设。胡锦涛同志多次指出要增强"民族精神"，巩固"精神支柱"、形成"共同理想信念"。为什么我们党长期以来一直强调共同思想基础建设，而在今天仍产生了对共同思想基础作出科学的概括和清晰的界定的需要？原因就在于，在社会思想观念和人们价值取向日益多样的情况下，有些时候，根本的原则的东西容易被自觉和不自觉地疏忽、淡化。提出社会主义核心价值体系，就明确揭示了我们共同思想基础的基本内涵和基本要求，将会推动全社会更加自觉地维护我们共同的思想基础。

---

① 《邓小平文选》第3卷，人民出版社2003年版，第111页。
② 《江泽民文选》第3卷，人民出版社2003年版，第559页。

（三）是引导全社会在思想道德上共同进步的需要

思想道德是经济基础的反映，而不是脱离历史发展的抽象观念。同我国还处在社会主义初级阶段相适应，同我国多种所有制并存相适应，同我国多种分配形式并存相适应，同对外开放的环境相适应，当前我国社会人们的思想观念、道德意识、价值取向越来越呈现出层次性。这种层次性要求我们，在思想道德建设上，一定要从实际出发，既要鼓励先进，又要照顾多数，把先进性要求同广泛性要求结合起来，对不同层次的人们提出不同的要求。我们不能因为存在着多层次的思想道德而降低甚至否定先进性的要求，对于共产党员来说要坚定不移地身体力行共产主义道德。我们也不能不顾人们思想道德的客观差异，用一个标准要求所有的社会成员，要倡导积极的，支持有益的，允许无害的，改造落后的，抵制腐朽的。我们还要针对人们思想道德上的层次性，坚持用先进的思想道德来引领全体社会成员在思想道德上不断提升、共同进步。用什么样的思想道德来引领人们在思想道德上不断提升和进步？提出社会主义核心价值体系集中回答了这个问题。社会主义核心价值体系，既体现了思想道德建设上的先进性要求，又体现了思想道德建设上的广泛性要求；既坚持了先进文化的前进方向，又符合不同层次群众的思想状况；既体现了一致的愿望和追求，又涵盖了不同的群体和阶层。社会主义核心价值体系有广泛的适用性和包容性，具有强大的整合能力和引领能力，是联结各民族、各阶层的精神纽带。

（四）是建设社会主义和谐文化的需要

党的十六届六中全会的《决定》鲜明地提出，构建社会主义和谐社会必须建设和谐文化。我们建设的和谐文化，是以社会主义核心价值体系为根本、为内在规定的和谐文化。建设和谐文化，就是建设社会主义先进文化。社会主义核心价值体系,汲取了中华民族优秀传统文化,吸收了世界优秀文明成果,不断在实践中创新发展。这就决定了社会主义核心价值体系有很强的创造力、感召力和包容性、整合性。在和谐文化建设中,抓住了社会主义核心价值体系这个根本,才能形成全社会共同的理想信念,增强全社会的凝聚力;才能树立全社会的和谐理念,培育全社会的和谐精神;才能形成全社会的良好道德风尚,形成全社会的和谐人际关系;才能营造全社会的和谐舆论氛围,塑造全社会的和谐心态。

二、社会主义核心价值体系与和谐文化建设

"社会主义核心价值体系"不能简单地与"和谐文化"相等同,它与"和谐文化"是两个既有内在联系又有重大区别的文化层次。一方面,不能用建设社会主义核心价值体系取代和谐文化建设;另一方面,建设和谐文化必须十分重视社会主义核心价值体系建设。

(一)社会主义核心价值体系内在规定了和谐文化建设的方向

和谐文化,是以社会主义核心价值体系为根本、为内在规定的,以崇尚和谐、追求和谐为价值取向,融思想观念、思维方式、行为规范、社会风尚为一体,反映着人们对和谐社会的总体认识、基本理念和理想追求,是中国特色社会主义文化的重要组成部分。国家需要构建核心价值体系,加强文化建设,才能形成可以促进人们之间合作和凝聚的文化共性,推动社会和谐发展。社会主义核心价值体系是和谐文化建设的引领和主导,只有坚持社会主义核心价值体系,才能形成全社会共同的理想信念,增强凝聚力;才能树立与社会发展相适应的和谐理念,培育和谐精神;才能营造出与社会主义和谐社会相协调的和谐舆论氛围,塑造和谐心态;才能形成具有中国优

良传统美德,又具有时代性的良好道德风尚,形成和谐人际关系。①

(二)社会主义核心价值体系概括了和谐文化建设的核心内容

"社会主义核心价值体系是建设和谐文化的根本"不仅把建设和谐文化作为构建社会主义和谐社会的重大任务,而且为建设社会主义和谐文化指明了方向,概括了和谐文化建设的核心内容。社会主义核心价值体系是建设社会主义和谐文化的根本;建设社会主义核心价值体系为和谐文化建设打牢共同思想基础;构建社会主义和谐文化,必须坚持以马克思主义特别是马克思主义中国化的新成果为指导;中国特色社会主义的共同理想和信念,是社会主义和谐文化的支柱和动力;大力弘扬民族精神和时代精神,使全体人民始终保持昂扬向上的精神状态,是和谐文化建设的主旋律;在全社会大力弘扬社会主义荣辱观,是和谐文化建设的基本任务。②

(三)社会主义核心价值体系对于和谐文化建设具有定性的意义

我们要构建的和谐社会是社会主义和谐社会,我们要建设的和谐文化也是社会主义社会的和谐文化,之所以会形成这样的和谐文化,即在于居于指导地位的是"社会主义核心价值体系"这一和谐文化的根本。

(四)社会主义核心价值体系对于和谐文化建设具有整合的意义

"和谐社会"是一种社会状态,而不是一种社会形态,因此"和

---

① 尹伶俐:《社会主义核心价值体系是建设和谐文化的根本》,《探求》2007年第2期,第51页。

② 袁爱宁:《论社会主义核心价值体系在建设和谐文化中的根本地位》,《中国特色社会主义研究》2007年第2期,第36页。

谐文化"也是一种文化状态,而不是一种文化形态。作为一种文化状态的和谐文化,意味着它是一种反映社会主义和谐社会要求的,由社会主义社会中多种多样的文化在相互协调中构成的和谐的文化状态。这是因为,在发展社会主义市场经济的过程中,伴随着公有制为主体、多种所有制经济共同发展的经济结构的形成,全社会从利益关系、活动方式到思想观念由单一化走向多样化,这在文化生活中表现得特别充分。社会生活中出现的多种多样文化,可以构成有序的状态,也可以呈现无序的状态。我们提出要建设社会主义核心价值体系,就是要协调和整合社会生活中出现的各种文化,使之成为一种有序的和谐文化。正如十六届六中全会《决定》所指出的:建设社会主义核心价值体系,是为了"形成全民族奋发向上的精神力量和团结和睦的精神纽带"。

(五)社会主义核心价值体系对于和谐文化建设具有引领的意义

通过建设社会主义核心价值体系,来协调和整合社会生活中出现的各种文化,并不是说可以不分良莠、不辨是非,形成一种文化大杂烩;而是要通过社会主义核心价值体系来引领各种文化,使之成为一种和谐文化。"引领",包括引导,也包括辨别。对于社会生活中出现的各种文化,我们要在辨别中引导,在引导中协调,在协调中整合。[1] 而辨别、引导、协调、整合并不是要泯灭文化差异、实行舆论一律,而是"坚持以社会主义核心价值体系引领社会思潮,尊重差异,包容多样,最大限度地形成社会思想共识"[2]。只

---

[1]　李君如:《社会主义核心价值体系与和谐文化》,《学习月刊》2007年第3期上半月,第3页。

[2]　胡锦涛:《中共中央关于构建社会主义和谐社会若干重大问题的决定》,《人民日报》2006年10月11日。

有这样,才能把社会生活中出现的各种文化整合成一种和谐文化。

三、以社会主义核心价值体系为根本,建设和谐文化

建设和谐文化,要坚持以社会主义核心价值体系为根本,打牢社会和谐的思想道德基础,最大限度地形成社会共识,凝聚人心,激发活力,为社会和谐提供文化源泉和精神动力。以社会主义核心价值体系为根本,才能在和谐文化建设中突出重点,保证正确的方向。

(一)坚持马克思主义指导地位

马克思主义是一个完整而严密的理论体系,是科学的世界观和方法论。马克思主义是社会主义意识形态的旗帜和灵魂,是我们立党立国的根本指导思想。在当代中国,坚持马克思主义的指导地位,就是要把马克思列宁主义、毛泽东思想、邓小平理论和"三个代表"重要思想作为党和国家长期坚持的指导思想,坚持以科学发展观统领经济社会发展的全局,坚持用发展着的马克思主义指导改革开放和现代化建设的实践。坚持马克思主义指导思想,就是要学习和掌握马克思主义唯物的观点、辩证的观点、实践的观点、群众的观点、阶级的观点、社会矛盾的观点等,运用这些基本观点来分析问题和解决问题,坚持以一切从实际出发、实事求是地分析和解决问题的基本方法为指导,来构建社会主义核心价值体系。只有坚持马克思主义指导思想,才能有效引导和整合社会思潮,在尊重差异中扩大社会认同,在包容多样中形成思想共识,团结不同社会阶层、不同认识水平的人共同进步。

社会越是多样化,就越需要引导社会协调发展的理想信念和奋斗目标;意识形态越是纷繁复杂,就越需要主心骨。构建社会主义和谐社会,面对思想文化和价值观念的多样化,我们更需要强调

和坚持指导思想和主导价值的一元化,重视和巩固社会的理想信念,确立和壮大民族的精神支撑;更需要坚持马克思主义的指导地位不动摇,坚持用发展着的马克思主义指导实践,牢牢掌握意识形态领域的指导权、主动权、话语权。

(二)坚定中国特色社会主义共同理想

在中国共产党的领导下,走中国特色社会主义道路,实现中华民族的伟大复兴,这就是现阶段我国各族人民的共同理想。为了实现这个共同理想,一切有利于国家富强、社会进步、人民幸福的思想和精神,一切有利于民族团结、祖国统一、人心凝聚的思想和精神,一切用诚实劳动争取美好生活的思想和精神,都应当得到尊重、保护和发扬。紧紧把握住这一点,就把握了社会主义核心价值体系的主题。

中国特色社会主义共同理想充分反映了我国最广大人民的共同愿望、利益和要求。在全社会树立和弘扬中国特色社会主义共同理想,是和谐文化建设的根本任务。这个共同理想,既实在具体,又鼓舞人心,昭示了我们要在中国特色社会主义道路上,在本世纪头20年,集中力量全面建设小康社会,再继续奋斗几十年,到本世纪中叶基本实现现代化,把我国建成富强民主文明和谐的社会主义国家。这个共同理想,既是对中国社会发展规律的正确认识,也是中国人民利益和愿望的根本体现,是号召全国各族人民团结奋斗的精神旗帜。这个共同理想,把党在社会主义初级阶段的目标、国家的发展、民族的振兴与个人的幸福紧密联系在一起,把各个阶层、各个群体的共同愿望有机结合在一起,具有令人信服的必然性、广泛性和包容性,具有强大的感召力、亲和力和凝聚力。不论哪个社会阶层、哪个利益群体的人们,都能够也应该认同和接受这个共同理想,并且为这个理想共同奋斗。

（三）弘扬民族精神和时代精神

民族精神是一个民族在长期共同社会实践中形成的民族意识、民族心理、民族品格、民族气质的总和，是一个民族生生不息、薪火相传的精神血脉，是民族文化最本质、最集中的体现。在五千多年的发展中，中华民族形成了团结统一、爱好和平、勤劳勇敢、自强不息的伟大民族精神。[①] 改革开放使我国各族人民焕发出巨大的创造活力，形成了解放思想、实事求是、锐意改革、开拓创新的鲜明时代精神。改革创新是时代精神的核心。民族精神和时代精神是相互交融的，深深熔铸在民族的生命力、创造力和凝聚力之中，深深熔铸在社会主义核心价值体系之中，使中华民族能够以昂扬向上的精神状态自立于世界民族之林。紧紧把握住这一点，就把握了社会主义核心价值体系的精髓。

历史证明，以爱国主义为核心的民族精神和以改革创新为核心的时代精神，是凝聚中华民族的重要思想基础，是各族人民团结和睦、共同奋斗的精神纽带。今天，构建社会主义和谐社会，建设富强民主文明和谐的现代化国家，实现中华民族的伟大复兴，是中华儿女的共同愿望，也是前无古人的伟大事业。伟大的事业呼唤伟大的精神。大力弘扬民族精神和时代精神，牢牢把握社会主义核心价值体系的精髓，才能传承中华民族自强不息、团结奋进的精神内涵，不断增强我们民族的自尊心和自豪感，使各族人民始终凝聚在爱我中华、振兴中华的旗帜下。

（四）践行社会主义荣辱观

荣辱观是人们对荣誉和耻辱的根本看法和态度，属于道德的

[①]　江泽民:《全面建设小康社会开创中国特色社会主义事业新局面——在中国共产党第十六次全国代表大会上的报告》,人民出版社2002年版,第559页。

范畴。道德是人们行为规范的总和,是一种通过社会舆论、教育感化、自身修养、传统习惯等作用来调整社会关系、维护公共秩序、保证社会生活安定有序的精神力量。在我们的社会主义社会里,是非、善恶、美丑、荣辱的界限绝对不能混淆,坚持什么、反对什么,倡导什么、抵制什么,都必须旗帜鲜明。① 以"八荣八耻"为主要内容的社会主义荣辱观,把中华民族的传统美德、党领导人民在长期奋斗中形成的革命道德,同社会主义新时代的道德要求紧密结合起来,提炼和概括出了八个方面最基本的道德规范,为在当今社会生活中确定价值取向、做出道德判断提供了基本准则。在全社会牢固树立和认真实践社会主义荣辱观,就能够扶正祛邪,扬善惩恶,促进良好社会风气的形成和发展。

在全社会确立和实践社会主义荣辱观,是和谐文化建设的基本任务。践行社会主义荣辱观,才能形成维系社会和谐的精神纽带。一个社会是否和谐,一个国家能否长治久安,很大程度上取决于全体社会成员的思想道德素质,取决于有没有共同的道德规范和普遍遵循的行为准则。在我们这样一个有 13 亿人口、56 个民族的发展中国家,实现社会发展、社会和谐的目标和追求,更需要确立普遍奉行的价值准则和道德要求。没有共同的道德规范,失去了普遍遵循的行为准则,就无法协调不同利益主体的相互关系,无法有效提升人们的精神追求,也就无法实现社会和谐。社会主义荣辱观明确了当代社会最基本的价值取向和行为准则,既有先进性的导向,又有广泛性的要求,贯穿社会生活各个领域,覆盖各个利益群体,涵盖了人生态度、社会风尚的方方面面,集中反映了

① 胡锦涛:《在全国政协民盟民进联组会上的讲话》,《人民日报》2006 年 3 月 5 日。

社会主义价值导向。树立社会主义荣辱观,才能凝聚人心、提升境界、激发活力,形成与社会主义核心价值体系相适应的良好社会风尚与和谐的人际关系。①

第二节　树立社会主义荣辱观是和谐文化建设的重要内容

社会主义荣辱观具有深刻的时代内涵和鲜明的现实针对性;树立社会主义荣辱观是构建和谐社会的道德支撑,是和谐文化建设的重要内容;践行社会主义荣辱观要坚持自律、教育、示范与监督并重的长效协调机制。

一、社会主义荣辱观的时代内涵及现实意义

2006年3月3日,胡锦涛同志在看望出席全国政协十届四次会议的委员时指出,"要在全社会大力弘扬爱国主义、集体主义、社会主义思想,倡导社会主义基本道德规范,促进良好社会风气的形成和发展。要引导广大干部群众特别是青少年树立社会主义荣辱观,坚持以热爱祖国为荣、以危害祖国为耻;以服务人民为荣、以背离人民为耻;以崇尚科学为荣、以愚昧无知为耻;以辛勤劳动为荣、以好逸恶劳为耻;以团结互助为荣、以损人利己为耻;以诚实守信为荣、以见利忘义为耻;以遵纪守法为荣、以违法乱纪为耻;以艰苦奋斗为荣、以骄奢淫逸为耻。"②

---

①　向阳:《学习社会主义核心价值体系构建和谐社会》,《党的建设》2007年第2期,第11页。

②　胡锦涛:《牢固树立社会主义荣辱观》,《人民日报》2006年3月5日。

胡锦涛总书记关于社会主义荣辱观"八荣八耻"的概括,是在汲取传统荣辱观精华的基础上对新时期社会主义道德观的系统总结,具有丰富的思想内涵和鲜明的时代价值,体现了中华民族的传统美德、民族精神与时代精神的密切结合和有机统一。这八个方面的要求涵盖了社会主义世界观、人生观和价值观的基本内容,统辖了爱国主义、集体主义和社会主义的思想,体现了社会主义道德规范、精神文明和社会风尚的本质要求,明确了当代中国最基本的道德规范、价值取向和行为准则。这八个方面的概括又各有侧重,从不同内容和不同角度提出了社会主义道德规范和价值判断的新要求。①

"以热爱祖国为荣、以危害祖国为耻"是对爱国主义传统美德与民族精神的本质概括。千百年来,中华民族把爱国主义奉为道德传统的至高原则,把爱国与否看做是对一个人进行道德评判和价值衡量的重要标准。在爱国主义传统的熏陶下,"爱国为荣、害国为耻"长期以来成为镌刻在中华民族成员思想深处的精神印记。爱国主义是一个动态的历史范畴,在不同时代条件下有不同的内涵,但对祖国真挚的热爱之情和耻于危害祖国的要求却是相同的、一致的。在当代中国,"以热爱祖国为荣、以危害祖国为耻"的荣辱观是与中国的现实国情和中国特色社会主义建设和发展的实际紧密相连的。作为社会主义国家的公民,不仅要维护祖国的尊严、荣誉和利益,而且要投身国家建设和社会发展的实践,"以热爱祖国、贡献全部力量建设社会主义祖国为最大光荣,以损害社

---

① 赵存生、宇文利:《社会主义荣辱观的思想内涵与时代要求》,《高校理论战线》2006年第4期,第46页。

会主义祖国利益、尊严和荣誉为最大耻辱"。①

　　"以服务人民为荣、以背离人民为耻"是社会主义道德的核心思想——为人民服务思想的精辟总结。中国传统社会有"以民为本"的道德追求,中国近代以来的革命传统和革命道德更是以服务人民为实践宗旨。毛泽东指出,共产党人区别于其他任何政党的一个显著标志,就是"和最广大的人民群众取得最密切的联系。全心全意地为人民服务,一刻也不脱离群众,一切从人民的利益出发"。② 在社会主义社会中,为人民服务是公民道德的基础要求和基本规范。是否服务人民、是否一切从人民的根本利益出发,是判别不同个人、团体和政党先进与落后的根本标准,也是一切社会势力在历史潮流中荣辱进退的分水岭。在当代中国,"人民"是指最广大的人民群众,是作为国家和社会主人的工人、农民和知识分子等的最广泛的大联合。以服务人民为荣,就是要提倡为人民服务的精神,倡导尊重人民、理解人民、热爱人民、关心人民,为人民多做事、做好事、做实事,也就是要为最广大人民群众服务,把一切工作的立足点、出发点和着眼点都放在最广大人民的根本利益上。坚持以服务人民为荣、以背离人民为耻,就是要坚持以实现、维护和发展最广大人民群众的根本利益为判别一切思想和实践或荣或辱的标准。这是落实以人为本的科学发展观的内在要求,也是中国共产党人始终践行"立党为公、执政为民"的政治责任。

　　"以崇尚科学为荣、以愚昧无知为耻"是与社会主义公民道德与时代要求相适应的对待科学问题的基本要求。科学是人类认识和改造自然、获得物质财富的重要手段,也是人们认识和改造社

----

　　① 《邓小平文选》第3卷,人民出版社1993年版,第3页。
　　② 《毛泽东选集》第3卷,人民出版社1991年版,第194页。

会、获得精神解放的重要武器。现代中国社会是一个不断发展、全面进步的社会，是逐步摆脱盲目落后和愚昧无知、走向现代文明的社会。科学技术的发展是推动这一历史进程的巨大杠杆。当前，树立和坚持崇尚科学的社会主义荣辱观，就是要"提倡科学，宣扬真理，反对愚昧无知、迷信落后"①，关键是要在广大人民群众特别是青少年中树立科学思想，倡导科学方法，弘扬科学精神，普及科学知识，培育出"学科学、爱科学、重科学"的良好社会风尚和文明气象。

"以辛勤劳动为荣、以好逸恶劳为耻"概括了社会主义荣辱观关于人的本质活动——社会劳动的看法，揭示了社会主义劳动观的核心精神和根本要求。劳动是社会生存和发展的前提条件，也是人们获得发展和进步的基本需要。热爱劳动是社会主义道德区别于一切剥削阶级道德的重要标志，是社会主义道德观的基本要求。中华民族是一个勤劳的民族，素有热爱劳动的传统美德和精神。在社会主义大家庭里，劳动是创造财富的手段，也是获取和享有财富的前提，劳动者是最光荣的，剥削者是最可耻的。树立和坚持"以辛勤劳动为荣、以好逸恶劳为耻"的荣辱观，是对中华民族勤劳精神的褒奖和弘扬，也是对好逸恶劳思想的批判，它要求人们以主人翁的态度来对待劳动和从事劳动，发挥劳动的积极性、主动性和创造性，努力为社会多作贡献。这不仅有助于在建设社会主义的伟大实践中引导和教育人们养成热爱和尊重劳动的社会风尚，摒弃厌恶和轻视劳动的剥削思想，而且有助于鼓励和激发广大劳动者的劳动热情和劳动积极性，调动一切创造活力和劳动力量，使社会财富充分涌流，使社会主义建设事业蒸蒸日上。

———————
①　《邓小平文选》第1卷，人民出版社1994年版，第25页。

"以团结互助为荣、以损人利己为耻"是对社会主义社会人们所应当具备的集体主义思想的揭示,也是对社会主义的人道主义人际关系的概括。崇尚集体主义、注重团结互助、贬斥损人利己,是与社会主义基本特征相联系的根本道德原则和基本行为要求。在社会公共生活中,人们应该大力发扬人道主义精神,讲究邻里团结,注重和衷共济,相互之间应该多关爱和帮助,融洽而友好,团结而祥和。以团结互助为荣、以损人利己为耻,要求人们要懂得关心、帮助、尊重和爱护他人,消除自私自利、损人利己的观念和行为。树立和坚持团结互助的社会主义荣辱观,对于在现实生活中调节人际关系、规范和约束那些违背社会公共道德的思想和行为会起到积极作用,对于构筑良好的人际关系与和谐美好的社会关系也起着十分重要的作用。

"以诚实守信为荣、以见利忘义为耻"是对社会主义诚信道德的主体内容和基本原则的概括与发挥。诚实是为人之本,守信是立事之先。在中国传统儒家伦理中,诚实守信被视为"进德修业之本"、"立人之本"和"立政之本"。在当代中国,诚实守信是市场经济社会的道德支柱,是人们之间相互信任的道德凭借。在构建和完善社会主义市场经济的过程中,由于社会协调机制的不完善和利益驱动的片面影响,诚信缺失、见利忘义的现象和行为明显增多。以诚实守信为荣、以见利忘义为耻,就是要求人们固守诚实守信的良好个人品德、职业道德和社会公德,摒除金钱至上、见利忘义、重利轻德、趋利薄德的不良道德和社会风气。以诚实守信为荣、以见利忘义为耻的荣辱观对促进经济社会发展,构建现代社会道德,整肃和打击失信弃约的不良道德行为,弘扬社会正气,都至关重要。

"以遵纪守法为荣、以违法乱纪为耻"是对社会主义社会公民法制观念和守法意识的要求。以遵纪守法为荣就是要倡导人们培育法律精神，加强法制观念，树立守法意识，养成尊重法律、遵守法律、维护法律的良好社会道德风尚。社会主义市场经济是法治经济，公民良好的守法意识和健全的法制观念是保障社会秩序正常和社会环境稳定的不可或缺的精神因素，也是社会健康发展的基本保证。我国当前正处于社会持续发展的关键时期，人们的思想方式、生活方式、交往方式、价值观念和道德水准正处于不断变化和调整中，需要树立起良好的遵纪守法意识，建立起协调统一的道德秩序和法律秩序。树立和坚持以遵纪守法为荣、违法乱纪为耻的荣辱观，是通过加强道德自律来补充和保障法纪他律的重要手段，有利于培养公民的法制观念和守法意识，塑造"学法、懂法、用法"的法治社会的公民，也有利于实现"依法治国、建设社会主义法治国家"的目标，从而保障国家和社会的健康、持续、稳定和协调发展。

"以艰苦奋斗为荣、以骄奢淫逸为耻"概括了中华民族艰苦奋斗的传统美德，是对近代以来中国革命和建设事业中艰苦奋斗精神的发扬和光大。中华民族在缔造中华文明的过程中培育了自强不息、艰苦奋斗的精神传统。在新民主主义革命、社会主义革命和建设时期，中国人民又培育和发扬了自力更生、艰苦奋斗、勤俭节约、知难而上的现代革命和建设精神。在社会主义改革和开放取得的巨大成就面前，我们更应该树立和坚持以艰苦奋斗为荣、以骄奢淫逸为耻的荣辱观，戒除骄奢淫逸之风，秉承和保持不畏艰辛的道德本色，传续奋进不辍的精神之气。

胡锦涛同志提出的"八荣八耻"社会主义荣辱观，概括精辟、寓意深刻、旗帜鲜明、内涵深邃，具有很强的思想性、指导性、时代性和现实针对性。涵盖了爱国主义、集体主义、社会主义思想，既体现了中华民族传统美德和时代要求,也体现了社会主义最基本道德规范和最基本价值取向的本质要求,还体现了依法治国和以德治国相统一的治国方略。① 是我们党关于社会主义思想道德建设理论的继承和发展,是进一步推进社会主义精神文明建设的重要指导方针,对于弘扬以爱国主义为核心的民族精神和以改革创新为核心的时代精神,加强社会主义思想道德建设,巩固马克思主义在意识形态领域的指导地位,夯实全国人民团结奋斗的共同思想基础,形成积极、健康、向上的社会风尚,以及坚持科学发展观,促进社会主义和谐社会建设,具有重大的现实意义和深远的历史意义。

二、树立社会主义荣辱观与构建和谐社会

树立社会主义荣辱观是构建社会主义和谐社会的题中应有之义。一个荣辱颠倒、是非混淆、美丑错位的社会不可能成为和谐社会,一个精神缺失、行为失范、无所依凭的社会不可能走向和谐。只有树立社会主义荣辱观,才能形成维系社会和谐的精神纽带和道德风尚。胡锦涛同志指出:"一个社会是否和谐,一个国家能否实现长治久安,很大程度上取决于全体社会成员的道德素质。没有共同的理想信念,没有良好的道德规范,是无法实现社会和谐的。"②这就要求我们必须高度重视道德建设在构建社会主义和谐社会中的重要作用,牢固树立社会主义荣辱观,在全社会培育文明道德风尚,为构建社会主义和谐社会提供坚实有力的道德支撑。

---

① 林庄:《论转型期社会主义荣辱观建设》,《福建论坛(人文社会科学版)》2006年第6期,第38页。
② 胡锦涛:《在省部级主要领导干部提高构建社会主义和谐社会能力专题研讨班上的讲话》,《人民日报》2005年2月20日。

（一）社会主义荣辱观具有价值导向意义

"八荣八耻"社会主义荣辱观,指明了我国社会当前的基本价值导向,抓住了公民道德建设的核心问题,是构建社会主义和谐社会的重要道德举措。树立和实践社会主义荣辱观是公民道德建设的需要,而公民道德素质的高低直接影响着和谐社会的构建。

在我国发展社会主义市场经济的过程中,人们的价值观念发生了深刻变化,社会生活的丰富性和多样性使得公民的价值选择呈多元化趋势,在生活价值和道德价值上也表现出多元性特征。随之而来的负面影响也日渐显露,社会生活中道德失范,是非、善恶、美丑界限混淆,拜金主义、享乐主义、极端个人主义滋长,见利忘义、损公肥私行为时有发生,不讲信用、欺骗欺诈成为社会公害,以权谋私、腐化堕落现象时常出现。在此新的时代背景下,迫切需要用社会主义荣辱观引导社会主流价值观,保障社会健康和谐发展。

提倡什么样的主流价值观,直接影响着整个社会的精神文明发展方向,影响着人们对于生活意义和道德价值的理解,影响着人们在多元价值社会中的行为选择。针对我国社会生活中存在的一定程度上荣辱感丧失的现状和当前社会风气中存在的突出问题,以"八荣八耻"为主要内容的社会主义荣辱观澄清了社会生活中模糊的价值观念,分清了是非、善恶、美丑界限,明确了我国经济社会发展中的基本价值导向,为人们提供了行为选择的道德标杆。因此,以"八荣八耻"为主要内容的社会主义荣辱观是我国经济社会发展中具有导向意义的主流价值观,是我们处理人与人、人与社会和人与自然关系的基本准则。

（二）树立社会主义荣辱观是构建和谐社会的必要条件

一定社会的荣辱观,是一定社会的世界观、人生观、价值观的集中表达,它为这个社会提供价值导向,为人们评价社会是非、善恶、美丑提供标准,引导社会发展方向,把握和调整着社会各个方面的善及其合理性。这些价值取向和理想目标深深渗透在政治、法律和经济生活等各个领域,无处不在地发生着作用。社会主义荣辱观,表达了中国特色社会主义的道德价值理念,引导设定着中国社会主义发展方向与和谐发展的理想目标。

在构建和谐社会的过程中,无论建构友善的人际关系、友好的天人关系,还是维护安定祥和的社会秩序,都需要用健康的、正确的荣辱廉耻观念来规范人们的思想动向和行为实践。① 一个道德沦丧、寡廉鲜耻、荣辱之心泯灭的社会,是很难构建和巩固融洽友好的人伦秩序和天人关系的,也难以实现社会和谐状态。树立社会主义荣辱观有助于人们明辨是非真假、善恶美丑,也有助于人们养成良好的道德风尚和社会风气,为构建社会主义和谐社会创造必要的前提和条件。

(三)树立社会主义荣辱观是构建和谐社会的道德保障

在影响社会和谐发展的诸多因素中,有些因素是硬性或显在的,如社会的政治制度和法律体系。有些因素是软性或潜在的,如社会意识形态、共同价值观念、民族文化传统、伦理道德要求等精神文化层面的内容。对和谐社会建构而言,只有让全体社会成员明德知耻,自觉守法自律遵德,才可能实现全社会真正的和谐发展。社会和谐发展,必须要有和谐统一的价值理念系统。和谐社会的规范秩序,民族精神和民族凝聚力,社会文明的协调发展,都需要有来自共同价值观的维系和支撑。可以说,在一个缺乏共同

---

① 闫丽琴、孙春晨:《用社会主义荣辱观指导公民道德建设》,《道德与文明》2006年第4期,第9页。

价值理念、价值是非不明、善恶荣辱不辨的社会环境中，是不可能有效建设和谐社会的。

树立社会主义荣辱观有助于公民个体道德感的培养。人生活在社会群体中，社会群体的评价是形成个体名誉的直接媒介。人的社会归属感使人需要得到社会群体的接受肯定而不是贬斥否定，社会形成的荣辱观共识会让个体感受到来自社会群体的强烈的褒扬或贬斥，并从中形成强烈的荣誉感或耻辱感。荣辱感在本质上是主体对荣誉的一种追求及对耻辱的一种厌弃。荣辱感培养是公民形成自尊自爱道德素质的必要环节。羞耻心是人们不做恶事的心理保证，人只有知耻，才能做到自律，才能自觉地追求荣誉避免耻辱。一个人如果缺乏这种道德感或道德良知，荣辱感淡漠，不以耻为耻，不以荣为荣，甚至以耻为荣，那么任何道德律令对他来讲都不可能发生任何效力。社会明荣辱之分，行褒荣贬耻之风，才能利于培养公民尤其是未成年人知荣弃耻的品行素质。

社会荣辱观建设有助于"社会道德感"或社会道德调控机制的营造。社会由个人所组成，一个社会的正气和风尚，与这个社会的公民整体道德素质密切相关，也与这个社会的道德调控机制密切相关。如果社会群体"道德感"或道德调控能力缺失，社会善恶美丑是非混淆，荣辱评价不明，不以荣为荣，不以耻为耻的人增多，社会风气就必定败坏。正因为如此，古人总结说："礼义廉耻，国之四维，四维不张，国乃灭亡！"在中国传统文化中，知耻历来被视为立人之第一要义，也是关系民族和国家兴亡之大节。"士皆知有耻，则国家永无耻矣；士不知耻，为国之大耻。"中国传统文化强调："风俗之美，在养民知耻。"社会如果没有形成一个善恶荣辱分明的群体"道德感"环境和社会风气，道德对社会的约束和引导就会苍白无力，形同虚设，道德力量就无从体现。① 全社会只有在荣辱观上达成共识，形成共同价值观，建构起相应道德舆论机制环境，人人都以危害祖国、背离人民为耻，以愚昧无知、好逸恶劳、损人利己、见利忘义、违法乱纪、骄奢淫逸为耻，无耻之徒才会减少，社会才可能形成憎恶假、恶、丑，追求真、善、美的良好风气。

三、践行社会主义荣辱观，建设和谐文化

树立社会主义荣辱观重在实践，重在把社会主义荣辱观的道德要求逐步转化为全体公民的道德意识和行为，加强社会主义荣辱观践行机制的建设。

一要建立健全教育宣传机制。把社会主义荣辱观内化为人们的坚定信念，进而外化为高尚行为，需要从他律和自律，也即从道德教育与道德修养两个环节着手。其中，教育的作用至关重要，是社会主义荣辱观养成的外部机制的基础。社会主义荣辱观教育，要"倡导爱国、敬业、诚信、友善等道德规范，开展社会公德、职业道德、家庭美德教育，加强青少年思想道德建设，在全社会形成知荣辱、讲正气、促和谐的风尚，形成男女平等、尊老爱幼、扶贫济困、礼让宽容的人际关系。"②充分发挥教育的功能，不断创新内容、创新形式、创新手段，增强教育的针对性和实效性。

宣传社会主义荣辱观，主流媒体负有不可推卸的责任。要建立主流媒体的社会责任制度，包括宣传典型的责任、社会引导的责

---

① 葛晨虹：《荣辱观建设是道德力量的基本保证》，《道德与文明》2006年第3期，第57页。
② 《构建社会主义和谐社会的伟大纲领》，人民日报出版社2006年版，第14页。

任、宣传效果的责任等,防止主流媒体的过度娱乐化。报刊、广播、电视和互联网等大众媒体,都要从学习、教育和制度安排等方面加强自身建设,牢固树立正确舆论导向意识,处理好社会效益与经济效益、正面宣传与舆论监督、弘扬主旋律与提倡多样化等关系,真正做到"以科学的理论武装人、以正确的舆论引导人、以高尚的精神塑造人、以优秀的作品鼓舞人。"通过扎实有效的宣传教育,使社会主义荣辱观家喻户晓、深入人心。

　　二要建立健全道德修养机制。社会主义荣辱观形成的内因在于修养机制,道德修养是确立社会主义荣辱观并逐步完善人格的必由之路。从社会主义荣辱观的角度分析,道德修养包括两层含义:一是动态上的"下工夫",即依照社会主义荣辱观的要求,进行学习、体验、对照、反省等心理和实践活动;另一层含义是指静态的"已经达到的功夫",即经过长期的努力之后所达到的道德境界。社会主义荣辱观能否充分发挥其巨大的社会效应,关键在于广大公民能否通过道德修养,升华到较高的道德境界。

　　三要建立健全示范带头机制。各条战线涌现出来的先进集体、先进人物,都是实践社会主义荣辱观的榜样,他们的精神境界和道德情操是树立社会主义荣辱观的宝贵资源。要善于发现体现社会主义荣辱观的先进典型,积极开展向先进典型学习的活动,把他们的崇高思想品德传播到广大群众中去,变成千百万人的自觉行动。要特别注意发现和宣传普通人群中的道德楷模,发现和宣传人们身边的好人好事,激励人们尊荣弃耻、见贤思齐。党风政风直接影响着社会风气。广大党员干部特别是各级领导干部要以身作则、率先垂范,做"八荣八耻"的积极实践者,用自己的模范言行和人格力量引领社会风尚。对领导干部来说,有德有才是正品,有德无才是次品,无德无才是废品,有才无德是危险品。危险品是不能用的。①

　　四要建立健全评价监督机制。加强评价监督机制的建设是践行社会主义荣辱观的重要方面。道德的基本特点之一，是以善恶标准对社会现象进行评价。所谓"善"，主要是指符合国家和人民利益以及社会道德要求的行为；所谓"恶"，主要是指违背国家和人民利益以及社会道德要求的行为。要在全社会筑牢基本道德规范，形成惩恶扬善的舆论氛围。

　　要使一种价值观真正化为社会风气，一定还要注意加强社会扬善罚恶、褒荣贬耻的制度建设。在一个缺乏扬荣抑耻的制度环境里，道德选择和道德行为得不到应有的扬善机制保障，不道德选择和不道德现象得不到应有的抑恶机制制约；服务人民、诚信守法成了一些人的负担，唯利是图、虚假违规反而为另一些人提供便利；或者，行道德的人得不到社会的荣誉肯定，不道德或不以耻为耻的人，也得不到社会的耻辱贬斥，高尚成了高尚者的墓志铭，而不知耻则成了无耻者的通行证。② 这种荣辱评价不明、道德赏罚不公的氛围，久之必导致德行与社会回报、荣誉与耻辱的二律背反，并在社会生活中引发出不利于道德建设和社会和谐发展的恶性循环。

　　总之，全社会必须从教育、观念舆论和相关制度等方面建立起立体全方位的社会荣辱导向机制。在全社会树立正确的荣辱观，弘扬正气，抑制邪气。加强社会主义荣辱观的建设，强化荣辱观的社会价值和功能，使公民切实感受到，做有德者高尚光荣，有所作

---

　　① 李抒望：《社会主义荣辱观的基本内涵与践行机制》，《决策》2006 年第 8 期，第 29 页。
　　② 葛晨虹：《荣辱观建设是道德力量的基本保证》，《道德与文明》2006 年第 3 期，第 58 页。

为;无德者受贬耻辱,无路可行。只有建立起这种褒荣贬耻的机制环境,荣辱观建设才可能获得一个强有力的支持保障系统,我们的社会才可能成为善善相生、良性循环的和谐社会。

第三节　营造和谐舆论氛围是和谐 文化建设的重要任务

正确的思想舆论导向是促进社会和谐的重要因素,健康和谐的舆论氛围是社会和谐的重要保障和表征。随着信息传播技术的迅猛发展,社会舆论的影响越来越广泛,舆论环境是否和谐,日益成为影响国家发展、社会稳定和群众思想状况的重要因素。积极营造和谐舆论氛围,既是构建和谐社会的重要内容,也是和谐文化建设的基本任务。

一、和谐舆论氛围的重要性

"舆论"一词在中国历史上早已有之。"舆"的本义是轿子或车厢,抬轿赶车的下层人民被称为"舆";"论"是议论与意见,"舆"与"论"的合成表示公众意见。① 舆论是"社会或社会群体对特定事物、现象有一定倾向性意见和情绪的总和"①。是对社会的事态发展和人们的思想行为影响最直接也最有冲击力的一种"软性力量"。江泽民同志指出:"舆论导向正确,是党和人民之福,舆论导向错误,是党和人民之祸。"社会舆论的导向直接影响着群众的情绪和思想走向,它既是群众情绪的指示剂,也是群众情

---

① 彭希林:《论社会道德舆论的形成与作用》,《湖南社会科学》2003 年第 2 期,第 82 页。

绪的催化剂。正确的社会舆论造成健康向上的舆论环境,产生凝聚向上的力量,错误的社会舆论则造成人们的道德思想和行为混乱,影响社会的稳定和发展。可见舆论导向对国家、社会影响巨大。

社会舆论一般有政府自上而下发起和民间自发产生两种形成形式。因为各自的利益出发点不同,价值取向不同,社会不同群体的意见之间,群众意见与政府意见之间,肯定会存在这样那样的分歧,只有当各种社会群体的意见和政府的意见最后融合为相对统一的、能够推进社会事态良性发展的意志时,舆论才算是达到一种和谐状态。① 和谐的舆论氛围对和谐社会建设具有重要的推动作用:为贯彻落实党和国家的方针政策创造良好的舆论环境;弘扬正气,鞭笞邪恶,激励民心,增强民族向心力和凝聚力;强化监督、改进工作,促进党群干群关系和谐。理顺情绪、化解矛盾,维护社会和谐稳定;对外宣传,抵御西方敌对势力对我国的攻击,维护国内政治稳定。

在复杂的国内国际环境中,舆论已经越来越关系到国家社会的维系和政党政权的巩固。从国内来看,民意涌动的"双刃剑"效应越来越明显。它一面有力地推动民主进程,一面又因其情绪化带来盲目性和非理性,造成社会难以承受的巨大压力。社会转型期不同群体各种利益诉求和民主诉求远远超出了国家和社会各种资源所能承受的最大限度,如果任由其无节制地爆发出来,现有的社会问题和矛盾就会更加尖锐复杂,甚至导致社会阶层的断裂引起社会解体。和谐的舆论可以有效地引导人们的意见和情绪趋于

---

① 唐云涛、吕正平:《论舆论引导与舆论和谐》,《陕西社会主义学院学报》2007年第1期,第68页。

理性化,从而自觉地维护社会的安全与稳定。从国际看,舆论从来都是西方霸权主义对我们进行意识分化和政权瓦解的强大武器。美国前国务卿奥尔布赖特曾公然宣称,"我们要利用互联网把美国的价值观送到中国去",中亚发生的一系列"颜色革命"也昭示着美国操纵下的过度民意所带来的社会动荡和人民痛苦。因而,我们必须把舆论引导和增进舆论和谐提升到关系社会安全、执政安全和国家安全的高度。

二、和谐舆论环境的诉求

和谐的舆论环境是具体的、历史的,没有任何矛盾与冲突的绝对和谐永远都是不现实的,不同的历史阶段、不同的社会发展要求,决定着和谐的具体内涵。

现阶段我们要努力营造的和谐国内舆论环境应包含以下内容:①在人与自然的关系上,要体现出对自然界命运负责与对人类文明命运负责的一致性,渗透对自然界的审美观与可持续发展意识,共同感受并欣赏自然界中优美、和谐与崇高的事物,具有与自然美好的一体感、谐调感和眷念之情,爱护自然界中的一切生物,尊重生命,保护资源;在人与社会的关系上,要体现和传承浓厚的爱国之情、民族自豪感和民族凝聚力,对人民有使命感、义务感,对党和政府有信任感、依靠感,对社会有归属感、认同感,对集体有责任感、荣誉感,弘扬热爱人类、遵纪守法、尊重劳动、尊重科学、善于创造、诚实守信的情感与行为;在人与人的关系上,要体现民族团结、社会成员间平等友爱、互帮互助、合作共事的宽容和豁达的精

---

①　叶国平:《营造和谐国际国内舆论环境的对策思考》,《理论月刊》2007 年第 4 期,第 34 页。

神,尊重人权,公平正义,倡导积极、和谐的价值观念以及共同的理想和奋斗目标,形成民主平等、协调融洽、扶贫济困的风气,追求共同富裕,共创美好幸福的生活;在人与自我的关系中,要体现热爱生活、珍视生命、乐观坦荡、谦和自知的品格,处事冷静、适度和乐观,善于调节自己的心理,坦诚地看待外部世界和自我内心世界,能够愉快地接纳自我,承认现实,欣赏美好的事物,而且能够大度平静地生活和接受生活中的各种挑战。

现阶段我们积极争取的和谐国际舆论环境包含以下内容:努力把推动世界多极化与争取建立和谐世界统一起来,谋求建立多极和谐、多元共存的国际新格局;不断增强我国在国际事务中的影响和分量,积极开展全方位友好的外交,努力创造和平稳定的国际环境、睦邻友好的周边环境、平等互利的合作环境和客观友善的舆论环境,为我国的和平发展创造更加有利的国际空间;积极宣传我国独立自主的和平外交政策,宣传我国坚持走和平发展道路,积极倡导公正、合理的新秩序观,认真实践以平等互利为主要内容的新发展观,推动树立以互信、互利、平等、协作为核心的新安全观,主张形成以尊重多样性为特点的新文明观,树立中国政府在国际事务中负责任的大国形象,维护世界和平,促进共同发展;大力开展对外宣传与文化交流,多形式、多角度、多领域、多层面介绍中国改革开放和经济社会发展取得的巨大成绩,展示中华文化博大精深的魅力,让世界了解中国文化和睦和谐和平和美的深刻内涵,让世界理解中国人的行为和思维方式,增进世界对中国客观、全面的了解和友谊,为我国开展与外国在各个领域的交流合作创造良好的舆论氛围。

总之,从社会发展进程和时代要求出发,和谐的国际国内舆论环境意味着:坚持正确的舆论导向,弘扬时代主旋律,营造实事求是、解放思想、与时俱进的浓厚氛围;营造聚精会神搞建设、一心一意谋发展的浓厚氛围;始终站在全局的高度,以促进经济社会的发展进步和构建社会主义和谐社会为己任,以全面、客观、准确的方式认识社会,反映社会,服务社会;尊重国家主权和民族差异,求同存异,维护世界和平稳定,促进普遍发展和共同繁荣。和谐的国际国内舆论环境的营造,应有利于统一思想,振奋精神,凝聚人心,鼓舞士气,励精图治,奋发有为;有利于统筹兼顾地协调社会利益和动员社会力量,整合劳动者的认识,传播先进科学技术,促进新的生产方式、管理方法的推广,提高劳动生产率,促进生产力的发展和解放;有利于弘扬正气,分清是非,旗帜鲜明地抵制一切阻碍社会发展进步的言行,化消极因素为积极因素,为推动社会进步提供强大精神动力。

三、当前我国社会舆论环境的现状及问题

目前我们的舆论环境在总体上是积极健康、有利于社会发展的,表现为:社会舆论日益多元化,主流舆论仍然在意识形态领域发挥主导作用,科学发展观和构建社会主义和谐社会的理念正在逐步深入人心,为营造良好的舆论环境奠定了较好的社会思想基础;老百姓的呼声更加受到重视,民意反映渠道逐渐增多,党和政府加大力量关注和保护弱势群体的利益,逐步协调社会阶层和群体间利益关系。在国际上,随着中国综合实力的不断增强,中国的国际地位不断提升,中国负责任的大国形象和关于和谐世界的理念得到越来越广泛的认同,也为中国的改革和建设营造了较为有利的国际舆论环境。[1]

---

① 叶国平:《论和谐社会中的道德舆论建设》,《社科纵横》2007 年第 7 期,第 10 页。

但是,也应看到,随着改革开放的不断深入,经济社会的不断发展,各种社会矛盾进一步凸现,人们的思想观念、价值观念、道德观念不仅趋向多元,而且在现实生活中相互摩擦,激烈碰撞,使整个社会舆情呈现复杂多变的趋势,这给营造和谐的舆论环境带来了很大挑战。

(一)舆论多元化带来的挑战

首先,转型期"四个多样化"带来人们生存状态和社会分层变化的同时引起了各阶层、各群体价值取向、利益关注点的多样化;其次,全球化的发展进程既打开了人们的视野,又使人们的思想意识受到来自不同国家政治、经济、文化体系中价值观念、思维观念的冲击;再次,社会民主政治的发展增强了人们的独立自主意识和参与意识;最后,传播媒介的发达为人们接收、消费、发布信息,提供了广阔的选择空间和便捷的传播渠道。这些因素造成了当前舆论内容的多元化。

舆论越是开放、多元就越是需要主流健康舆论的引导,但我们目前的制度建设还不能完全适应这个需要,现存的一些制度缺陷造成了我们引导舆论的规范能力与舆论这种多元化时代要求之间的矛盾。一是立法监管不到位。大众传媒新闻报道与评论是引导舆论最主要的工具,但我国以政策主导传媒发展的管理传统仍未突破,缺乏系统完善的新闻立法,使新闻工作中难免地存在"领导一句话,报道就走样"的人治现象,屡屡发生"虚假新闻"、"有偿新闻"的失范现象,造成了媒体公信力的流失。一些地方的新闻发布制度,因为缺乏明确的责任监督规定,也变成了"歪嘴和尚念经"。一些大事件发生以后,新闻办变成了"统一口径办",新闻发言人变成了"记者公关专员",政府新闻发布的公信力和引导力也就大打折扣。此外,对互联网等新兴媒体的监管,也存在一个立法滞后、缺乏可操作性的问题。二是组织体系不适应。我们引导民意原来所依赖的那套以单位为核心的组织体系因为受"四个多样化"的冲击,影响力和影响范围正在逐步缩小,这就使我们无法较快较经济地整合离散的口头舆论,达到舆论和谐。所以,针对当前舆论的多元性特征,要增进舆论和谐,就必须尽最大可能实现舆论的理性化,加强其组织化,这就要求党和政府加快立法进程,完善组织制度,增强引导舆论的规范能力。

(二)舆论复杂化带来的挑战

当前我国社会的舆论环境总体上保持着稳定和谐的舆论大局,特别是在坚持科学发展观、全面建设小康社会、构建社会主义和谐社会、维护祖国统一等大政方针、理念的引导上,有力地统一了全民族的思想认识。但也存在着民意潜流暗涌、舆论局部失和等复杂问题:群众中的各种潜在情绪暗流涌动,互联网、上访潮里的"显在民意"沸沸扬扬,特别是以群体性事件登场的"行为民意"屡屡发生,对社会稳定造成了冲击。增进舆论和谐,已经成为刻不容缓的时代命题。

舆论复杂性的时代特征要求我们在舆论引导工作中有一种超强的敏感性,能够见微知著,洞察小事情背后的大问题,做到预先防范、及时引导。但我们的引导工作中却存在着认知能力与舆论这种复杂性时代要求之间的矛盾。我们一些职能部门在很多时候处于一种引导无意识状态:一是缺乏敏感性。对一些可能激发矛盾冲突的事件视而不见、麻木不仁,致使小事变大事,"民议"变"民怨";二是存在"狭隘宣传观"。认为疏通民意、引导舆论只是宣传部门的事情,与己无关。面对问题缺乏应有的沟通意识,也没有运用媒体的意识和常识;三是存在"对立思维"。在事件发生特别是"行为民意"发生时,习惯于站到群众的对立面考虑问题,而不是采用能更有效引导民意的"共赢思维",争取在条件允许的可能中实现各方面的最大满足。四是存在"封闭思维"。遇事总以为可以靠封、捂、堵、压来遮掩矛盾,缺乏开放透明的信息意识,当然也谈不上尊重、疏导民意了。意识上的这种种滞后,常常造成简单事情复杂化,可调和矛盾演变为不可调和矛盾,造成舆论失和事态的升级和扩大。这是我们的能力不能很好地体现舆论复杂性的时代要求的重要表现。要增进舆论和谐,首要前提就是要预防和避免舆论失和事件的发生,面对当前错综复杂的舆论格局,党和政府必须在开阔视野、开放思维中增强见微知著的认知能力,在对细微矛盾的化解中消除"潜在民意",及时引导舆论进入和谐状态。

(三)舆论即时化带来的挑战

高度发达的现代传播技术条件带来了当前舆论的即时化特征。互联网、手机短信这些新兴传播技术的使用,使人们在接收、传递信息上突破了过去很多的时空限制,使信息可以在最短时间内传遍全球,这就使舆论能在事件发生的即时汇集形成,并且达到最大的覆盖影响面。舆论的这种即时性,要求我们能够在舆论事件发生的第一时间作出迅速准确的行为反应,及早开展引导工作,避免涌动民意进一步向前发展。但是,我们的舆论引导工作中却存在着行为能力与舆论即时性时代要求之间的矛盾:一是沟通不力。表现在不了解民意,找不到沟通点,做起工作来"隔靴搔痒";有些是惯于空话套话场面话,这种落不到实处的沟通无法引导民意;还有些不善于运用媒体,既找不到便捷的沟通工具,也找不到恰当的沟通方式。二是传播不力。我们一些主流媒体因不能及时恰当报道一些突发性、敏感性问题,给了谣言可乘之机。三是预警不力,对民意的发展缺乏前瞻性,致使一些事态在被察觉前进一步扩大。四是应急不力,"行为民意"发生后,先是千方百计"捂盖子",不行就简单地把专政机关推上前去,加重了群众的对抗情绪。这种行为上的不力使我们的舆论引导能力不能很好地体现时代要求,是促使当前舆论局部失和的一个重要的原因。所以,要进一步增进舆论和谐,针对当前舆论的即时性特征,党和政府必须在强化传播沟通力和预警应急力中增强引导舆论的行为能力。

四、营造和谐舆论氛围的对策思考

(一)用主流舆论引导非主流舆论

主流舆论是指那些反映社会本质和时代前进方向,代表最广大人民群众根本利益的舆论。当前,全面建设小康社会,坚持科学发展观,构建社会主义和谐社会,走中国特色社会主义道路,就是我们这个时代的主流舆论,是时代的主旋律。[①] 用这一主旋律的舆论引导非主流的舆论,是主流媒体的首要责任。社会舆论是需要引导也是可以引导的;社会舆论越是多元,就越需要发挥主流舆论的引导作用。统一的指导思想是激励全体人民团结奋斗的精神支柱,共同的理想信念是维系社会和谐的精神纽带。当前,要在全社会大力宣传贯彻科学发展观、构建社会主义和谐社会和以"八荣八耻"为主要内容的社会主义荣辱观,推动社会主义和谐社会建设。报刊、电台、电视台、互联网站等各类新闻媒体要发挥优势、各展所长、形成合力,通过多种形式和手段的运用,切实做好典型宣传、热点引导、舆论监督工作,积极有效地引导社会舆论,使有利于国家富强、民族振兴、社会和谐、人民幸福的主流舆论成为时代最强音,把构建社会主义和谐社会做成舆论热点、社会亮点和群众

[①]　李春雨:《试论和谐社会的舆论构建》,《新闻传播》2006年第11期,第12页。

关注点。

（二）用正向的舆论引导负向的舆论

舆论导向正确是党和人民之福，舆论导向错误是党和人民之祸。正向的舆论是全面反映客观事物真实情况、反映客观规律、维护绝大多数人利益的社会意见。而负向舆论则是充满片面、怪诞、过激、虚妄的社会意见。正向舆论按照公众事务的内在联系解释客观世界，体现出对客观事物内在本质的认识与追求，它对正义、先进的事业和思想总是给予支持、歌颂、肯定和赞许，反之，则给予尖锐的批判、否定和谴责。而负向舆论的内容则以偏概全，以歪曲客观事物的真相为基础，以实现自主欲望为目的。在社会转型期，某些利益群体为了追求自身利益的最大化，有意制造一些歪曲事实的舆论给政府施压，或为了某种目的，散布一些不利改革、发展、稳定的谣言，这些负向舆论对社会构成了一定危害。对于负向舆论最有效的引导办法就是弘扬正向舆论，就是要坚持正面、正向舆论为主的方针不动摇。为此，我们的社会媒体不能为了追求刺激、看点，做负向舆论的传声筒，而是要用事实说话，用真相说话，用反映客观、全面、本质的规律说话，用以消弭负向的舆论。

（三）用建设性的舆论引导破坏性的舆论

在社会转型中，由于各种利益相互对撞与冲突，社会舆论异常激烈和复杂，一些情绪化、对抗性、破坏性的舆论时有发生。应当说，在社会上出现一些破坏性的舆论亦属正常，但，如果这种舆论得不到及时、正确的引导，就会对社会产生某种破坏力，为此，就要用建设性的舆论来引导破坏性的舆论。建设性的舆论既是对社会舆论意见的回应与疏导，也是对如何解决社会舆论反映的问题所提出的建设性意见，因此，建设性的舆论是对社会舆论的整合，是对合理性意见的吸纳与反映，是对不合理意见的疏导与消解。建设性的舆论不应回避问题与矛盾，恰恰应在正视存在的矛盾和问题的基础上，以理性、建设性的态度来分析产生矛盾和问题的原因，探讨解决问题的途径，只有这样才能更好地疏导社会情绪，才能把人们的注意力引导到齐心协力解决矛盾和问题上来。

（四）用客观、辩证的舆论引导主观、片面的舆论

对客观世界的认识，有全面与片面、客观与主观、辩证与极端之分。不同的认识，舆论的指向不同，结论和结果也不会一样。由于我国社会正处在发展的"黄金期"与矛盾的"突显期"同时并存的特殊时期，特别是不同利益群体对各自所处的社会地位、社会分配的认识与整个社会发展总体状况和发展方向以及应追求的总体价值目标认识之间的差距，难免出现一些主观、片面、偏激的舆论。历史告诉我们，任何片面、偏激、极端的舆论对社会发展进步、对矛盾与问题的解决都是有害的。主流媒体在舆论引导中，必须把握和谐社会的本质，在舆论引导中防止片面和极端。必须明确，和谐社会并不意味着能够完全消除社会矛盾和问题，它需要建设一种能够不断解决矛盾和化解冲突的机制，一种在矛盾中仍能保持和谐和快速发展的机制。必须明确，构建社会主义和谐社会不可能一蹴而就，它是一个长期的历史过程；和谐社会不等于平均主义，它是允许差别存在的，但差别或差距应当被控制在社会能够承受的限度内。因此，要把握舆论引导的正确方向，防止引导上的片面性和由此引发的社会舆论的对抗，更要防止错误地理解和阐释党和政府的政策。当前，尤其要关注和体现弱势群体的舆论诉求，切实地体现党和政府对弱势群体利益的维护。

概而言之，营造和谐的舆论环境，最根本的是坚持马克思主义在意识形态领域的指导地位，用统一的指导思想和共同的理想信

念引导和整合多元的社会舆论,使主流价值观真正转化为社会大
众广为接受的价值观,在全社会形成共同的意志,为实现人民团
结、国家富强、民族振兴、社会和谐提供根本的思想保证。

第四节　实现文化创新是和谐
文化建设的关键

文化创新是文化发展规律的内在要求;是经济全球化的必然
结果;是发展社会主义市场经济的强大动力;是实现文化繁荣的根
本保证;是提升文化软实力的必要手段;是知识经济时代的必然要
求。文化观念的创新是先导;文化内容的创新是核心;文化形式的
创新是手段;文化体制的创新是保障。文化创新要继承和发扬中
华民族的优秀文化传统;要吸收和借鉴世界各民族的有益文化成
果;高素质的创新人才是文化创新的内在要素;良好的社会环境是
文化创新的外部条件。

一、文化创新的必然性

文化创新是推动文化前进的内在动力,文化发展的历程就是
文化不断创新的过程,创新是文化的本质特征和发展要求。文化
创新是以知识更新和价值开拓为目标的精神创造活动,是推动社
会进步和实现人类价值的重要实践方式。① 在文化领域里,创新
也是文化的不同要素除旧布新、不断取得进展或突破的过程。文
化创新为人们提供新的特定的价值观念、思想信仰、行为规范和科

---

① 张筱强、马奔腾:《文化创新:理论与实践》,《中共中央党校学报》2002 年
第 4 期,第 84 页。

学知识,调节和引导人们的行为,培养人们的思想感情,丰富人们的智慧,激发人们的创造力。人类社会的发展历史昭示,思想和文化的创新总是成为社会变革的先导和前奏。①

（一）文化创新是文化发展规律的内在要求

创新是文化具有旺盛生机和活力的源泉,也是文化不断增强自身吸引力和感召力的重要途径。一种文化只有具备创新的特质,不断提出新思想、新理论,引领新思潮,推动新发展,才具有强大的生命力。有创新特质的文化是能立足实践,面对本土文化和全球文化的资源,推陈出新、继往开来、批判扬弃、创造转化,锻铸出新型文化形态的。中华民族五千年的优秀文化之所以绵延不断,奔腾向前,具有强大的生命力,就是因为它能够在批判中继承,在创新中发展。它是对中国传统文化和资本主义文化的扬弃,是对经典社会主义所理解的文化理念的超越,是对"五四"以来的现代革命文化传统的创新,是对改革开放和现代化建设实践中感性经验的突破,它是灿烂历史的荟萃,是人类文明的结晶,是前人思想的升华,是时代精神的凝聚,反映着社会进步的目标和方向,具有强大向心力和凝聚力。②

（二）文化创新是经济全球化的必然结果

文化创新是中华文化在当今世界文化发展的新趋势下增强"免疫力"、扩大吸引力、感召力和影响力的必然选择。经济全球化绝非只是一种单纯的孤立的经济现象,同时也是一种文化现象。但文化的全球化并不意味着一切民族本土文化的彻底消亡和一种

---

① 顾伯平:《论文化创新》,《求是》2003年第12期,第45页。
② 李玉芹:《文化创新应注意的几个问题》,《学习月刊》2006年第5期（下）。第33页。

无地域差别、无民族差异的大一统的世界文化的建立,它需要的是各民族文化通过交流、融合、互渗和互补,不断突破本民族文化的地域和模式的局限性,将本民族的文化资源转变为人类共享、共有的资源。同时,文化的全球化更需要文化多元化的发展。文化的这种全球化与多元化的背景,使得中华文化面临着如何自强于世与如何发挥自身独特功能的双重任务,这就迫切要求中华文化必须与时俱进,不断创新,以便更好地适应不断发展变化的现实需要,为世界文明的进步与发展作出自己应有的贡献。

(三)文化创新是发展社会主义市场经济的强大动力

在构建社会主义市场经济体制的同时,还必须积极构建与社会主义市场经济相适应的新文化。这种新文化可以为社会主义市场经济的发展提供根本的价值导向、具体的行为规范和准则形式,为人们指明在经济活动和社会生活中应当承担的责任与义务,从而调节市场经济中的利益矛盾,营造良好的人际关系和社会秩序。① 30多年来,随着改革开放和现代化建设事业的不断深入发展,传统的计划经济体制逐渐被社会主义市场经济体制所代替,人们逐渐树立了自立意识、竞争意识、效率意识、民主法制意识和开拓创新精神,社会道德风尚也发生了可喜变化,中华民族的传统美德与体现时代要求的新的道德观念相融合,正在成为我国公民道德建设发展的主流。这些都表明与社会主义市场经济相适应的新文化正在形成。然而,我们也不能不看到:在我们社会的一些领域和地方,道德失范,是非、善恶、美丑界限混淆,拜金主义、享乐主义、极端个人主义有所滋长,见利忘义、损公肥私行为时有发生,缺乏诚信、欺骗欺诈成为社会公害,以权谋私、腐化堕落现象严重存

① 顾伯平:《论文化创新》,《求是》2003年第12期,第45页。

在,一些不科学、伪科学、反科学的沉渣不时泛起。这些思想势必从根本上阻碍我国社会主义市场经济体制的建立,破坏我国的投资环境和国际竞争力,影响我国对外开放的整体形象。出现这种情况的一个重要原因就在于,我们现在并没有完全牢固地建立起符合中国特色社会主义市场经济要求的新文化,与社会主义市场经济相适应的知识体系、价值理念和行为规范还远没有真正内化为人们的自觉意识和自觉行为。这就要求我们必须积极进行文化创新,让"爱国守法、明礼诚信、团结友善、勤俭自强、敬业奉献"的基本道德规范得到全社会的认同,从而为发展社会主义市场经济提供强有力的精神支撑。

(四)文化创新是实现文化繁荣的根本保证

创新带动发展,发展推动繁荣,这是文化发展的基本规律。中国古代历史上战国时期出现"百家争鸣"的文化繁荣盛况,推动了历史前进,影响极为深远,其根本原因在于创新。欧洲历史上的文艺复兴、宗教改革、启蒙运动等一次次的观念和文化创新,不仅使文化兴盛,也对瓦解封建制度和确立资本主义制度起了强大的催化作用。推动文化的繁荣和兴盛,必须允许创新,鼓励创新,并且善于不断创新。

(五)文化创新是提升文化软实力的必要手段

首先,文化创新推动民族和国家的文化增殖,形成国家新的增长点,使文化得到增值和放大。其次,文化创新促进民族和国家的文化积累。国家财富积累不仅是物质财富积累,也是精神文化财富的积累。只有文化创新,增添文化的新质因素,文化积累才不是空洞的、简单的机械堆积,而是丰富的、深层的积淀。人类正是通过经验知识的缓慢积累,才从蒙昧社会上升到文明社会;正是通过知识爆炸式的积累而由工业社会进入信息社会。用"知识爆炸"

来形容今天知识的增长,表明了人类文化创新能力极大增强,文化积累的速度迅速加快。再次,文化创新造成民族和国家文化上的飞跃和提升。世界上任何一种文化都不同程度地经历着产生、发展、变化、衰落或再生的过程。创新是使一种文化避免衰落而获得再生的根本动力。一种文化形态要不断适应变化的社会,就必须与时俱进,不断地创新和发展。

(六)文化创新是知识经济时代的必然要求

文化创新是知识经济时代的根本特征。[①] 知识经济的本质是一种创新经济,以创新为前提,以创新为特征,以创新为动力。应对知识经济的挑战,最根本的就是提高全民族的创新能力。伴随知识经济时代科学技术的飞速发展,科学技术一方面显示对社会第一位的变革作用,另一方面也引发了诸如资源枯竭、能源危机、生命伦理失控、人文关怀丧失等一系列全球性的问题。解决这些问题没有既定的社会规范,而这些问题能否真正解决,又直接关系到人类未来的前途和命运。因此,文化创新首先必须从思想观念和社会意识切入,把科学技术进步纳入人类和社会可持续发展的框架内进行反思,以科学发展观为指导,以便重新确立人类经济社会活动的新准则。

二、和谐文化创新的主要内容

实现文化创新,必须站在时代的前沿,广泛吸收全人类的优秀文化成果,以观念创新为先导,以内容创新为核心,以形式创新为手段,以体制创新为保障,推动和谐文化大发展大繁荣。

---

① 孙丽华:《文化创新的现实依据和能力构建》,《锦州医学院学报》(社会科学版)2006年第2期,第71页。

（一）文化观念创新是先导

观念的创新、思想的解放是引导整个社会前进的强大力量,也是文化创新的内在动力而且处于先导地位。任何创新实践总是从突破传统观念打开缺口的,是先有创新的观念,后有创新的实践。文化观念的创新,就是要突破和摆脱陈旧过时、不切实际的观念和思维定势的束缚,敢于打破常规,解放思想,与时俱进,创造出符合时代潮流和实践需要的新型文化观念。就当前中国先进文化的建设而言,文化观念的创新,就是自觉地把思想认识"从那些不合时宜的观念、做法和体制的束缚中解放出来,从对马克思主义的错误的和教条式的理解中解放出来,从主观主义和形而上学的桎梏中解放出来"①,从一切不适应时代要求的传统文化观念束缚下解放出来,在全社会确立起与发展社会主义市场经济相适应的新观念、新规范,增强中国特色社会主义文化的生命力、感召力和吸引力。

文化观念创新,要求我们坚持解放思想、更新观念,破除只注重文化的意识形态属性和宣传教育功能,不注重文化的产业属性和消费娱乐功能的旧观念,树立文化具有双重属性、双重功能的新观念;破除就经济论经济,就文化论文化,把它们割裂开来、对立起来的旧观念,确立经济与文化的相互交融、相互促进、一体化发展的新观念;破除文化建设就是花钱,只投入不产出的旧观念,确立文化产业是重要的经济增长点,抓文化产业就是抓经济社会发展的新观念。文化观念的更新对建设和发展中国特色社会主义文化有着十分重要的意义和作用。我们只有紧随不断前进的时代步伐,不断更新文化观念,才会迎来一个又一个文化大发展大繁荣的

---

① 《江泽民论有中国特色社会主义(专题摘编)》,中央文献出版社2002年版,第393页。

景象。

（二）文化内容创新是核心

中国特色社会主义文化的内容，主要包括党的指导思想（即思想理论体系）、道德和价值观体系，以及建立在上述两方面基础之上的民族精神。① 这些内容规定着文化的性质和方向。

第一，推进理论创新，不断开拓马克思主义理论发展的新境界。马克思主义理论是一个开放的、动态的理论体系，它始终随着时代、实践和科学的发展而不断发展。这就要求我们必须以与时俱进的精神发展马克思主义，不断总结新的实践经验，借鉴当代人类文明的有益成果，在理论上不断开拓新视野，作出新概括。推动马克思主义理论创新，必须处理好继承、坚持和发展的辩证关系，既要继承和坚持马克思主义的基本原理和科学精神，又要坚持解放思想、实事求是、与时俱进，不断谱写马克思主义理论的新篇章。

第二，创新道德体系和价值观体系。确立新的道德体系和价值观体系有三个方面的特质和规定性：一是与社会主义市场经济相适应，就是根据两个"根本转变"的要求，更新思想观念，破除小生产的思维方式和传统习惯势力的束缚，树立市场经济发展所需要的自立、竞争、效率、民主、平等、法治等观念。二是与社会主义法律规范相协调，就是要求道德体系和法律规范之间在根本价值取向上一致，在功能上互补，就是实现依法治国和以德治国的结合，使之相互促进，相辅相成。三是与中华民族传统美德相承接。就是要继承和弘扬中华民族的传统美德，并结合中国特色社会主义建设的新实践和世界范围内各种文化思潮冲突融合的现实状况，在积极吸收和借鉴当今国内外一切有益成果的基础上，赋予其

---

① 王树祥：《论先进文化创新的内涵》，《学术论坛》2005 年第 4 期，第 83 页。

新的内涵和形式,使之以鲜明的时代特征和民族特色实现现代转化。

第三,要大力弘扬和培育民族精神。民族精神是一个民族在长期的历史发展过程中逐渐形成的并内化于该民族主体中的普遍的价值取向、共同的心理诉求和特殊的精神气质。它是民族文化的灵魂和精髓,是贯穿于民族发展过程中的一种持久稳定的根本精神,是促进民族生生不息、不断进取的精神力量。一个民族没有振奋的精神和高尚的品格,就不可能自立于世界民族之林。特定时代的民族精神都有前代价值观念、思维方式、生活方式的凝聚和积淀;同时,民族精神也不是一个封闭停滞的系统,而是一个具有开放性、充满生命力的系统,闪现着时代精神的精华。因此,当代中华民族精神必定是中华民族的优秀历史传统精神、革命传统精神和新时期精神的有机统一。这就意味着弘扬和培育民族精神既要继承中华民族的优秀传统,又要与时俱进,从改革开放和全面建设小康社会的实践中,从全球化的时代大潮中,提炼民族精神的精华,不断为其注入新的活力。在当代,我们迫切需要培育的民族精神是竞争精神、平等精神、自由精神、法治精神、契约精神、科学精神、民主精神等。

(三)文化形式创新是手段

文化形式是指文化发生、表达、传播的载体,是表现文化内容的手段和方式。文化创新必须通过新形式反映新内容,在实现内容创新的同时,不断进行形式创新。因为文化的内容即使再丰富多彩、生动感人,如果不通过适当的形式展现给人民大众,不为全社会所理解、认同和接受,也不能发挥其教育人、鼓舞人、塑造人的功能,其结果不是曲高和寡、难觅知音,就是消解崇高、以至媚俗。

在文化形式多样化原则指导下,文化形式的创新必须把握好以下几方面①：第一，力求通俗性。文化的表现形式必须贴近群众，反映群众的生产生活实际，注重娱乐性，提倡深入浅出、通俗易懂，满足不同层次群众的需求和欣赏水平，使先进文化在人民群众中的传播达到"润物细无声"的境界，摒弃简单说教、生硬直白、易让群众产生逆反心理的文化形式。第二，凸显民族性。文化形式必须适应中华民族的心理特征和表达习惯，力求体现民族风格、民族气派。一个民族在形成和发展过程中积淀了体现本民族特质的语言、思维定式、行为方式、表达习惯、心理特征等极具惯性和稳定性的因素，在文化交往过程中，对这些因素的重视与否，决定着文化冲突与融合的程度。一种异质文化要在中国得以传播以至被中国人普遍认同，除了内容的改造外，在表现形式上也必须经过"中国化"这道工序，使之与中华民族的传统习惯相契合，才能消除国人内心深处对外来文化本能的拒斥心态，促进中外文化的融合。第三，体现前沿性。20世纪科学技术的迅猛发展使人类进入了高度信息化时代，互联网作为一种崭新的文化传播载体正以前所未有的速度得到普。网络传播是一种信息的综合传播，集文字、声音、图像于一身，具有覆盖面广、信息量大、互动性强、传输速度快、储存方便等优点，为不同文化之间的交流提供了极为便利的条件，是文化传播方式的一次革命。实现文化创新必须积极运用网络的优势，展现和传播丰富多彩的先进文化，增强先进文化的穿透力、影响力和感召力，使中华文化辐射全世界。

（四）文化体制创新是保障

文化体制包括生产体制、管理体制、交流体制、消费体制等多个方面。良好的文化体制是创新的基本保证。传统的文化体制从

① 王树祥：《论先进文化创新的内涵》，《学术论坛》2005年第4期，第84页。

根本上说是同计划经济体制甚至是自然经济体制相适应的。在经济体制改革不断深化、政治体制改革稳步推进的今天,文化体制同经济体制、政治体制的不适应日益明显。① 文化体制问题始终是影响和制约文化事业和文化产业发展的根本性问题,因而推进文化体制改革,就成为解放和发展文化生产力,推动文化创新的中心环节和根本出路,也是促进文化艺术长期全面繁荣的制度保障。

改革开放以来,伴随着国家经济的变革和社会的发展,我们在文化体制改革方面进行了许多有益的尝试。然而,文化体制中依然存在某些弊端:首先,政府职能转变滞后,政企不分、政事一体化;其次,文化管理的法律、法规建设滞后;第三,文化经营人才缺乏;第四,农村文化现状不景气。② 因此,中央决定加大文化体制改革的力度,十七大报告再次强调要进行文化体制创新。

文化体制创新的根本,是遵循文化发展的基本规律,促进文化的繁荣以及和经济、政治、文化的协调发展。当前,文化体制创新的关键,是解决好文化的事业特征与产业特征的关系,解决好文化事业与文化产业的关系,解决好文化市场与文化创造的关系,解决好文化生产者、文化消费者、文化管理者的关系。通过体制创新,形成有利于文化繁荣和文化创造的机制、环境和氛围。

文化创新的内涵是一个相互联系、相互作用的统一体。文化观念的创新是文化内容、形式、体制创新的先导和思想动力,文化内容、形式、体制的创新则是文化观念创新的实践状态和具体表现。文化体制的创新不仅是整个文化创新的制度保障,也是新的

---

① 崔新建:《文化创新是文化建设的关键》,《中国特色社会主义研究》2002年第 6 期,第 86 页。

② 王传满:《文化创新:繁荣文化的必由之路》,《理论建设》2007 年第 6 期,第 42 页。

文化观念、内容、形式得以生成的土壤。

三、和谐文化创新的基本路径及要求

同其他创新一样,文化创新也没有固定的模式、途径和方法。但是,文化创新不是随意地标新立异,同样要遵循文化发展的一般规律,"继承"、"借鉴"、"吸收"是文化创新和发展的基本路径和方法。

(一)文化创新要继承和发扬中华民族的优秀文化传统

文化之"新"决不是依据单纯的时序标准,当今出现的腐朽没落文化决不是文化创新的目标追求。一种文化现象是否具有新质,只能从历史的比较中去认识,只能以社会进步的必然要求和人的全面发展的目标为判断标准。只有符合社会进步的必然要求与人的全面发展目标的文化才是创新的文化。一种文化现象能够称之为新,总要体现对自然和社会更为广泛而深刻的理解,总要对人类的物质生产能力和精神生产能力起到某种提升作用,总要有助于人格境界的升华和精神世界的丰富,以满足人的持续发展诉求,使人更好地体现人的本质。①

文化创新的继承性是文化发展的规律性体现。任何意义上的文化创新都不能割断与已有文化的联系,新文化的形成不仅依赖社会实践,而且需要借助以往的思想资料。马克思创立共产主义学说充分利用了德国古典哲学、英国政治经济学和法国空想社会主义的成果;毛泽东思想在形成的过程中既坚持了马克思列宁主义的基本原理,又借鉴和吸收了中国传统文化的精髓。继承优秀

---

① 周正刚:《论文化创新》,《湘潭大学社会科学学报》2003年第5期,第59页。

的文化传统,不仅包括中华民族的优秀文化传统,还包括五四运动以来的革命文化传统。

　　坚持文化创新既不能否定"继承",采取历史虚无主义和民族虚无主义;也必须"创新",在科学继承的基础上促进传统文化的现代转型,创造出崭新的先进文化。中国传统文化有许多合理的、富有生命力的内容,也存在一些消极落后的东西,作为历史积淀传承至今,对中国人民的价值观念、生活方式产生着深刻影响。对中华民族的传统文化进行扬弃,汲取精华,剔除糟粕,必须立足于中国特色社会主义的实践,着眼于古为今用,推陈出新。紧密结合生活实际与改革实践,充分融汇时代精神与社会蕴涵,大力进行具有本质意义和充满现代气息的文化再创造,始终把凸显和追求具有原创性和中国特色的社会主义新型文化作为我们实现文化创新的基本方向和主要目标。通过继承传统,不仅使新文化建立在以往历史积淀的基础上,还可以保持民族风格、民族气派、民族特色,具有鲜明的民族性。只有这样,我们的文化创新,才能成为中华民族文化发展的新阶段或新形态,才能真正成为中国特色的社会主义文化。①

　　(二)文化创新要吸收和借鉴世界各民族的有益文化成果

　　文化创新"要认真研究和借鉴世界各国的文明成果,善于从其他国家和民族的文化中汲取营养,发展自己"②。发展民族文化也并不意味着排斥外来文化。相反,不同文化间的相互学习和借鉴,往往是推动文化进步与发展的重要力量。因为异质文化之间

　　①　崔新建:《文化创新是文化建设的关键》,《中国特色社会主义研究》2002年第6期,第86页。

　　②　《江泽民论有中国特色社会主义(专题摘编)》,中央文献出版社2002年版,第387页。

通过接触、传播与交融,能适时地、多维地、创造性地将对方的优秀
文化要素转化为自身发展的营养,从而扩充和丰富自己的文化特
质,赋予自身文化形态以新的内容和功能,使自身具有更为强大的
生命力。因此,对世界上一切有利于加强我国社会主义文化建设
的有益经验,一切有利于提高我国人民精神境界的文化思想,一切
有利于发展我国社会主义事业的管理方式,我们都要大胆借鉴。
纵观世界文化发展史,"任何民族文化的创新和繁荣,都离不开对
其他民族优秀文化成果的吸收和借鉴。古希腊文化的繁荣,包括
了对埃及、巴比伦文化的吸收和借鉴;中国汉唐文化的繁荣,也由
于吸收了印度、西域乃至更加遥远的西方文化。"因此,必须正确
认识和处理民族文化与外来文化之间的关系,坚持以我为主、为我
所用,辩证取舍、择善而从,大胆借鉴。我们只有以"海纳百川"的
气魄去接纳、借鉴世界上一切于我们有益、有用的文化,才能不断
促进我国民族文化的创新与发展,使我国的民族文化始终处于世
界文化发展的前沿。①

(三)高素质的创新人才是文化创新的内在要素

高素质的创新人才队伍是实现文化创新的必备要素。目前,
我国的创新人才数量少,整体素质偏低,原创能力不足。改变这种
状况首先要从教育入手,尽快将创造性作为人才培养的目标,就要
扭转教材内容陈旧落后的状况,改变灌输式的教学方式,实行启发
式的全程教学,十分重视培育学生的个性和开拓进取精神。这些
原则不仅要贯穿于在校教育,而且要贯穿于在岗教育和在职教育。
其次,建立有效的创新人才选拔机制,早期发现和逐级选拔对造就

---

① 苏涛:《关于文化创新的理论与实践探讨》,《江汉论坛》2006年第8期,
第138页。

高素质的创新人才至关重要。没有有效的发现和选拔机制,创新人才会被漠视或压抑。第三,大力发展各类学术文化社团。新文化的孕育需要学术文化的群体氛围,探索性的工作需要相互启发、相互激励。在创造性的群体中,个人的才智和创造能力可以得到最大程度的发挥。应当认真借鉴中外有益的经验,推动我国学术文化社团的形成和健康发展。

(四)良好的社会环境是文化创新的外部条件

有利于文化创新的社会环境应当具有如下一些特点①:第一,社会大众具有强烈的变革愿望和发展激情。社会变革和发展的要求必然导致对新文化的探索和对传统文化的改造。文化的创造激情只能来自社会的变革和发展的要求,而且与这种要求的强烈程度成正比。第二,思想活跃、心态开放。只有在开放活跃的氛围中,人们才敢于提出新想法,进行新探索。不同观点、不同学派、不同艺术形式的争鸣受到鼓励,才能正确面对传统文化和外来文化。第三,充分地理解和容忍新事物。创新意味着风险,陈陈相因、忌新固旧,新事物永远成长不起来。对新事物的理解和容忍是社会健康成熟的标志。社会的文明程度越高,社会成员对新事物越持积极鼓励的态度。第四,尊重知识、尊重人才。这不仅表现在对知识的向往、渴求,对人才的爱护、提携,更表现在社会大众对科学知识、进步文化所表述的社会规律、精神价值、生活方式的认同及社会大众与创新人才的沟通和互动。第五,普遍较高的社会文化水准。不能设想在一个文盲充斥、愚昧盛行的国度会有创新。文化创造力建立在基本的文化素质之上,社会普遍文化水准决定这个

---

① 张筱强、马奔腾:《文化创新:理论与实践》,《中共中央党校学报》2002年第4期,第84页。

社会文化创新的资源和潜力。改革开放30年来,我国文化创新的社会环境已经得到极大改善,面对当今时代创新的迫切要求,文化创新的社会环境仍然需要进一步健全和完善。

文化创新必须立足于当代中国改革开放和中国特色社会主义现代化建设的实践,着眼于世界文化发展的新趋势,准确把握时代的脉搏,植根于广大人民群众的广阔实践中,充分发挥人民群众的创造力。也只有持续而有效的文化创新,才会使中国特色社会主义文化呈现出大发展大繁荣的景象,才能满足人民群众日益增长的文化需求,提升人们的精神境界和社会文明程度,提高国家文化软实力。

第六章　社会主义和谐文化建设的实践进路分析

和谐文化的理论建设最终要贯彻落实到社会文化建设的实践中,因而,要以和谐校园文化、和谐社区文化、和谐农村文化为切入点,在新的时代条件下,尤其要加强和谐网络文化建设。

第一节　和谐校园文化建设

当前校园文化建设存在一些时代性弊病,成为阻滞和谐校园文化建设的不和谐音符。其中较为突出的是校园文化的功利化、低俗化、非主流化倾向的出现和蔓延。和谐校园文化建设应突出创新精神、自由精神、科学精神、人文精神。

一、校园文化的概念界定及构成
(一)校园文化的多种界说

一般认为,校园文化概念最早是由美国社会学家华勒,英国利物浦大学哲学博士、台湾师大教育研究所所长林清江先生提出的。而在大陆,校园文化概念的最早提出并得到公认则是在1986年4月上海交大举行的第12届学代会和1986年5月由共青团上海市委学校部召开的"校园文化理论研讨会"上。从那时开始,校园文化研究及理论发展经历了发起、逐步发展和理论形成三个阶段。

人们关于校园文化的认识先后出现了"课外活动说"、"第二课堂说"、"氛围说"、"学校准文化说"、"规范说"、"校园精神说"等六种主要观点。

有学者认为,校园文化是大学人在大学校园各项活动过程中所共同营建,并通过理想信念、价值取向、群体行为、生活方式、舆论风气、校园景物环境等所蕴涵、表达或体现出来的一种层次较高的精神品质。

有学者把校园文化界定为:"在一个学校范围内,在长期育人过程中形成的独特的价值观念、社会心理、审美情趣、思维模式、行为方式以及与此相关的校风学风,是学校全体师生员工在长期办学过程中形成并共同遵循的最高目标、价值标准、基本信念和行为规范。"①

同时也有学者认为,高校校园文化是高校师生根据经济社会发展的需要在长期的教育教学实践过程中,通过学校各个层面所创造、积累并共享的,以反映师生共同信念和追求的校园精神为核心,具有高校校园特色的一切物质形态、精神财富及其创造形成过程。

(二)校园文化的内涵及构成

关于校园文化的内涵及构成,存在着"二分说"、"三分说"、"四分说"、"多维分析说"等多种论述。"二分说"的基本观点是将校园文化分成物质的和精神的两个层面,物质文化包括校园建设、文化设施、校园绿化和美化等,精神文化是学校本质、个性、精神面貌的集中反映。同时也有人将校园文化分成硬体和软体两部

---

① 吴婉湘、方海明:《大学文化与校园文化辨析》,《当代教育论坛》2006 年第 6 期,第 96 页。

分,前者主要包括校园环境建筑、图书、设备等,后者包括校风、校训、学风、教风等。"三分说"则将校园文化分解为物质文化、制度文化和精神文化三个维度。"三分说"是从文化主体的角度,将校园文化分为干部文化、教师文化和学生文化三个方面,其中,以学生文化为主体。"四分说"则将校园文化分解成观念文化(精神文化)、制度文化、物质文化和行为文化四个方面。校园观念文化主要以思想观念形态表现出来,包括思想意识、价值观念、生活信念等;校园制度文化主要指以文字形态表达的学校的规章制度及固定的体制所体现的文化;校园物质文化以实物形态表现出来,主要指学校的教学设施、生活设施、校园生态环境等;校园行为文化包括校园内人们的日常言行和开展的各种娱乐性、学术性活动等活动形态。"多维分析说"认为,可以从不同的角度来分析校园文化的具体内涵、构成,如可从系统的角度将校园文化分为政治文化、伦理文化、体育文化等;从范围的角度可分为课堂文化、宿舍文化、办公室文化,等等。

(三)对于校园文化及其内涵的基本认识聚焦

目前,人们对于校园文化及其内涵的基本认识聚焦到了如下几个要点:(1)"校园文化"的载体"校园"专指实施高等教育的高等学校校园,区别于实施基础教育和中等教育的初等学校校园和中等学校校园。因此,这里谈论的校园文化其实就是高校校园文化。(2)"校园文化"的主体是校园内的教师和学生,而且是学校发展历程中的几代甚至几十代的校园人,所以校园文化具有鲜明的历史性,是历届师生共同努力、创造传承的文化积淀。(3)高校校园文化的内涵及其构成至少包括如下四个维度:校园物质文化,即体现于校园内物质层面的文化;校园精神文化,即校园人的思想、信念、观念层次的文化;校园行为文化,即校园人的行为方式层面的文化;校园制度文化,即校园人必须遵守的规章制度以及组织形式。(4)在校园文化内涵构成的四个方面中,校园精神文化是校园文化的核心内容。即"校园文化可以见之于物质层次的校园建设、制度层次的各项规章制度,而更重要的是体现在那些无形的精神层次方面,包括学校的办学思想、道德观念、传统精神、校风学风等,推动学校发展的内在力量正是这些思想文化传统"①。

二、校园文化作用的双重性

校园文化作为社会亚文化系统,从校园成为相对独立的社会群体开始,就存在并发挥着独特的社会作用。从社会学角度来说,校园文化能规范学校成员的思想行为,赋予学校以活力机制,进而促进整个社会文化的发展。从文化学角度看,校园文化既是物质的,也是精神的,既包括科学探索,也包括审美、娱乐等文化活动;既包括课堂学习,也包括课余活动。② 从学校自身来说,教育不单纯是一种简单的知识传授,还包括文化气质、道德风貌、人文环境和科学氛围等。

一方面,良好的校园文化不仅可以促进教学、科研及管理活动,而且可以使校园生活得到丰富,每个校园人的精神得以振奋和升华;良好的校园文化有强大的凝聚力和吸引力,能较好地调节和激励师生员工的思想行为,较好地培养和激发师生员工的群体意识和集体精神,较好地促进师生员工的自我约束、自我管理和自我完善,较好地保持学校的长期稳定。同时,良好的校园文化还可以

---

① 吴婉湘、方海明:《大学文化与校园文化辨析》,《当代教育论坛》2006年第6期,第96页。
② 杨欢、韩文秀:《高校校园文化建设创新的研究》,《天津大学学报》(社会科学版)2006年第1期,第27页。

通过学校所培养的人才渗透到社会各阶层,对社会文化乃至整个社会发挥巨大的作用和影响。因而,和谐校园文化的作用可以从对校园内部的作用和对外的社会作用作双重性考察。

(一)和谐校园文化的内部功能

和谐校园文化具有独特的正向功能,在构建和谐校园、促进大学生全面发展中起着举足轻重的作用。鉴于其独特作用,党中央、国务院《关于进一步加强和改进大学生思想政治教育的意见》中就特别强调了要大力加强校园文化建设,加强新形势下大学生思想政治教育。和谐校园文化具有多种内部功能:

1. 导向功能。和谐校园文化可以引导学生形成先进文化理念和正确的世界观、人生观、价值观。由于青年大学生对文化的选择具有心理的不确定性和价值取向的模糊性,因此和谐校园文化的导向作用就显得尤为重要。大学期间是大学生世界观、人生观、价值观形成和固定的关键时期。成长于网络信息化时代的当代大学生,在感受网络世界的精彩、网络便捷的同时,也经历着网络对意识观念的前所未有的冲击。裹挟而来的西方的虚无颓废情绪、暴力主题、色情成分;网络所营造的虚拟世界的诸多诱惑;拜金主义、实用主义、功利主义等各种社会思潮的肆虐,很容易对大学生的思想观念产生不良的诱导倾向,甚至会将少数缺乏辨别力、判断力的学生引向歧途,造成道德缺失、价值观错位的严重后果。和谐校园文化以其先进健康的价值系统和规范标准,对学生价值取向与行为方式起引导和规范作用,促进学生的思想和行为健康向上。

2. 教育功能。和谐校园文化能够凸现其教育功能,把教育人、培养人、塑造人作为其出发点,陶冶学生情操,发展学生智能,磨炼学生意志,愉悦学生身心。知识经济和全球化时代对人才的需求,指向人格的健全和个人综合能力的提高。和谐校园文化能够对学生的知、情、意等方面起到潜移默化的影响。德国教育家斯普朗格指出:"教育绝非单纯的文化传递,教育之为教育,正在于它是一种人格心灵的'唤醒',这是教育的核心所在。"①和谐校园文化营造出适合人才成长的人文环境和愉悦的校园氛围,有利于舒缓紧张心理、消除思想障碍、增强自我调适能力。多层面校园文化的开展可以为在校大学生架起通向社会的桥梁,大学生在各种形式的文化活动中认识自我、认知社会,并在开阔视野的同时,锻炼动手实践能力和组织协调能力,为今后更好地步入社会、适应社会做好准备。

3. 陶冶功能。和谐校园文化有助于培养大学生的人文精神。校园文化建设在培育大学生人文精神方面有独特的作用。爱因斯坦说过:"用专业知识教育人是不够的。通过专业教育,他可以成为有用的机器,但不能成为一个和谐发展的人。"杨叔子院士也认为:"一个国家、一个民族,如果没有先进的科学技术,一打就垮;一个国家、一个民族,如果没有优秀的人文文化,不打自垮。"②高品位的人文文化的熏陶,是和谐校园文化培育大学生人文精神的重要作用形式。和谐校园文化能够创造一个无形的"场",将其感染力和渗透力弥散于校园之内、学生之中,无时不在、无时不有,通过潜移默化的陶冶,促使大学生崇尚真善美、抵制假恶丑。物理学家范守善曾说:"一个大学其实是一种氛围,一种文化。一个学生进入大学学到什么当然重要,但更重要的是受到一种熏陶、被浸泡

---

① 邹进:《现代德国文化教育学》,山西教育出版社1994年版,第73页。
② 转引自张萍:《论新形势下高校校园文化建设的价值》,《文教资料》2006年5月下旬刊。第26页。

成一种人才。"①和谐校园文化能够通过一定的文化环境和精神氛围，使生活在其中的每个成员在思想观念、心理因素、行为准则、价值取向等方面受到潜移默化的熏陶，实现对人的精神、心灵和性格的塑造。

4. 规范功能。和谐校园文化可以孕育一种约定俗成的行为道德准则和一种崇高的精神信条，使人们在无形或有形的约束和规范下学习、生活。荀子曰："蓬生麻中，不扶自直；白沙在涅，与之俱黑。"②和谐校园文化创造的健康向上的文化氛围对于规范大学生的思想行为有着重要作用。

5. 凝聚功能。在文明、高雅的和谐校园文化氛围中，师生所受的心理影响基本类同，这种类同的心理效应会产生一种无形的感染力、向心力，从而形成公共价值趋向上的凝聚力。

6. 娱乐功能。青年学生喜闻乐见的丰富多彩的校园文体活动，使和谐校园文化具有较强的娱乐功能，使学生在紧张的学习之余，得到轻松愉快而健康的休息方式，生活有张有弛，为学生的身心健康发展创造了良好的环境。

（二）和谐校园文化的社会功能

和谐校园文化不仅具有多重的内部功能，它作为社会文化系统的亚文化，同时具有重要的外部社会文化功能：和谐校园文化是传承优秀传统文化的主体，是引领社会文化的先声，是社会文化重要的辐射源、创新源。③

1. 和谐校园文化传承民族文化，彰显时代精神。大学校园是

---

①　转引自吴磊、肖池平：《关于和谐校园文化建设的思考》，《江西社会科学》2006年第2期，第83页。

②　《荀子·劝学》。

③　李四平：《大学文化的社会责任》，《光明日报》2006年5月24日。

人类知识和文明学习、传承和创新的重要场所,是社会文化的汇集地。大学校园文化不但承担着传承知识、培养社会创新能力和社会改造能力的任务,而且也承担着为社会发展所需求的社会理想、道德规范等的社会性教育,以促进社会健康、和谐发展。大学文化在传承文明、发展科学、提升人性的同时,坚守着社会良心和民族尊严,彰显社会文化和时代发展中主流、健康、和谐、先进的时代精神。大学文化从学理上和思想上关注与思考社会和时代问题,理性指导社会和时代的发展,为社会培养创新人才、精英人才和全面发展的现代人才,是社会可持续发展的动力源泉和人类社会的灯塔。

2. 和谐校园文化引领社会文化。大学校园文化的重要功能就在于不断创造新知,不断追求更高层次的理性精神,不断创造更优秀的文明成果,并按照一定的价值目标,对社会现实文化进行分析,作出肯定或否定的评价,引导社会文化向健康方向发展。自古以来,大学文化作为社会的精英文化一直是社会文化的精神支柱,起着引领和主导社会文化发展方向的重要责任。欧洲中世纪的大学活跃了当时的思想文化,在一定程度上为文艺复兴和宗教改革奠定了思想文化基础。中国古代的书院文化也曾经代表了中国古代的主流文化,它对中国传统文化的传播和发展做出了重要的贡献。上世纪初叶北京大学的新文化运动不仅在当时给人以思想启蒙,而且影响了整个社会政治、经济的深刻变革,形成了社会文化的新思潮。存在仅八年的西南联大,在战时条件极端艰困之日,始终弘扬爱国、民主、科学的精神,自强不息,刚毅坚卓,为中国乃至世界的科学和文化留下了宝贵的精神财富。

3. 和谐校园文化辐射社会文化。大学的根本任务是培养人才,从某种程度上说,大学是通过文化教化实现人才培养的目的。

通过文化的传播和创造,促进受教育者的社会化、个性化、文明化,为社会塑造德智体美全面发展的人才。一代又一代的学生在用知识和技术服务社会的同时,也把内化于心的科学精神和人文精神渗透到社会,促进了社会文化的濡化和发展。更为重要的是,显示大学文化特质的许多因素如校长风格、办学理念、学者风范、管理制度、学科特色以及文化景观等等都是影响社会文化发展的客观存在,许多著名人物和重大历史事件所折射的文化和精神往往经世而独立,历久而弥新。

4. 和谐校园文化创新社会文化。没有文化的更新和创造,就没有文化的真正发展。文化创新是大学进步的不竭动力和显著特征。有人认为,知识的保存、生产和应用,精神的传承、生产和原创都是以大学为基础的,或者说,它们都是大学的文化功能和重要使命。大学在科学研究和文化交流过程中,对原有文化进行选择、批判、加工、整合,引起原质文化发生裂变,通过传承优秀民族文化,吸收外国文化精华,形成新文化,进而促进社会文化的更新和发展。大学文化的创新,必须具备一种学术自由的宽容环境,具备一种勇于批判的进取精神,具备一种保障文化创新的大学制度。而大学文化要引领和创新社会文化,除需要大学文化自身加强先进性建设外,在当前更需要的是一种领跑和主导文化发展的社会责任。[1]

大学不仅仅是知识的权威,而且在区分善恶、明辨荣辱、建立信念、认识真理等方面一直是社会的坐标。在多元社会思潮和多样化文化的冲突面前,大学应该成为继承传播民族优秀文化的重要场所和交流借鉴世界进步文化的窗口,成为发展中国特色社会

---

[1]　李四平:《大学文化的社会责任》,《光明日报》2006年5月24日。

主义先进文化的重要基地、示范区和辐射源。

三、校园文化建设的现状及存在问题分析

近年来我国高校校园文化建设取得了很大成绩和进步,校园文化的积极作用日益凸现。然而,在校园文化建设迅速发展、取得成绩的同时,一些时代性弊病也相伴而生,成为阻滞和谐校园文化建设的不和谐音符。其中较为突出的是校园文化的功利化、低俗化、非主流化倾向的出现和发展。

(一)校园文化发展的功利化倾向

校园文化应是重学术发展、重人文精神培育、重民主自由文化氛围,有相对独立性和超越性的社会高雅文化、精英文化、主流文化的体现。而当前的校园文化建设中,却表现出与之相悖的且有愈演愈烈之势的功利化倾向。这在校园物质文化建设、校园精神文化建设以及校园活动文化建设中都有所表现。

功利化倾向在校园物质文化建设中体现在重物质文化建设、轻精神文化建设。在校园精神文化建设中的体现:人心浮躁,人文积淀、人文传承意识趋于弱化。大学校园文化具有人文积淀与传承功能,强调和谐和感情,引导人们追求真、善、美,赋予人类的生产乃至科学活动本身以意义和价值的导向。然而,当前校园文化中弥漫着急功近利的浮躁情绪,人文的积淀与传承意识趋于弱化。在功利主义的冲击下,曾经被称为"社会最后一方净土"的大学校园似乎开始丧失学术殿堂的尊严,开始演变成一个名利场。大学精神日益流失,各种急功近利的浮躁情绪在大学蔓延。高校教师理应是社会高级知识分子,代表着一个社会的人文精神,是社会的精英,是社会进步的引擎,他们的价值取向、人生追求直接影响到大学生群体,影响到高等教育的方向,影响到高校校园文化发展的

方向。然而,在市场经济的商业狂潮下,部分教师已经被功利性的人生追求、浮躁心态冲昏了头脑,他们热衷于短期内制造学术泡沫出名、热衷于办班走穴捞实惠,甚至热衷于抄袭剽窃评职称。现在专家、教授数量很多,但为世人所公认的学有所成的大师却很少;高校教师发表的学术论文虽然数量惊人,但有独到见解、能促进经济社会发展的却不多见。现代大学生当中,相当一部分学习目的、人生理想趋向功利化,不注重人格培养和道德情操的提升,人文精神缺失。

(二)校园文化发展的低俗化倾向

高校校园文化应以社会先进文化为导向,其创造主体是具有较高学识和素养的教师和大学生,处于社会文化中较高文化层次。高校校园文化素以积极、和谐、健康、清新、高雅著称而有别于一般的世俗文化,具有思想活跃、学术气氛浓郁、文化品味高等诸多特点。有位作家曾说过:"如果说这个世界上还有最后一方净土,那么一定是大学校园;如果说这个世界上还有一群乐观而真诚的人们,那么一定是大学生。"①然而,当前高校校园文化本该拥有的高雅、纯正正在日益流失与蜕化,严肃的学术氛围正在逐渐淡化,庸俗的行为正在潜滋暗长。高校校园文化低俗化倾向对健康高雅的高校校园文化建设构成了极大的威胁,建设和谐、高雅、健康、向上的高校校园文化就要高度重视并认真研究从而有效抵制种种低俗文化的侵蚀。

随着我国改革开放和全球化的推进,伴随先进、健康的物质、精神文明成果而来的,是大量庸俗、低级趣味的思想观念和腐朽生

---

① 转引自:《文明举止关乎大学生公德形象》,《北京日报》2005年9月28日。

活方式的汹涌而入。一些被美国评论家称之为"垃圾文化"的低俗文化也大量从发达资本主义国家涌入国内,正如有人所言"它在播种平庸"①,也冲击着我们的和谐校园文化建设。西方市场经济下的拜金主义、利己主义、享乐主义等消极观念对当代大学生的价值观产生了巨大的冲击。各种低级庸俗的文化以其特有的媚俗性、浅薄性迎合大学生消遣娱乐和玩世不恭的心态,致使校园文化中学生的价值理想越来越趋向世俗化。有专家甚至悲叹:大学生在理想信念上仅剩下了"躲避崇高"后的迷茫、"渴望堕落"后的伤感、"玩的就是心跳"后的空虚、"过把瘾就死"的失落以及"我是流氓我怕谁"的无奈。不少大学生把迎合社会浮躁的、粗鄙的、低格调的趣味视为潇洒的标志,信仰漂浮不定、个性浮躁、急功近利之风弥散校园。

健康、高雅的和谐校园文化能陶冶青年学生的情操,净化他们的心灵,提高他们的素质,促进他们健康成长。相反,庸俗、腐朽的思想、文化和生活方式是青年学生的"精神鸦片",极大危害着他们的身心健康。低俗化的文化垃圾会扭曲青年学生的道德价值观念,腐蚀人的灵魂,把人引向美丑不分、是非不辨、善恶颠倒的深渊,对学生正确的世界观、人生观、价值观的形成和确立产生了十分不利的影响。因而,对校园文化低俗化趋向的危害不可低估。

(三)校园文化发展的非主流化倾向

当前,我国社会主流文化与非主流文化多元共存、冲突融合、嬗变转化已成为不容置辩的客观现实。它们之间的相互作用,相互制约,正日益形成更为丰富多彩的社会文化,对社会发展产生不

---

① 雷国铨、林惠科:《高校大学生社区文化建设初探》,《福建论坛》2005年第4期,第63页。

同的影响。在此背景下,校园文化也呈现出非主流化倾向。

我国当前的主流文化即指社会主义先进文化。"在当代中国,发展先进文化,就是发展面向现代化、面向世界、面向未来的,民族的科学的大众的社会主义文化,以不断丰富人们的精神世界,增强人们的精神力量。"①我们必须坚持马克思列宁主义、毛泽东思想和邓小平理论在意识形态领域的指导地位,大力弘扬和发展社会主义先进文化,保证我国文化事业和社会主义现代化建设大业的正确发展发向。

非主流文化,广义上是指在社会发展的一定历史阶段上处于非主导地位的文化。它在社会发展中,在一定程度上影响人们的思维方式、行为标准和行为方式。它往往与统治阶级所倡导的文化相悖,但也可以是对统治阶级倡导的文化在一定程度上的补充与协调。通常,那些已为历史和时代发展所淘汰的、愚昧落后的非主流文化现象,是指前者;而文化领域内"百花齐放"的各种文化流派,则是指后者。这些主流和非主流文化各放异彩,深刻体现了时代精神,共同推动着社会文化事业的繁荣和进步。狭义上是指在一定历史阶段上与统治阶级倡导的文化相矛盾的社会文化。它既可能是落后的,也可能是非落后的文化。在当今我国,与倡导的文化相矛盾的社会文化主要是指落后的封建文化和西方文化中错误、愚昧、腐朽、落后的部分。

高校非主流文化的存在是社会多元化的必然结果。非主流文化的传播和盛行对校园文化的影响好比是双刃剑,是积极与消极并存的,但消极作用更为明显。"面临着社会的转型,愈来愈广泛

①　《江泽民在中国共产党第十六次全国代表大会上的报告》,新华网2002年11月17日。

的价值冲突、价值变迁将出现在社会生活中,在这种价值冲突、价值变迁的影响下,大学生的价值观在突显主体性的同时,也必然会感到迷茫、失落、压抑、痛苦、心理混乱、行为失衡,具有一种无根感、疏离感、孤独感和漂泊感。"①非主流文化的消极因素使许多尚未形成稳定价值观的青年学子一时难以适应社会变革,甚至出现了一定程度的行为无序、道德失范与思想困惑、混乱的状态,成为校园文化主旋律中不和谐的音符。进而对和谐校园文化建设提出了新的挑战。②

　　校园文化建设出现的功利化、低俗化、非主流化倾向是社会文化多元化带来的必然结果和反映,只有加强对这些时代发展中出现的新问题的研究,积极探寻解决的途径和出路,才能真正建成和谐校园文化。

四、和谐校园文化建设的时代诉求

(一)校园文化建设应坚定指导思想:社会主义先进文化和社会主义核心价值体系

　　和谐校园文化建设应坚持"始终代表中国先进文化的前进方向"的根本原则和方向,按照"发展先进文化,就是发展面向现代化、面向世界、面向未来的,民族的科学的大众的社会主义文化"的要求,增强时代感,弘扬主旋律,提倡高品位、高格调,不断丰富高校师生的精神世界,增强他们的精神力量。为此,高校校园文化要坚持多元文化与主导文化的统一。校园文化的多元化趋势是社

---

　　①　陶东风:《社会转型与当代知识分子》,上海三联书店1999年版,第237页。

　　②　姜美珍:《从文化多元看构建高校和谐校园》,《中国教育报》2005年9月26日。

会转型的必然结果。然而,任由多元化的校园文化自由发展也是不足取的。在顺应校园文化多元化趋势的同时,必须注重建设主导文化。"校园文化建设的一切内容、一切设施、一切途径和一切方法,都必须鲜明地突出现代社会的时代意义和精神,并始终预示着未来社会的发展方向,努力使培养的人才不仅具有正确的政治信念和健康的道德情操,掌握现代社会拥有的最新科学知识,而且还要具有把握未来社会发展的能力。"校园文化作为社会主义学校教育的重要组成部分,应该体现社会主义的本质要求,应以弘扬时代主旋律、倡导集体主义、爱国主义、社会主义教育为主要特征,增强校园文化的教育导向功能。

(二)校园文化建设应突出创新精神

大学作为探究未知世界、认识真理、发现真理,为解决人类面临的各种问题提供人才支持和智力支援的重要场所,也是人类创新的重要源泉。江泽民同志指出:"创新是一个民族进步的灵魂,是国家兴旺发达的不竭动力。"培养创新人才和知识创新是大学的重要目标。校园文化建设应追求卓越,鼓励创新,突出创新。实施大学生素质拓展计划,建立完善创新体系。充分利用学生社团,发动学生的积极性,开展科技创新活动,营造有利于创新、勇于创新的校园文化氛围。

(三)校园文化建设应突出自由精神

思想自由是大学的精神和灵魂,是知识创新的源泉。实践证明:世界一流大学所培养的创新人才多,重要的原因之一是有着厚重而有批判精神的学术自由文化氛围。如哈佛大学创立的"学术自由、学术自治、学术中立"的学术原则,斯坦福大学创建的"公平竞争(防止'近亲繁殖')、自由开放、和而不同"的学术环境,耶鲁大学"自由教育、人文精神"的学术底蕴,剑桥大学形成的富有影

响的学院制与导师制,梅贻琦、蒋梦麟和张伯苓三位校长的民主作
风和真诚合作的办学风范,西南联大包容各种学派的宽容精神,潘
光旦、费孝通、陈序经、冯友兰等学者对不同学术观点的容忍与宽
容的品质和修养,北京大学校长蔡元培倡导的"兼容并包、学术独
立、思想自由"的学术情怀,清华大学校长梅贻琦提出的通才教
育、教授治校、学术自由和崇尚大师的办学理念,这些都是营造开
放、科学、民主的学术文化环境的杰出典范,它们对于养成创新品
质是宝贵的财富。和谐校园文化建设应着力营造一种自由的学术
风气,允许不同的学术观点的存在,提倡学术争鸣,开展学术讨论。
营造出一种开放、宽松、自由的校园学术环境,可以在潜移默化之
中培养师生超越现实的理想主义精神,塑造师生独立的学者人格,
这才可以创造出丰富的思想和智慧果实。从而,大学才能真正承
担起探索真理、维护知识权威、引领社会发展的使命。

(四)校园文化建设应突出科学精神

"科学精神就是:实事求是,勇于探索真理和捍卫真理。具体
说来科学精神包括求实精神、创新精神、怀疑精神、宽容精神等几
个方面。其中最主要的是求实与创新。"①1941年,我国著名科学
家竺可桢指出,科学精神包括如下内涵:"一、不盲从,不附合,以
理智为依托。如遇横逆之境遇,则不屈不挠,不畏强御,只闻是非,
不计利害。二、虚怀若谷,不武断,不蛮横。三、专心一致,实事求
是,不作无病之呻吟,严谨整饬,毫不苟且。"②后来,20世纪80年
代初,著名学者章道义和陶世龙也指出:"实事求是是科学精神的

---

①　刘华杰:《科学真理与科学规范》,《科学与无神论》2000年第3期,第54
页。

②　转引自武建奇:《科学精神与学术创新》,《社会科学论坛》2007年第5
期,第21页。

主要表现。""科学精神还表现为严肃的态度、严谨的作风和严密的方法。"从"科学精神"这一概念的内涵看,所谓科学精神是指:从事科学研究工作(包括自然科学和人文社会科学研究工作)的人应具有的人格、理念、情操及价值观念等。具体地说,科学精神包括崇尚科学、热爱科学的精神;敢于怀疑、勇于创新的精神;不屈不挠,知难不退的精神;勤于实践,严谨求实的精神;静心研学,戒急戒躁的精神;淡泊名利、苦耐清贫的精神;坚持真理,为真理献身的精神;恪守学术道德,修炼完美人格的精神等。① 科学精神是怀疑精神,科学精神是求真精神,科学精神是献身精神,科学精神是自由精神,科学精神是宽容精神,科学精神是创新精神。这里,怀疑是科学研究的起点,求真是科学研究的过程,献身是科学研究的主观条件,自由和宽容是科学研究的社会环境条件,而创新则是所有这些科学精神的自然结果。

真正的科学研究工作者必须具有独立的人格,能独立地选择自己的治学原则、科研方法,从而能独立地选择自己的科学道路和人生道路;独立地坚持自己的科学思想、科学理念和科学观点,不屈从于任何权势或任何反科学的势力。此外,真正的科学研究工作者还必须具有追求真理、坚持真理、捍卫真理及为真理而献身的高尚情操;在必要的时候,还敢于为真理牺牲自己的生命。最后,真正的科学研究工作者必须具有为人类社会的发展进步而奋斗终生并贡献自己的全部智慧和力量的价值取向和价值观念。

(五)校园文化建设应突出人文精神

"人文精神就是人之为人的一种理性意识、情感体验、生命追

---

① 周志华:《论"科学人"与科学精神》,《学术论坛》2007年第4期,第43页。

求、理论阐释、评价体系、价值观念和实践规范,是人类以文明之道大化于天下的生命大智慧。"①"人文精神在不同的时代其表现形态与主题并非完全一致,从教育上看,古典人文主义最关心的主要是个人,着重培养个人的人文修养及个人的道德品质。当代人文主义教育尽管也关心个人,但更强调关心他人、社会以及人类的利益与未来。据此,这里所说的人文精神的教育,实质上是一种人生观与世界观的教育,其核心是引导青少年一代更好地洞察人生、完善心智、净化灵魂、理解人生的意义与目的、找到正确的生活方式。"②当今要大力弘扬的这种人文精神是中华民族优秀传统文化与时代精神的结合,它包括了自强不息、奋发有为、乐观向上的人生追求;社会与历史责任感以及爱国主义情操;把握现实,面向未来的胸怀和眼光;义利兼顾以义为上的价值取向;尊重、理解和关心他人、宽容合作及互助奉献的精神。

中国大学人文教育、人文精神的下滑早有公论,而大学校园的浮躁喧哗,校园文化的功利化倾向,究其根本,最重要的恰恰就是当今大学人文精神的缺失,以及由此所导致的校园文化底蕴的稀薄,师生价值观的迷茫、文化修养的欠缺、文化根底的肤浅。在现代教育中,一些大学的文化精神都过多地染上急功近利的商业气息。日本学者池田大作与英国学者汤因比在《展望21世纪》书中指出:"现代教育陷入了功利主义,这是可悲的事情。这种风气带来了两个弊端,一个是学问成了政治和经济的工具,失掉了本来应有的主动性,因而也失去了尊严性;另一个是认为实用的知识和技

---

　　①　李统:《人文精神与科学精神的融通与共建》,《光明日报》1999年10月29日,第4版。

　　②　唐斌、尹艳秋:《科学教育与人文精神——兼论科学的人文教育价值》,《教育研究》1997年第11期,第21页。

术才有价值,所以做这种学问的人都成了知识和技术的奴隶,由此产生的结果是人类尊严的丧失。"①科学和人文,是人类文明发展中的两个车轮,科学有人文相辅就可以更加明确其自身的价值和意义,明确正确的发展方向,在创新思维上有所启迪;人文有科学支撑,则可以更加严谨和厚重。科学精神塑造了大学卓尔不群、特立独行的精神气质,人文精神塑造了大学社会责任、人文关怀的文化底蕴。因此,塑造以科学与人文融合的校园文化精神,有利于大学在传承文化、发展科学、提升人性的同时,坚守着大学的社会良心和民族尊严,有利于大学从学理和思想上关注与思考社会问题,理性指导社会改革,使大学真正成为科学和人文协调发展的现代文化中心,成为培养创新人才、精英人才和实现人的全面发展的摇篮,成为高等教育与社会可持续发展的动力源泉,成为人类社会的灯塔。

第二节　和谐社区文化建设

社区是社会的细胞,社区和谐是社会和谐的基础。社会主义和谐社会的构建中,和谐社区建设占有极其重要的地位,而社区文化建设是构建和谐社区的精神依托和灵魂所在,是满足居民日益增长的文化生活需要的内在要求,也是有效解决社会转型期社区面临的一系列新问题的重要途径。建设和谐社区文化是构建和谐社区的有效途径,是构建社会主义和谐文化的重要构成部分和切入点。

---

① ［日］池田大作、［英］汤因比:《展望21世纪》,国际文化出版公司1985年版,第61页。

一、社区与社区文化

社区建设是现代社会发展的新课题,而社区文化建设是社区建设的灵魂。建设和谐社区,成为我国构建和谐社会中一个很重要的方面。2005 年 2 月,胡锦涛总书记在省部级主要领导干部提高构建社会主义和谐社会能力专题研讨班上的讲话中指出:"要加强城乡基层自治组织建设,从建设和谐社区入手,使社区在提高居民生活水平和质量上发挥服务作用,在密切党和政府同人民群众的关系上发挥桥梁作用,在维护社会稳定、为群众创造安居乐业的良好环境上发挥促进作用。"①"社区是社会的细胞,建设和谐社区是构建社会主义和谐社会的基础。要坚持以服务群众为重点,以居民自治为方向,以维护稳定为基础,以文化活动为载体,以党的领导和党的建设为关键,努力把社区建设成为各种社会群体和谐相处的社会生活共同体,为构建社会主义和谐社会奠定坚实基础。"②此后,在 2005 年 10 月初,胡锦涛总书记在天津视察时,又对社区建设作了重要指示,他强调指出:"加强城市社区建设,是全面建设小康社会的重要内容,也是实现好、维护好、发展好人民群众利益的重要途径。要按照构建社会主义和谐社会的要求,充分发挥社区在提高居民生活水平、密切党和政府同人民群众的联系、为群众创造安居乐业的良好环境等方面的重要作用。"③2005

---

① 胡锦涛:《在省部级主要领导干部提高构建社会主义和谐社会能力专题研讨班上的讲话》,人民出版社 2005 年版。

② 詹成付:《关于建设和谐社区的几个问题》,http://www.mca.gov.cn/news/content/recent/20Q51214152A50.html。

③ 《胡锦涛在天津考察工作时强调以科学发展观统领经济社会发展全局》,《人民日报》2005 年 10 月 3 日。

年10月11日,中共十六届五中全会通过的《中共中央关于制定"十一五"国民经济和社会发展规划的建议》强调要"加强和谐社区、和谐村镇建设,倡导人与人和睦相处,增强社会和谐基础。"[①]这些都表明了加强社区及社区文化建设的重要性和紧迫性。

(一)社区概念

社区,作为构成社会的基本单元之一,是居民社会生活的起始点。有关社区概念的界定,学界一般认为,1887年德国社会学家滕尼斯首先提出了"社区"的概念,认为,社区中人们的社会关系的基础是某种自然意愿,这种自然意愿包括感情、传统和人们的共同联系。[②] 其后,美国学者查尔斯·罗密斯把滕尼斯的"社区"从德文译成了英文Community,是公社、团体、共同体的意思。到了20世纪30年代,以费孝通为代表的一批中国学者,将英文Community一词译为中文的"社区",被沿用至今。其含义是指,人们在地缘关系基础上结成的互助合作的共同体,用于区别局限于血缘关系基础上形成的互助合作的共同体。从20世纪80年代中期起,在国家民政部指导下开始普及"社区"概念,在过去城市的街道和里弄的基础上开始大规模地建立社区。此后有关"社区"的概念被广泛地引入普通老百姓的生活中。[③]

从现代社会学的角度看,社区指一定地域内的社会关系结构,通常是指在一定地域中共同生活的人群的组合,是一种社会关系的区位体系。在这样一个具有特定地域空间范围的社会单元之

---

① 《中共中央关于制定"十一五"国民经济和社会发展规划的建议》,中共十六届五中全会,2005年10月11日。

② 滕尼斯著,林荣远译:《共同体与社会》,商务印书馆1999年版,第23页。

③ 张华:《浅析加强社区文化建设对全面建设小康社会的作用》,《黑龙江社会科学》2005年第5期,第38页。

内,生活着具有长期稳定的交往关系的人群,较为安定的定居生活强化了人们的群体意识和共同体意识,并逐渐创造出一系列调节内外关系的风俗、礼仪。

但从文化学的意义看,社区又远非单纯的地域共同体,它是由许多共享的价值、利益、共同的背景等结合在一起的社区共同体、情义共同体、道德共同体、信念共同体。它意味着亲密的人际交往,深厚的感情,道德的承诺、社群的团结及久远持续的传统联系等一切社会关系形式。① 因此,社区又是由在一定地域内发生社会活动和社会关系、有特定的生活方式、并具有成员归属感的人群所组成的相对独立的社会生活共同体。

(二)社区文化

何为社区文化? 社区文化不是仅局限于以群众文娱活动为特征的"小文化",社区成员的思想道德观念、价值观念、法律意识、思维模式、心理特征和行为生活方式是社区文化中更为重要和根本的内容。《中国大百科全书》把社区文化界定为:"通行于一个社区范围之内的特定的文化现象,包括社区内的人们的信仰、价值观、行为规范、历史传统、风俗习惯、生活方式、地方语言和特定象征等。""社区文化是社区的地域特点、人口特性以及居民长期共同的经济、社会生活的反映";"社区文化实质上是地方文化的具体体现"②。社区居民的行为规范、生活方式、风俗习惯和价值信念构成了社区文化的理论内核。社区文化通常具有以下特点:

---

① 于海:《文明社区的文化内涵》,《社会》1997 年第 9 期,第 17 页。
② 《中国大百科全书·社会学卷》,中国大百科全书出版社 1991 年版,第 367 页。

1. 广泛的参与性

社区文化是一种大众文化,是大众集体互动的参与式文化。这是由社区文化自组织性的特质决定的。因此,离开了社区各成员的广泛参与,社区文化就成了空中楼阁,不复存在。社区文化的生命力就在于社区各成员的积极的广泛参与。这种参与一方面来自社区成员自身的需要,它使参与变得更加自觉;另一方面,这些生动活泼的文化活动形式也吸引着社区成员大量加入,一些社区文化活动既有历史的文化底蕴,又散发着现代气息,对广大社区成员极具吸引力和诱惑力,从而扩大了参与的广泛性。一般说来,社区成员参与的数量越多,参与的质量越高,那么社区成员的关系就越亲密,社区就越和谐,而附着在社区之上的社区文化就越发达,人们就更容易对社区产生家一般的认同感。正是在各成员广泛的互动式的参与中,和各成员身体力行的亲密交往中,社区各成员之间很自然地加强了感情交流与沟通,加深了相互了解,增强了联系,潜移默化地达到了精神上的默契———社区文化就生成了。这反过来促进了社区互帮互助良好风气的形成,促使参与者真正关心爱护本社区,从而生发对本社区的认同感和归属感,推动了社区向本真样态的回归和重构。

2. 社区文化的公益性

与商业性的文化不同,社区文化不是以经济效益为目的。社区文化的最主要功能不在于为政府争创税收,而在于满足社区成员的精神文化生活的需求,提高社区成员的综合素质,促进社区成员身心得到健康发展。因而,社区文化是非盈利的公益性文化。这种非盈利的文化为社区成员之间亲密关系的生成提供了前提性条件。更为重要的是,随着社区地位的凸现,国家已制定相应的文化政策,来保证和鼓励社区成员有条件地投入到社区文化活动中,繁荣社区文化建设，以使社区成员在丰富的文化活动中提高自身素质，珍爱保护自己的家园——社区。

社区文化的公益性主要体现在，它以各种公共文化设施为载体而展开，其中最有代表性的是各类场馆，如图书馆、健身馆、文化馆、美术馆、科技馆等。尤其是居委会的文化活动室，因其专职性和便捷性，已成为许多社区成员首选的文化活动场所，在社区文化生活中发挥着越来越重要的作用，成了社区成员加强彼此之间密切联系的重要阵地。此外，伴随社区的现代转型，新生了一些更加现代化的公益文化形态，最常见的就是遍布各地的"广场文化"。"广场文化"因其开放性和大众化，成为加强社区成员联系的重要纽带。

3. 全员的休闲性

社区是人们工作劳累之后休闲娱乐的活动场所，而且社区凭借其天然的地理位置上的优越性，成了社区成员休闲的首选场所。随着社会生产力水平的提高，社区成员有了越来越多的休闲时间，这不仅为社区成员参与社区文化活动提供了时间上的保证，而且促使社区成员大量地参加到社区文化活动中。人们物质和精神生活水平的提高，使社区成员的休闲方式也开始多样化起来。社区成员大量地参与养生保健、琴棋书画、种花养草、戏鸟玩鱼、集邮书法等，还创作参演音乐、舞蹈、戏剧，举办阅读、讨论、讲座等各种文化活动。在这些文化活动中，社区成员既能够愉悦身心，又加强了相互之间的情感联系，在潜移默化中培养起对社区的认同感和归属感，加强了社会和谐的基础。

二、和谐社区文化建设的意义

和谐社区文化对城市居民或生活共同体具有特殊的意义，社区文化建设是社区建设的灵魂。加强社区文化建设,对于提升社区精神文明,构建和谐社区,不断满足居民日益增长的文化生活需要,有效解决社会转型期社区面临的一系列新问题,实现现代化城市管理机制的有效运作,对构建社会主义和谐社会,具有极其重要的意义。

第一,社区文化建设是构建和谐社区的精神依托。社区和谐是社会和谐的基础,而社区的和谐度与社区文化建设的状态是紧密关联的,因为社区和谐的实现需要文化的支撑,社区文化是构建和谐社区的灵魂所在。随着城市现代化进程的加剧,快速的生活节奏和相对封闭的居住空间限制了社区居民之间的交流,而社区文化建设能够促进居民之间的相互交往与沟通,使社区居民在形式多样的社区文化活动中,通过心灵的交流,建立互信与互爱,增强居民的社区认同感和归属感,有助于在一种彼此相知、相容、平等、友爱与和睦的关系中强化社区成员之间的亲和力和凝聚力。

第二,社区文化建设是满足居民日益增长的文化生活需要的内在要求。改革开放以来,随着社会经济的巨大发展,居民的物质生活水平有很大程度的提高,继之而来的是文化生活需要的提升,这既是经济和社会进一步发展的客观需要,又是居民变化了的生活状况的内在要求。对科学文化知识、健美的体魄、富有文化气息的生活以及优雅生存环境的追求,已成为居民生活的主旋律。社区文化建设有助于提高居民的整体素质,培育居民的现代公民意识和健全的社区理念,使之以健康合理的心态审视自身、他人和社会以及三者之间的关系,从而确立关心社区和社区公益活动的强烈意识,以高度的社区责任感和强烈的集体主义精神来关怀社区,把社区视为自己生活的家园,形成"我为人人,人人为我"的社区风尚,营造出诚信友爱、互谅互助、和睦相处的社区人际关系。社区学校、社区科学教育普及基地、形式多样的文化活动,以及创建文明小区的活动,都在一定程度上适应了社区居民的文化生活需要。通过对居民进行全方位的教育,社区文化建设能够为市民提供丰富的精神食粮,不断提高他们的科学文化知识水平和思想道德境界,使他们树立正确的世界观、人生观和价值观,强化自己的精神免疫力和在市场经济浪潮中把握自我的能力,形成科学、健康、文明的生活方式,自觉抵制各种不良行为、错误思想和迷信邪说的影响。社区文化建设的实践使社区教育化、教育社区化,从而把社区变成了一所没有围墙的大学,内容丰富、形式多样的社区文化活动正在为广大居民精神需要的满足提供越来越好的条件。

第三,社区文化建设是解决社会转型期社区面临的一系列新问题的重要途径。中国社会正处在一个转型时期,人们在收入来源、利益取向、价值观念、生活方式等方面日益呈现出多元化的趋向,诸多因素的相互碰撞必然导致许多新的社会矛盾和问题,这些矛盾和问题使社区文化建设面临新的任务和挑战。如,随着企业体制改革的深入,许多职工下岗待岗,社区文化建设的任务之一就是通过市民学校对他们进行再就业教育,不仅对他们进行行业技术教育,同时也对他们进行心理和思想教育,使他们在技能上得到提高,思想上得到充实,从而具有面对现实的心态、驾驭生活的勇气、锐意进取的精神和重新塑造自己的驱力。再如,社区文化建设在解决社会老龄化问题上也起着特殊作用。随着我国居民生活质量和医疗水平的提高,出现了人口寿命的延长和老龄化的趋势,一般职工近乎三分之一的人生是在退休之后度过的。社区通过开设老年学校,组织老年人学习科学文化知识,开展形式多样的体育健身活动和文艺娱乐活动,同时组织社会力量建立老年福利院,关心老年人的生活和归宿。这样的社区文化活动可以让老年人老有所学、老有所为、老有所乐、老有所养、老有所托。此外,社区文化建设还能够抵制拜金主义、享乐主义、个人主义和迷信思想对市民灵魂的侵蚀,为扫除封建迷信、赌博、吸毒、黄色文化制品等消极社会因素发挥极其重要的作用,同时也为社会稳定提供坚实的文化保障。

三、和谐社区文化的新理念

从我国城市社区的发展状况来看,由于传统邻里社区的变迁,以及新型社区形态与阶层的分化,传统的社区文化认同在逐渐淡化,社区邻里关系日益淡漠,而新的社区文化认同又没有迅速建立起来,这正是当前和谐社区文化建设所要解决的关键性问题。城市社区文化建设的要旨在于丰富与创建社区深层次的内在和谐的精神文化,形成社区成员所认同的、与先进文化发展方向一致的理想信念、精神品质、伦理道德和价值取向等精神文化。

在现代城市中,社区文化是一种具有现代城市意识的文化,而不是一味强调回归传统的"乡土社会"的亲密无间的人际关系的文化。[①] 重现滕尼斯所推崇的守望相助的"俗民社会",这在现代城市中是不可能的,同样也是没有必要的。在现代城市中的社区文化认同,应该是建立在现代化与理性化基础之上,同时也能体现时代要求的社区精神:

首先是睦邻精神。即社区居民之间的"以礼相待"。礼仪最根本的内容是约束自己、尊重他人,它不仅适用于职业领域,更是社区日常生活中的必备规范。社区礼仪不仅是具体的礼节、礼貌,

---

① 周晨虹、杨庆立:《和谐——城市社区文化建设的新境界》,《理论学习》2007 年第 2 期,第 19 页。

而且更具有深刻的情感内涵,有助于培养居民以他人为重的道德意识。如果能将家庭之情推之于社区,形成"社区大家庭"之情,可以使社区成为职业与家庭之外的理想的人际交往环境,对淡化现代城市人际关系的功利色彩,增强社区居民的感情交流,提高社区生活的质量,也会大有助益。

其二是平等精神。社区居民在交往过程中,必须坚持"人格平等"的意识与原则。同一社区中的居民,无论何种职业、官职高低,在社区中都是作为普通居民而存在,没有"等差之别",对于社区公共事务都有平等的权利与义务,社区居民人人平等。虽然社区不是"世外桃源",社区中也存在着居民的社会分层,但社区仍然是培育公民的平等意识和民主素质的有利场所。在社区中,居民可以作为完整意义上的市民来参与社区管理,而不是完全被动的被管理者,只有在社区中,居民才可以摆脱世俗的观念,在平等的人际交往中获得心灵的愉悦和生活的乐趣,滋养自由的心灵。社区居民的平等、民主、自治的素养与精神,是社区精神的现代体现。

第三是诚信精神,即在社区人际交往中遵循诚信原则。"诚信"历来是中国人交友的基本准则和价值标准。"诚信"不仅要求人际交往中要以诚相待、取信于人,而且强调要"忠诚",即要"受人之托,忠人之事",同时还要"重义轻利"、"去嫌疑"和"将心比心、以心换心",要求关系双方相互承担责任。随着社区服务和保障职能的完善,社区中经济交往关系日益频繁与复杂,诚信正在成为社区人际关系的心理起点和基本准则,人们逐步认识到只有取信于他人和社区,才能建立良好的人际关系和生存环境。因此说,社区是培育公民诚信的素质与品德的有利场所。

第四是合作精神,是社区居民之间建立在友善、平等、诚信基础上的,为了共同的利益而进行的互助合作,从而可以形成"我为人人、人人为我"的"社区共同体"。费孝通先生曾指出:"社区,它的含义中一个重要的部分,就是'共同的'、'一起的'、'共享的',就是一群人有共同的感受,有共同关心的事情,也常常有共同的命运。"①由于居住在同一社区,居民在环境保护、生态绿化、住宅维护、卫生治安等方面必然有着共同的利益诉求,最有可能组织起来,形成一致的社区行动。

社区精神是社区文化的深层次内容,睦邻、平等、诚信与合作的社区精神只能在共同建设社区、共同管理社区的过程中形成和完善。把社区文化的精神和谐作为城市社区文化建设追求的新境界,可以开阔社区文化发展的视野,探索新形势下城市社区文化建设的新途径。

第三节　和谐农村文化建设

"社会主义现代化应该有繁荣的经济,也应该有繁荣的文化。"②农村文化是我国文化事业的重要组成部分,对于一个农村人口占绝大多数的国家而言,我国农村文化建设是整个社会主义文化建设的"重头戏"。建设和谐农村文化,是提高农民素质、促进农村经济社会和谐发展的重要举措,是全面建设小康社会和建设社会主义新农村的重要内容,也是构建社会主义和谐社会的重要条件和保障。

---

①　转引自周晨虹、杨庆立:《和谐——城市社区文化建设的新境界》,《理论学习》2007年第2期,第19页。

②　《江泽民文选》第2卷,人民出版社2006年版,第33页。

改革开放以来,我国农村社会发生了天翻地覆的变化,广大农民群众作为改革的受益者,深深感受到改革开放给他们带来的实惠。但近年来,农村文化建设相对于经济建设来说明显滞后,农民得不到及时、有效和系统的文化教育、引导和熏陶。一些新问题和老问题并存,正严重影响着农村的精神面貌提升和经济发展,制约着农村和谐社会的建设。这些问题如果得不到及时关注和解决,任其滋长蔓延,势必阻碍和谐农村和整个社会主义和谐社会的构建。

一、和谐农村文化建设的意义关注

建设社会主义和谐农村文化是建设社会主义新农村的客观要求;是提升现代农民素质的迫切需要;是净化农村社会风气的有效手段;是占领农村社会意识形态领域阵地的必要措施。

(一)建设社会主义新农村的客观要求

党的十六届五中全会提出了建设社会主义新农村的重大历史任务,制定了"生产发展、生活宽裕、乡风文明、村容整洁、管理民主"[①]的新农村建设方针,这是对农村物质文明和精神文明建设的双重要求。其中,"乡风文明"的目标突出强调了农村精神文明建设问题。为此,必须加强农村和谐文化建设,提升现代农民素质,净化农村社会风气。

目前我国农村文化的发展与农村经济的快速发展相比明显滞后,与农民群众迅速增长的文化需求相比,还存在着不小的差距;农村文化建设与全面建设小康社会的目标要求还不相适应;与经

---

① 胡锦涛:《在中国共产党第十六届五中全会上的报告》,新华网,2005年10月11日。

济社会的协调发展还不相适应;与农民群众的精神文化需求还不相适应。因此,进一步加强农村文化建设,是当前一项紧迫的重要任务。必须建立起一种适合于新农村建设的文化观念,营造一种健康向上的文化氛围,让广大农民群众接受优秀文化的浸润与影响。一旦这种文化观念形成并深入人心,就能够在思维方式和行为习惯的层面上发挥其广泛、稳定而持久的影响,才能建立起真正意义上的社会主义新农村。

(二)提升农民素质的迫切需要

我国是一个农业大国,农村人口占社会总人口的绝大多数,农民的素质状况直接影响到我国现代化建设的进程,尤其是农民的文化素质提升,是我国现代化建设和新农村建设的迫切要求。农村文化状况直接影响着农民的人生观、价值观,决定着农村社会的价值和伦理取向,也是农民行为取向的内在依据和农民的行为准则。先进的农村文化也是发展农村经济、维护农村社会秩序稳定的重要因素。建设社会主义农村和谐社会,要从加强农村文化建设入手,构建健康向上、协同进步的文化体系,营造和谐的文化氛围,用先进文化培育农民、塑造农民,丰富农民的精神内涵,提升农民的文化精神,使之拥有良好的精神风貌、振奋的精神状态、高尚的道德情操,从而奠定农村和谐社会的精神基础,推动农村社会和谐发展。

(三)净化农村社会风气的有效手段

农村地区是受封建社会落后观念影响最深刻的地区,加之现代市场经济的负面效应带来的消极影响,近年来各种"低俗"文化在农村迅速而大量蔓延,导致畸形文化的膨胀,严重危害到农村社会的健康和谐发展。在农村经济发展、社会进步的同时,也存在着封建迷信活动盛行、斗殴赌博现象严重,社会公德日渐薄弱,卖淫嫖娼屡禁不止,铺张浪费、大操大办陋习盛行,抢劫和家庭暴力时有发生等不良社会风气。可以说,农村文化发展严重滞后于农村经济社会发展的状况,已经影响到了农村全面建设小康社会和农村和谐社会的实现。因而,必须高度重视农村文化建设,只有通过用先进文化教育农民,用社会主义精神文明武装农村,才能净化农村社会风气,农村社会才能健康和谐地发展。

（四）占领农村意识形态领域阵地的必要措施

我国现代农村社会在思想文化领域总体上呈现出内容多样、性质多元、发展多变的特点。各种非马克思主义意识形态如落后的封建主义意识形态、腐朽的资本主义意识形态与我国主流意识形态共存。在一个思想多样、多元、多变的社会,主流意识形态是使社会思想共识得以形成的最重要的精神杠杆,它对整个社会思想发挥着强大的凝聚、整合和引领作用。《中共中央关于构建社会主义和谐社会若干重大问题的决定》明确指出:"坚持以社会主义核心价值体系引领社会思潮。"①坚持社会主义核心价值体系,构建和谐文化,是意识形态工作的根本任务和基本要求。坚持这个基本要求和完成这个根本任务,必须贴近实际,贴近生活,贴近群众。就要加强和谐农村文化建设,用主流意识形态占领广大的农村意识形态领域阵地。

二、和谐农村文化建设的现状及困境分析

改革开放以来,农村精神文明有了很大提升,农村社会文明风尚发生了可喜变化。但同时,在农村的一些地区和农村生活的很

---

① 胡锦涛:《中共中央关于构建社会主义和谐社会若干重大问题的决定》,《人民日报》2006年10月11日。

多领域,社会主义新农村文化建设仍面临诸多问题并严重阻碍着农村和谐社会建设,这些问题主要表现在:

(一)小农意识浓厚,思想观念落后

中国自古以来就是一个农业大国,"重本轻末","重农抑商","劝民耕稼",深厚的以农为本的文化熏染了一代代农村人。这种农本文化观曾使中国的农耕文明得到长足的发展,但这种深厚的小农意识也根深蒂固地盘距在农民的思想观念中,致使相当一部分农民头脑中仍存在着如下的落后观念:听天由命的人生观,得过且过的生活观,多子多福的生育观等,这些观念的存在阻碍了现代农村的发展①,也不利于社会主义新农村建设和农村和谐社会建设。

(二)法制观念淡薄,宗族观念浓厚

近些年来,由于农村社会化服务体系尚未健全,传统的基层管理组织功能弱化,因此,在广大农村地区,宗族势力有复活抬头之势,农民法制观念淡薄,宗族观念浓厚。表现在:近些年,多次发生农民聚集宗族势力,置党的方针政策及国家法律于不顾,抗粮、抗税、抗计划生育,甚至有组织地妨碍国家公务的执行。有的农民遇到纠纷,不去寻找法律援助,而是寻求宗族保护。个别地方宗族势力已渗透到村民委员会的选举中,一些大的宗族甚至能够影响选举结果,在村委会中安排自己的代言人。近几年农村因山林、土地、水利等纠纷而引发的较大规模的宗族械斗时有所闻。农村宗族势力的膨胀已成为社会一大公害,严重影响党的方针、政策和国家法律在农村的贯彻执行,危及社会稳定,阻碍农村社会和谐的实

---

① 江泳辉:《关于农村文化建设的理性思考》,《湖南行政学院学报》2005年第4期,第56页。

现。为此,迫切需要加强农村和谐文化建设,帮助农民树立现代法制意识,摒除封建落后观念。

(三)科学精神欠缺,封建迷信盛行

表现在:部分农村地区宗法思想死灰复燃,封建陈规陋习滋长蔓延,存在大量迷信活动,算命、卜卦、求神拜佛、看风水者增多,建宗祠、续家谱联宗祭祖现象时有发生,出现"不信科学信巫神,不盖学堂盖庙堂,不办文化修祖坟"的现象。农民一方面在封建迷信活动上浪费大量钱财,然而在农村筹款办公益事业上却认识不足。

(四)现代文化滞后,陈规陋习复活

这一问题突出表现在农民的消费观念、文化消费方面:从农民的日常生活消费层面看,在一些人的消费行为中,金钱和闲暇时间往往被原始的感觉欲望所支配,导向畸形消费。如大吃大喝、聚众赌博等。从文化消费层面看,很多人满足于庸俗肤浅的感性文化消费之中,如武打凶杀、色情淫秽、宫廷秘闻、警匪传奇等享受及低级的精神享受。由此可见,我国现阶段的农村文化建设面临着极为复杂的情况,要真正使先进文化代替落后文化,占领农村这一阵地,必须消除其腐朽、落后的文化糟粕。

(五)价值取向失范,道德观念混乱

部分农民的道德观念存在实用主义态度,于己有利的则为我所用,于己无用的则束之高阁,明哲保身,趋利避害。还有少数农民把道德看做是束缚人性的桎梏,市场经济、对外开放则被他们当做纵欲的大好机会,有的巧取豪夺,非法牟利,有的暴富后挥霍无度,醉生梦死。在价值取向上,有少数农民重拾"人不为己,天诛地灭"的腐朽观念。头脑中被极端个人主义、拜金主义、享乐主义的精神垃圾所占领。在行动上,以赚取金钱和个人物质利益为唯一动力,制假售假、坑蒙拐骗、见利忘义是这部分农民在具体行动

上的必然结果。

（六）农村权力道德腐败，影响干群、党群关系

权力道德，是指一定社会权力支配者行使权力过程中所表现出来的一种特殊的职业道德，是权力运作和行使过程中应该遵守的道德原则、道德规范的总和。① 它在农村的道德主体主要是农村干部。在经济体制转型的过程中，由于村务公开、民主选举等制度尚不健全，农村的民主法制建设也较薄弱；农民政治心理、参政意识还不成熟，法治意识、权利观念还很欠缺；农村基层组织监督不力、干部任免不科学、干部教育不当等原因，少数农村党员干部理想信念动摇，拜金主义、享乐主义、极端个人主义等腐朽思想严重，滥用权力、以权谋私、权钱交易、任人唯亲、贪污受贿、违法乱纪等权力道德腐败现象在不少农村干部身上有所体现。这些基层权力道德的腐败给和谐农村文化建设造成极大破坏性影响，致使农民对农村党员干部产生怀疑、厌恶、鄙视情绪，进而造成对基层政权的信任危机。

总之，我国现阶段的农村文化建设面临着极为复杂的情况和严峻的形势。要真正使先进文化代替落后文化占领农村这一阵地，必须付出巨大努力，在弘扬农村文化建设积极成果的同时，努力消除其腐朽、落后的文化糟粕，才能建设和谐农村文化。

三、和谐农村文化建设的对策探索

针对目前我国农村思想文化建设中存在的突出问题，探索和谐农村文化建设，在思想道德文化领域应从以下方面努力：

---

① 陈洪连：《关于社会主义新农村道德建设的思考》，《兰州学刊》2006年第8期，第163页。

（一）加强社会主义道德教育，丰富农民的精神文化生活

加强农村道德建设，必须重视和加强对农民，特别是青年农民进行爱国主义、集体主义、社会主义教育，大力弘扬以爱国主义为核心的民族精神和以改革创新为核心的时代精神，教育引导农民树立正确的人生观、价值观、道德观，帮助他们形成分清善与恶、美与丑、进步与落后、文明与愚昧界限的能力，确立"爱祖国、爱人民、爱劳动、爱科学、爱社会主义"的道德信仰。在农村道德建设工作中，基层党委、政府和以党支部为核心的农村基层组织要健全教育机制，切实加强对农村公民道德建设的领导，把思想道德建设工作纳入目标管理和议事日程，重点抓好农村社会公德教育、职业道德教育和家庭美德教育，把家庭教育、学校教育、单位教育和社区教育紧密结合起来，多层次、多形式、多渠道地加大对农村公民的道德素质教育。

鉴于目前农民精神文化生活贫乏的现实，丰富农民的精神文化生活已成为当务之急。各地可根据实际情况，深入开展文化、科技、卫生"三下乡"活动，大力普及现代科学技术和文化知识，培养有文化、懂科技、会经营的新型农民，提高农民的整体素质。加强农村宣传文化阵地建设，大力推进"村村通"工程和全国文化信息资源共享工程，加快农村公共文化服务体系建设。大力发展农村文化市场，吸引社会资金投向农村文化，创作更多适应农村和农民需要的精神文化产品，培育农村文化专业户，杜绝文化垃圾向农村传播，努力满足农民群众日益增长的精神文化需求。

（二）加强农村权力道德建设，坚决反对权力腐败

加强农村道德建设，首先要加强具有社会导向作用的权力道德建设，坚决反对权力腐败。为此，要以建设社会主义新农村为主题，在全国农村深入开展社会主义荣辱观教育活动，引导广大农村

党员学习贯彻党章,坚定理想信念,坚持党的宗旨,确立"全心全意为人民服务"的价值观,正确对待权力、地位和自身利益。要结合农村实际,有针对性地开展正面教育,解决党组织和党员队伍中存在的突出问题,解决影响改革发展稳定的主要问题,解决群众最关心的重点问题,务求取得实效。要在农村基层干部中继续开展农村党的建设"三级联创"活动,加强基层党风廉政建设,督促党员干部自重、自省、自警、自励、廉洁自律。要加强农村法制建设,健全监督机制,完善村民自治制度,做到村务公开,教育引导农民依法行使民主权利,创造公平公开公正的环境,推动农村和谐稳定发展。

(三)加强农村诚信道德建设,构建与社会主义市场经济相适应的农村道德体系

　　在计划经济向市场经济转轨的过程中,道德失范、诚信缺失已成为严重的社会问题。市场经济是法制经济,更是信用经济,社会主义新农村道德建设尤其应该注重诚信建设。社会主义市场经济的发展,使广大农民的思想道德观念、价值观念发生了深刻变化。传统的封闭、保守、落后、愚昧的思想道德观念受到冲击,与社会主义市场经济相适应的思想道德观念逐步形成。商品意识、市场意识、自主意识、竞争意识、平等意识、进取意识、创新意识、环保意识以及义利统一观念、民主法制观念、计划生育观念逐步在农民中树立,为农村道德建设提供了良好的思想道德观念基础。社会主义新农村道德建设,要教育引导农民在市场经济活动中努力做到:既要重视物质利益原则,又要批判功利主义、实用主义和短期行为;既要承认和保护个人利益,又要把个人利益和集体利益、国家利益结合起来;既要增强竞争观念,又要提倡人与人之间的和谐友爱、团结互助;既要增强经济行为的目的性,又要讲究手段的合法性和合理性。

（四）建立与完善农村道德约束机制，引导农村伦理道德的良性发展

加强社会主义新农村道德建设，不但要加强道德规范本身的建设，同时还应关注道德约束机制的建立与完善。针对农村社会形势的变化，需要制订符合社会主义荣辱观要求的道德赏罚机制和道德评价机制。通过对道德高尚者给予荣誉、经济或行政奖赏，鼓励和支持道德行为；通过对道德败坏者进行荣誉、经济和行政处罚，防止和消除不道德行为。建立社会道德评价机制也是保证道德规范向实践转化的重要措施。通过新闻、电影电视、文化下乡、道德评议等活动，表彰先进，鞭挞丑恶，形成是非标准明确的舆论导向，能够为农村道德建设营造健康高尚的社会氛围。总之，在推进社会主义新农村道德建设过程中，应当大力倡导农村社会道德赏罚机制和道德评价机制的建设，促使农民自我监督、自我约束，真正树立社会主义荣辱观，从而推动农村道德建设走向深入。

第四节　和谐网络文化建设

网络文化既给和谐文化建设带来了难得的契机，又造成了前所未有的挑战和危机：一方面，网络文化丰富了人们的精神文化生活，促进了多元文化的交流，催生了新的文化形态，提供了新的文化载体，开创了文化教育的新方式新方法，有力促进了和谐文化建设。另一方面，网络文化在一定程度上对和谐文化建设起了消解作用，体现在：政治观上意识形态西化；国家观上民族认同感弱化；自由观上行为取向无政府主义化；道德观上道德评判相对化；交往观上心理空间封闭化。这些都增加了网络信息时代和谐文化建设的难度。

一、网络文化与和谐文化建设

一般来说,网络是大量信息资源、各种专用信息系统及其公用通信网络和信息平台的总称,包括公用电信网、广播电视网和互联网。[1] 本文所述的网络主要指目前最为流行的因特网(Internet),即互联网,它是现代计算机技术与通讯技术密切结合的产物,是由计算机、远程通讯等技术联结世界各个国家、部门以及个人的信息交换系统。[2] 通过这一系统,可以用无比快捷的速度将世界各国家、各地区以及社会各行业部门联成一个整体。网络具有以下主要特点:开放性与共享性;自由性与平等性;隐匿性与虚拟性;便捷性与高效性;生动性与互动性;信息丰富性与传播广泛性。

网络文化的出现和发展,正深刻地影响和改变着人类的生活方式和生活习惯。网络文化已成为和谐文化建设的重要组成部分,网络文化为和谐文化在网络上的构建与传播提供物质保证和实施平台,促进和谐文化的进一步传播。失范的网络文化不利于和谐文化的传播与构建。网络文化的文明程度和网络文化安全,直接影响到和谐文化建设。现阶段我们迫切需要确立起与和谐文化相匹配的网络文化理念,使其在构建和谐文化、创建和谐社会的过程中发挥应有的作用。

二、网络文化给和谐文化建设带来的契机与危机

网络文化既给和谐文化建设带来了难得的契机,又造成了前

---

[1]　薄明华、曾长秋:《论网络环境下大学生的思想政治教育》,《湖南医科大学学报》(社会科学版)2003年第3期,第34页。

[2]　杨伯淑:《因特网与社会》,华中科技大学出版社2002年版,第47页。

所未有的挑战和危机:一方面,网络文化丰富了人们的精神文化生活,促进了多元文化的交流,催生了新的文化形态,提供了新的文化载体,开创了文化教育的新方式新方法,有力促进了和谐文化建设。另一方面,网络文化在一定程度上对和谐文化建设起了消解作用,体现在:政治观上意识形态西化;国家观上民族认同感弱化;自由观上行为取向无政府主义化;道德观上道德评判相对化;交往观上心理空间封闭化。这些都增加了网络信息时代和谐文化建设的难度。

(一)网络文化给和谐文化建设带来的契机

伴随现代科技和信息技术的飞速发展,网络文化已成为越来越多的人喜爱的文化生活方式和新兴的文化发展空间。我国网络文化的快速发展,为传播信息、学习知识、宣传党的理论和方针政策发挥了积极作用,网络文化极大地丰富了人们的精神文化生活,给和谐文化建设带来新的契机。胡锦涛同志指出,网络文化建设"有利于提高全民族的思想道德素质和科学文化素质,有利于扩大宣传思想工作的阵地,有利于扩大社会主义精神文明的辐射力和感染力,有利于增强我国的软实力。"①

第一,网络文化促进了多元文化的交流。互联网是一个全球信息资源库,在网上可以获取有关政治、经济、法律、哲学、宗教、历史、语言、艺术等方面的知识;利用网络欣赏全世界的优秀电影、电视、音乐、戏剧等文化艺术节目,足不出户就可以游遍世界一流的图书馆、展览馆、歌剧院,共享全球的艺术资源。这种文化交流为进一步增进世界各国、各地区、各民族之间的相互了解架起新的桥

---

① 胡锦涛:《以创新的精神加强网络文化建设和管理满足人民群众日益增长的精神文化需要》.《人民日报》2007年1月25日。

梁。网络为全球不同形态、模式的文化提供了更广阔的发展空间。网络交往将世界各地区、各民族的风俗习惯、文化传统、价值观念和行为方式呈现在面前,使网民能了解到不同的文化传统、价值观念和行为规范的评价,拓宽了个体的社会认定范围和程度;不同的风俗习惯、文化传统、价值观念、生活方式在网络上的交汇、碰撞、竞争,可以领略到异质伦理文化的风情,各文化形态之间相互学习、相互吸引、相互融合。网络文化以极大的包容性实现多元文化交流和并存,从而丰富了人们的精神文化生活。

第二,网络文化催生了新的文化形态。网络游戏、网络影视、网络动漫、网络文学、网络艺术等为人们提供了新的文化娱乐消遣方式,日益受到欢迎和追捧。"多媒体最重要的特征,乃是多媒体在其领域里以其各式各样的变化,容纳了绝大多数的文化表现。"①"美眉"、"大侠"、"斑竹"、"打铁"等网络通俗语汇逐渐为人们所接受,很多网友的口头禅都是一些网络流行语,网络文学的兴起给文学创作以思维形象的灵活和自由,自由选择、心理沟通、心态的无拘无束带来创作的挥洒自如,媒介的方便快捷,形成了思想的全面开放。网络文学将文学的大众性、自由性还给了大众,使"人人都可以成为艺术家",体现出作为网民的平等和自尊。网络文化产品,如网络音像、网络游戏、网络演出剧(节)目、网络艺术品、网络动漫画等,为网民提供了大量的精神食粮。

第三,网络文化为和谐文化建设提供了新载体,开创了文化教育的新方式新方法。网络信息时代,网络文化位于思想舆论宣传阵地的前沿。互联网不仅承载着传统文化和现代文化,还有自己

---

① 王岑:《互联网与和谐社会的文化建设》,《中共福建省委党校学报》2005年第10期,第75页。

的网络文化,通过互联网的网站建设来体现。例如,中国精神文明网,网络文明工程网,爱国主义教育基地等,都是先进文化建设的网上阵地。

(二)网络文化给和谐文化建设造成的危机

第一,政治观:意识形态西化

互联网促进了不同文化的交流与融合,但也给西方敌视社会主义的强势集团输入西方意识形态、树立意识形态霸权、冲击我国青年正确理想信念的可乘之机。在当前国际互联网的信息中,80%以上的网上信息和95%以上的服务信息由美国提供。在整个互联网的信息输入和输出流量中,美国所占的比例都超过85%,而我国仅仅占到0.1%和0.05%。① 这使得传统媒体的国际传播中既存的不平等现象在网络传播中又进一步强化。美国哥伦比亚大学国际政策学者罗斯科普夫(D. Rothkopf)在美国《外交政策》第17期上撰文指出:"美国信息时代外交政策的核心目标应当是取得世界信息流动战的胜利,主导整个媒体,如英国当年控制海洋一样。"作者非常乐观地认为:"美国控制着全球信息与通讯的命脉,其音乐、电影、电视与软件已几乎普及全球。它们影响着几乎所有国家的审美观、日常生活与思想。"②事实上,美国在设计全球化进程时,它所考虑的根本出发点并不是什么全球利益、世界大同,相反,它仅仅是从其自身国家利益出发来安排全球化的方向与节奏。而且,这些设想及努力的确对我们现在的思想教育工作造成了不可低估的负面影响。客观地说,崇拜西方的政治体制、

① 《后发先起,从 INTERNET 说起》,《计算机世界》1997 年 10 月 29 日,第18 页。
② [美]罗斯科普夫:《是对文化帝国主义的赞美吗?》,《现代外国社会科学哲学文摘》1999 年第 4 期,第 23 页。

经济模式以及生活方式的"西方至上"观念在青年人中,尤其是受过较高教育的青年人中很有市场。

互联网本来没有中心,强调平等,但因为美国在互联网方面绝对的技术优势以及扩张本能,美国无疑成了事实上的全球互联网中心。对中国来说,这种不平衡发展的重要后果是社会主义意识形态受到严重冲击。美国政府丝毫不掩饰自己的目的,克林顿政府在发表"国家信息基础结构行动计划"、推动信息高速公路建立的过程中,明确强调,这是开辟一个新的思想战场,其目的是要用其自由、民主、人权的价值观念统治世界,实现"思想的征服"。[①]应该看到的是,在长期的国际意识形态斗争中,西方资本主义势力始终占据主动地位。一方面,他们拥有强大的经济实力;另一方面,他们不断研究、积累一整套宣传策略。当各种包装精美的信息涌向社会主义国家时,相当多的青年人会对其产生好感甚至全盘接受。当我们的青年人在网络上反复看到被刻意包装的华盛顿的"光辉形象"与所谓的毛泽东的隐私揭密时;看到美国人民的自由选举与中国官员的幕后腐败时;看到微软公司的科技发展与中国国企的濒临破产时;看到美国青年手举可口可乐的灿烂笑容与中国下岗工人饥寒交迫的凄苦面容时,西方资本主义意识形态的优越感也会暗暗浸入他们的思想。[②]

第二,国家观:民族认同感弱化

网络文化促进了当代青年的国际化,但也不可避免地带来青年人民族认同感的弱化。根据中国社会科学院"互联网对新时期

---

① 双传学:《网络文化与高校德育工作》,《扬州大学学报(高教研究版)》2000年第2期,第35页。

② 胡钰、吴倬:《互联网对青年价值观的负面影响》,《青年研究》2001年第3期,第29页。

青年与青年工作的影响"课题组的调查研究发现,"互联网在强化了青年地球村村民意识的同时,弱化了他们的民族意识。'新人类'的身上本来就带有很强的国际化色彩,而互联网的使用跨越了时空的界限,增强了他们作为地球村村民的意识,这有利于他们在日益'一体化'的世界中生存。另一方面,与这种'一体化'意识相伴的,是种族、民族意识的弱化,民族认同感减弱,民族身份逐步消解。在某种意义上不利于爱国主义思想的形成。"①

美国等西方发达资本主义的信息内容完全取得了互联网传播内容的垄断地位,这些内容向全世界源源不断地传递着被称作后现代文化的东西。年轻的网民们经常接触到的是西方发达资本主义国家的文化产品,从米老鼠到唐老鸭,从奔腾芯片到 IBM 电脑,从 NBA 到美式橄榄球,这些产品带给年轻网民以精神愉悦,也让使用者淡化其民族文化的异域属性。"所谓后现代文化,包括在西方日益膨胀的消费主义以及鼓吹绝对的个性自由,凸现非理性和价值相对主义的文化,它具有消解民族认同的作用。"互联网上充斥着各种消费品及生活时尚的信息,充斥着没有是非判断的享乐主义行为,这些消费品和个人行为是无国籍的,一切似乎都是全球的共有品。美国强调信息流动的自由化,认为这样才能实现全球范围的真正民主、自由,但在现实中,这种自由实际变成其推销自己文化的特权。面对扑面而来的西方产品,青少年已经处于虚幻的全球大同社会中。1992 年,中国社会科学院新闻所进行了一项关于动画片的调查,结果发现,进口的科幻片极大地影响了儿童的心灵,那些西方的超人、勇士、骑士成为儿童们崇拜的偶像,甚至出现"头戴

<hr />

① 《互联网对当代青年的影响调查》,《北京日报》2000 年 10 月 23 日。

克塞帽,金刚怀里抱,晚看米老鼠,一休陪睡觉"的极端现象。①

互联网对民族认同感的消解力量是强大的。这种力量来自语言与内容两方面。当越来越多的年轻的网民们必须使用英语,甚至必须是美式英语来交流时,当他们主要登录设在美国的网站时,其思维习惯、价值取向必然要受到影响。毫不夸张地说,美国利用互联网放肆地扩充着自己的"领土"。这是一种新型的文化殖民主义。在网络时代,"什么样的人是新殖民主义者? 他们手中拿的是计算机而不是枪支。"②这不是恐吓,而是可能与趋势。

第三,自由观:行为取向无政府主义化

互联网让使用者更自由地表达自己的思想,但过度自由而无约束,让各种虚假的错误的信息充斥于网上,缺乏明确的思想导向。网络使每个用户都成为可能的传播者。这提高了受众的地位,打破了传统媒体传播的单向性,但也带来了传播权的滥用,任何人都可以以任何目的传播任何消息。这其中,有谣言,有泄密,有些甚至直接危害到国家安全。

在网络传播的空间中,从某种意义上实现了绝对的自由和民主。没有政府的管理,没有领导的监督,任何使用者都可以按照自己的意图发表言论。这使得一些年轻网民在虚拟空间里完全忽视现实世界的约束力量,随心所欲地进行反政府、反社会的传播活动。这类行为表现为两种类型:一是直接发布攻击党和政府的言论及各种政治谣言;另一类是针对某一具体事件,借题发挥,散布谣言,甚至煽动反政府的行为。这些信息集中攻击党和政府的领

---

① 李彬:《大众传播学》,中央广播电视大学出版社2000年版,第303页。
② 杨泽宇:《网络文化对高校学生思想政治工作的影响及对策》,《云南高教研究》2000年第18期,第28页。

导人及现行政策,或根据无中生有的消息来指责政府,或完全肆无忌惮进行谩骂。这些恶意行为性质恶劣,严重干扰了正常的社会秩序,给和谐社会建设造成了极大危害。

第四,道德观:道德情感冷漠化、道德评判相对化

道德冷漠不容忽视。道德感是最能反映人的社会化特征的高级情感,它往往表现为道德动机,是道德的生命力所在。道德感对内化道德准则为无声命令,和外化内心理念为道德实践具有双向调节作用。网络交往中,人与人面对面交往的机会大大减少,个体退到了信息终端的背后,数字、符号掩藏了现实的活生生的人的各种信息,如性别、年龄、相貌、身份、气质等。隔着方方的计算机屏幕,人们往往难以感受到对方的反应、表情以及与自己相关的利益,这种非人性化的交往中介,使人们逐渐患上"精神麻木症",人际交往也受制于计算机程序的编排,而非一种活生生的互动。计算机系统的自动化、精确化,消磨了人际交往的生动性与人情味,一位西方学者曾说,人的生命经计算机处理后,不过是一串串统计数字,正义感与道德感已无从谈起,可怕的道德冷漠封杀了社会的生命绿洲。

道德相对主义坚持道德的相对性、易变性,反对道德的绝对性和恒定性,否认道德判断存在普遍性与永恒性的标准与原则,否认道德价值的等级性与可比性。网络技术的飞速发展为道德相对主义的滋生提供了温床,因为计算机网络没有起始点与终止点、中心与非中心之分,任何一个网民都是以平等参与者的身份处于这个无边无际的大网中。他们可以任意为自己设定一个角色,也可以随心所欲地以自我为中心。网络社会价值观多元化潮流,造成道德相对主义盛行,进而导致道德上的怀疑主义、虚无主义和个人主义的泛滥。网上的多元化道德构成,只会使个体经常性地处于矛盾的、相互冲突的道德选择中,给个体健康的道德人格形成和发展

造成强大的挤压和扭曲。① 道德相对主义必然导致价值观的混乱,使现实社会道德生活陷入危机。

第五,交往观:心理空间封闭化

网络让用户有了更大的交往空间,但同时,过度依赖网络,大量采用匿名的间接的交流方式,会让使用者逃避直接交往,个人心理越加封闭,甚至造成心理畸形。突出表现在三个方面:网上沉溺、人际交往受阻、感情冷漠。

网上沉溺。互联网是一个无边无际的虚拟世界,徜徉于其中会让人有眼花缭乱之感,而过分沉溺于其中,会令个体感觉自身的渺小与无助,深陷于其中而难以自拔。网络性心理障碍患者由于沉溺于网络聊天或浏览信息,出现情绪低落、思维迟钝、自我评价降低等症状,严重的甚至有自杀意念和行为。

人际交往受阻。许多爱好人机交流的网络用户都有一种反常行为,面对网络,可以与其中的陌生伙伴侃侃而谈,但当真正见到其人时,却不知所措,亲自见面甚至会影响在网络上继续交往的兴趣与效果。久而久之,大家都回避直接接触。究其原因,对媒介的过分依赖是最主要的一点。有的网民感到,只有通过媒介交往才能得到自如感,才能充分发挥个体内在的智慧、幽默等交际潜力,因而渴望间接交往,恐惧直接接触成为一种越来越深刻的习惯心理。所以,网络给人与人之间的交往找到了一条间接化的途径,这既放大了许多人的精神交往世界,又可能限制一些人的物质接触空间,导致个人心灵更加封闭。

感情冷漠。网络世界是由高科技构筑的虚拟空间,这种传播

---

① 李秀芬、赵文静:《网络社会的道德危机与契机》,《山东教育科研》2001年第 4 期,第 50 页。

体系强调的是高速、海量、生动与精确,最缺少的是现实生活中的人情味。这种状况在一些计算机游戏中体现得尤其突出。当年轻网民沉迷于这种惊险、刺激的传播手段而流连忘返时,其基本的感情判断就会淡化,人性的东西就会减少。有学者这样描述当前的计算机游戏迷们:"热衷于在闪烁的屏幕前进行着假想的毁灭,让自己的闲暇充满好战尚武之举的电子游戏迷,早已将正义感和道德感置之度外;大规模的杀戮被视为一种威慑,尸体只不过是一串统计数字,4000万人的死亡被当做一次胜利,战争的连续升级被看做是和平,他们的正义感和道德规范更是无从谈起。"①在这样的虚拟空间里,信息的组合依据的只是几条冷冰冰的"科学规则",人所具有的精神感情底蕴丧失殆尽。

三、营造和谐网络文化氛围,共建社会主义和谐文化

在网络信息时代建设社会主义和谐文化,必须加强网络文化建设,营造和谐的网络文化氛围。为此,要以加强网络文化教育、形成网络道德自律为根本;以网络文化内容建设为重点;以网络立法规范为保障;以网络文化人才队伍建设为关键。

(一)网络道德自律是根本

由于网络的虚拟性、开放性,传统社会中以服从为主的道德范式在网络社会中已部分失效,只有上升到道德习惯和道德信念的高层次上的自律性道德,才能够规范个体的网络行为。因而,必须加强对网民的道德自律教育。这类教育,不再仅仅要求学生接受几条道德规范,而必须面对复杂多变的环境,重视培养网络使用者

---

① 谢海光:《互联网与思想政治工作概论》,复旦大学出版社2000年版,第82页。

的批判能力和道德选择能力,使他们学会正确观察和分析各种事物,以批判的精神对待大量流通的信息。面对多元文化交融、各种观念冲突,以及网上信息的无过滤性,培养网民自觉抵制有害信息的意志和能力,使他们遵守网络道德,增加网络自律意识,实现道德自律,才能从根本上解决网络不文明行为,营造和谐健康网络文化氛围。①

网络文明,归根结底是网民的文明,网络文明有待于网民素质的提高。"网络文明,人人有责",要构筑良好的网络文化氛围,需要每一个网民从我做起,让自己的精神生活先充实起来,不断提高自身修养和辨别是非的能力。只有网民从源头上拒绝不健康、不文明的内容,才能使这些东西失去存在的价值和意义。因此,网民应该自觉抵制不良信息的侵扰和不良影响,不向互联网发布有害信息,拒绝浏览不健康内容;自觉遵守网络的规章制度;不在网站发表和转载违法的、格调低下的言论、图片、音频、视频信息,自觉维护广大网民的合法权益。②

(二)网络文化内容建设是重点

第一,网络文化内容"要坚持社会主义先进文化的发展方向,唱响网上思想文化的主旋律,努力宣传科学真理、传播先进文化、倡导科学精神、塑造美好心灵、弘扬社会正气。"③要加强网上思想舆论阵地建设,加大正面宣传力度,形成积极向上的主流舆论。利

---

① 涂青松:《关于高校校园网络文化建设的几点思考》,《湖北经济学院学报》(人文社会科学版)2007年第10期,第175页。

② 单泽润、史原:《网络文化的发展与和谐文化的构建》,《大连教育学院学报》2007年第3期,第69页。

③ 胡锦涛:《以创新的精神加强网络文化建设和管理满足人民群众日益增长的精神文化需要》,《人民日报》2007年1月25日。

用互联网加强思想道德建设,弘扬以爱国主义为核心的民族精神,宣传中华民族传统美德,宣传以改革创新为核心的时代精神,弘扬集体主义、社会主义思想,使全体人民始终保持昂扬向上的精神状态。

第二,网络文化内容要大力弘扬中华民族的优秀文化,坚决抵制西方的"文化渗透,文化侵略",让中华民族古老而璀璨的文化发扬光大。网络文化内容要加强对外宣传中国民族文化。把我国重要的民族文化遗产、艺术作品、文化艺术科研成果和历史文物转化成数字化产品上网,让世界了解中国,拓展我国文化的网络辐射空间。同时将世界优秀文化成果介绍给中国大众,以开阔眼界,取其精华,为我所用。

第三,网络文化内容要增强时效性。网络胜于传统媒体的最大优势是它的及时性和快捷性。网络文化要及时发布国内外发生的重大事件和社会关注的各类政策信息;要办好几个权威性的官方网站,引导人们正确认识、分析国内外形势,从正面引导舆论。

第四,网络文化内容要增强服务性。目前,一些主流媒体网站的内容缺乏吸引力,究其原因,很重要的一点是其栏目设置、内容框架上更多考虑的是"宣传"与"教育"功能的实现,而对"服务"功能的考虑较少。为此,要突出服务性,建设全面、周到、完善的网上服务系统,将人们的学习、生活、工作需求和供应信息上网,收集相关的意见和建议,发布最新动态和权威指导等,使网络文化真正融入人们的学习、工作、生活中,起到潜移默化的引导和帮助作用。

(三)网络立法规范是保障

高度自由开放的网络文化环境带来的负面效应日益凸显,使和谐健康的网络文化难以形成。因此,应尽快完善网络监督、管理、立法工作,保障网络文化的健康有序与和谐发展。

为此,应根据现实需要制定出相关网络法律法规,包括网上信息发布规范、网上信息审查和监管、知识产权保护、加强网络违法和犯罪的认定、建立侦察网络犯罪体制、采用法制手段严惩信息犯罪者,等。其次,针对网上消极、错误思想及不健康内容,及时采取防范措施,运用数据加密技术、安全认证技术、网络监控等技术手段,对信息系统的数据与程序进行鉴别、监控和过滤,果断清除有关色情、暴力、反动、欺诈等不良信息,维护网络社会的正常秩序和安全。同时加强同国际性组织的交流与合作,共同缔造网络文化的管理组织,制定相关政策,严把信息海关,构筑国际网络安全的"防火墙"。第三,社会各有关部门要紧密配合,齐抓共管,形成合力,取缔不法网站和网吧,加大对网上信息的监控管理力度,严厉制裁不法分子,从信息源头封堵黄、赌、毒等垃圾信息的传播。第四,共创文明网站,全力营造一个健康、和谐、有序的网络环境,净化大众网络空间。①

胡锦涛就加强网络文化建设和管理提出的"五项要求"中也强调,"要坚持依法管理、科学管理、有效管理,综合运用法律、行政、经济、技术、思想教育、行业自律等手段,加快形成依法监管、行业自律、社会监督、规范有序的互联网信息传播秩序,切实维护国家文化信息安全。要倡导文明办网、文明上网,净化网络环境,努力营造文明健康、积极向上的网络文化氛围,营造共建共享的精神家园。"②

(四)人才队伍建设是关键

建设和谐网络文化提出了建设网络人才队伍的迫切要求。胡

---

① 刘先凡:《网络文化对大学生思想政治教育的双重影响及对策》,《学术问题研究》(综合版)2006年第1期,第100页。

② 胡锦涛:《以创新的精神加强网络文化建设和管理满足人民群众日益增长的精神文化需要》,《人民日报》2007年1月25日。

锦涛指出"要加快网络文化队伍建设,形成与网络文化建设和管理相适应的管理队伍、舆论引导队伍、技术研发队伍,培养一批政治素质高、业务能力强的干部。各级领导干部要重视学习互联网知识,提高领导水平和驾驭能力,努力开创我国网络文化建设的新局面。"①在新的形势下,网络文化建设和管理人才必须具有坚定的政治信念,较高的思想政治觉悟、深厚的政治理论素养、敬业的工作态度、扎实的业务水平、较强的信息处理能力、优秀的职业道德精神、熟练的网络操作技术,及相关的实践经验等。

---

　　① 《以创新的精神加强网络文化建设和管理》,《高校理论战线》2007年第2期,第1页。

结语　社会主义和谐文化建设的反思与前瞻

建设和谐文化是构建和谐社会的一项基础工程。何为和谐文化？为何建设和谐文化？建设和谐文化何为？这是我们构建社会主义和谐文化必须予以反思和前瞻的基本理论问题。

构建社会主义和谐社会，既包含和谐文化的建设和发展，又需要和谐文化的引导和支撑。以进步思想为核心的先进文化，从来都是人类社会前进的伟大旗帜。没有和谐文化，就没有和谐社会发展的根基和方向。和谐文化为和谐社会建设提供理论基础、思想保证、舆论环境、智力支持、价值观念、文化条件。我们要深刻认识和谐社会的文化内涵和文化意义，积极探索和谐文化建设的有效途径，用和谐文化建设引领和谐社会建设。

一、何为和谐文化？

（一）和谐文化是以崇尚和谐、追求和谐为价值取向的文化形态，融思想观念、思维方式、行为规范、社会风尚为一体，反映着人们对和谐社会的总体认识、基本理念和理想追求。和谐文化是社会和谐所必需的凝聚力、向心力和感召力的文化源泉，它对和谐社会建设具有观念引导、思想保证和精神支持的作用，是构建社会主义和谐社会的核心和灵魂。① 培育和建设和谐文化,其最核心的内容就是崇尚和谐观念、体现和谐精神、倡导社会和谐理想信念、坚持和实行互助合作、团结、稳定、有序的社会准则,以和谐文化促进和谐社会构建。

(二)和谐文化与社会主义核心价值体系。"和谐文化"与"社会主义核心价值体系"是两个既有内在联系又有重大区别的文化层次。不能用建设社会主义核心价值体系取代和谐文化建设;同时,建设和谐文化,必须十分重视社会主义核心价值体系建设。"社会主义核心价值体系"在"和谐文化"中居于"核心"地位,起指导作用。"社会主义核心价值体系是建设和谐文化的根本。"

首先,建设社会主义核心价值体系,对于和谐文化建设具有定性的意义。我们要建设的和谐文化是社会主义社会性质的和谐文化,这种文化之所以是社会主义的,即在于居于指导地位的是"社会主义核心价值体系"这一和谐文化的根本。

其次,建设社会主义核心价值体系,对于和谐文化建设具有整合的意义。"和谐文化"作为一种文化状态,是一种反映社会主义和谐社会要求的,由多种多样的文化在相互协调中构成的和谐的文化状态。这是因为,在发展社会主义市场经济的过程中,全社会从利益关系、活动方式到思想观念由单一化走向多样化。多种多样的文化生活,可以是有序的,也可以呈现无序的状态。提出建设社会主义核心价值体系,就是要协调和整合社会生活中出现的各种文化,使之成为一种有序的和谐文化。即建设社会主义核心价值体系,是为了"形成全民族奋发向上的精神力量和团结和睦的

---

① 徐贵相:《论构建社会主义和谐社会的文化根基》,《中共青岛市委党校青岛行政学院学报》2006年第5期,第9页。

精神纽带"。

再次,建设社会主义核心价值体系,对于和谐文化建设具有引领的意义。"引领",包括引导,也包括辨别。对于社会生活中出现的各种文化,我们要在辨别中引导,在引导中协调,在协调中整合。而辨别、引导、协调、整合并不是要泯灭文化差异、实行舆论一律。而是要"坚持以社会主义核心价值体系引领社会思潮,尊重差异,包容多样,最大限度地形成社会思想共识。"

毫无疑问,建设和谐文化必须加强社会主义核心价值体系建设,但是,要防止两种倾向:一是只讲社会主义核心价值体系建设,而不去引领、整合社会存在的多元多样的社会思潮;二是只讲多元多样的社会思潮,不抓甚至放弃社会主义核心价值体系建设这一根本。前者会使和谐文化建设失去广泛的社会基础,最终失去和谐文化建设的价值和意义;后者会使和谐文化建设失去先进性和前进的方向,失去内在的凝聚力和引领作用,最终导致一盘散沙,纷争不已,混乱无序。①

(三)和谐文化与先进文化。先进文化,就是符合人类社会发展方向、体现社会生产力发展要求、代表社会成员根本利益、反映时代潮流的文化。它的基本的价值取向,是崇尚和追求先进性。和谐文化,就是以和谐为思想内核和价值取向,以倡导和谐理念、培育和谐精神、营造和谐氛围为主要内容的文化。它融思想观念、理想信仰、社会风尚、行为规范、制度体制于一体,包含对社会发展的基本理念和理想追求,也包括对社会发展的总体认知和评价,还包括对社会发展的实践取向和制度构建。它基本的价值取向是崇

---

① 张晓林:《和谐文化:与时俱进的先进文化》,《学习论坛》2007年第6期,第7页。

尚和追求和谐性。

　　"先进文化"与"和谐文化"既相互区别,又相互联系,辩证统一。先进文化是和谐社会的文化旗帜,和谐文化是和谐社会的思想基础,二者共同统一于构建社会主义和谐社会的实践中。正如胡锦涛指出的:"繁荣社会主义先进文化,建设和谐文化,为构建社会主义和谐社会作出贡献,是现阶段我国文化工作的主题。"[①]

　　社会主义先进文化,在对与错、善与恶、真与假、美与丑、是与非等一系列问题上,提供了正确的判断标准,指导人们形成与和谐社会相适应的正确的价值观念。它使人们明确自己享有的权利和应尽的义务,指导人们形成正确的社会角色意识,使个人利益与社会整体和国家的利益相结合,使自我价值的实现与社会和国家利益的发展相协调,从而形成强大的凝聚力和向心力[②]。先进文化具有和谐属性。

　　和谐文化,强调人类、社会、自然的共生与和谐,包含着协调发展、均衡发展的理念,蕴涵着科学发展的思想方法、思维方式和实践逻辑。和谐文化是先进文化的重要组成部分,也是文化和谐的精神纽带。和谐的观念、理想、精神,是人类进步的产物,也是人类历史上孜孜以求的。在这个意义上,可以说和谐文化就是先进文化。建设和谐文化,有利于核心价值体系和主流意识形态的发展壮大,在多元中立于主导,在多样中谋共识,减少思想冲突、增进社会认同,有效避免因认识差异引发的社会动荡;还有利于形成百花齐放、百家争鸣的生动局面,使先进文化得到发展,健康文化得到

　　① 《胡锦涛同志在第八次全国文代会、第七次全国作代会上的重要讲话》,《光明日报》2006年11月16日。
　　② 胡长贵:《先进文化与和谐文化的伦理际遇》,《中共长春市委党校学报》2007年8月,第84页。

支持,落后文化得到改造,腐朽文化得到抵制,使民族文化与外来文化、传统文化与现代文化、高雅文化与通俗文化在交流比较中互动融合、相互促进,使各种文化形式、文化门类、文化业态各展所长、共同发展。

先进文化是具有和谐属性的先进文化,和谐文化是具有先进性质的和谐文化。建设先进文化与和谐文化有着共同的价值取向:以适合社会发展的需要和人本身发展的需要为出发点,满足人民群众日益增强的精神文化需求;先进文化与和谐文化都是中国特色社会主义的文化,都是当前社会文化建设的努力方向和着力点;在精神价值上,两者都为和谐社会建设提供强有力的思想保证、精神动力和智力支持;在社会功能上,两者都对现代化建设和民族复兴的伟业起推动和促进作用。在当代中国,无论是先进文化还是和谐文化,都必须坚持以马克思主义为指导思想,坚持中国特色社会主义共同理想,坚持以爱国主义为核心的民族精神和以改革创新精神为核心的时代精神,坚持社会主义荣辱观为内容的社会主义核心价值体系。

二、为何建设和谐文化?

培育和建设和谐文化既是构建社会主义和谐社会的重要内容,也是培育和构建社会主义和谐社会的重要途径。

(一)建设和谐文化是在发展社会主义市场经济条件下推进的。一些人世界观、人生观、价值观扭曲,一些领域道德失范、诚信缺失、假冒伪劣盛行、黄赌毒泛滥,环境污染、生态失衡现象日趋严峻,拜金主义、享乐主义、极端个人主义和消极腐败现象滋生蔓延。这已经成为制约经济社会发展、影响和谐进步的突出问题。在当前社会转型、体制转轨、利益转换、社会阶层成员转化和社会经济成分、社会经济形式、组织形式、就业方式、分配方式日益多样化和人们思想多元、多样、多变的情况下,尤其需要通过培育和建设和谐文化来积极引导各种思潮,整合人民内部不同利益诉求,化解各种社会矛盾,提升和规范多样性,提炼出民族向心力和前进动力,在"和而不同"之上追求超越"不同"的"大同",追求众志成城,以抓住战略机遇战胜各种风险,妥善处理各种矛盾,全面振兴中华,建设和谐美好新生活。①

(二)和谐文化建设是在全球化迅速发展的背景下进行的。世界范围内各种思想文化的相互激荡也对人们的思想观念产生了强烈冲击。在此背景下,如何实现社会主义物质文明与社会主义精神文明建设协同发展? 如何在建立健全社会主义市场经济体制的过程中,形成有利于社会主义现代化建设的共同理想价值观念和道德规范,以此来有效防范腐朽思想的侵蚀? 如何在经济全球化和信息一体化时代弘扬中华民族的优秀传统文化? 如何抵御敌对势力的"西化"和"分化"阴谋? 这些都是我们面临的新问题。②要解决这些问题,我们就要从全局着眼,"没有新的全球文化,便没有新的全球秩序"。只有形成一种和平、和睦、和谐的人类文化,才能真正解决人类社会面临的共同问题。

(三)建设和谐文化是在网络化信息化时代背景下展开的。网络社会里各种思想观念、文化形态多元并存,各竞所长。多元文化的存在具有必然性和合理性。毛泽东同志曾指出:"事物的多

---

① 李子林:《培育和建设和谐文化》,《思想政治工作研究》2006 年第 12 期,第 9 页。

② 刘玉堂、刘保昌:《论社会主义和谐文化》,《政策》2007 年第 1 期,第 44页。

样性是世界的实况。马克思主义也是承认事物的多样性的。"①江泽民同志也指出："世界是丰富多彩的。各国文明的多样性,是人类社会的基本特征,也是人类文明进步的动力。应尊重各国的历史文化、社会制度和发展模式,承认世界多样性的现实。"②在多元文化的格局下,文化差异容易引发矛盾、摩擦、碰撞,如何使各种文化求同存异、取长补短、相得益彰,是一个十分棘手的问题,需要我们在和谐文化构建中探索解决。

三、如何建设和谐文化?

(一)遵循发展规律,建设和谐文化③

文化作为一种特殊的社会现象有其内在的规律性。在和谐文化建设中,我们要努力探索文化自身的本质特点和基本规律,遵循文化发展的客观规律,建设和培育和谐文化。

1. 遵循文化发展具有传承性的规律,大力弘扬优秀传统文化。以和谐为价值追求是中华传统文化的基本精神,为社会主义和谐文化建设提供了丰富的历史文化资源。我们今天的和谐文化,是源于中华民族五千年文明史的文化,本质上是中国传统和谐文化发展的现代形态。和谐文化是批判继承传统文化而又充分体现时代要求的文化,它反映了时代发展的主流和方向,体现了时代进步的要求,是优秀传统文化与时代精神的完美结合。

2. 遵循文化发展具有动态性的规律,坚持以文化创新为灵

---

① 《毛泽东文集》第6卷,人民出版社1999,第364页。
② 《江泽民文选》第3卷,人民出版社2006,第298页。
③ 张珺:《遵循发展规律建设和谐文化》,《政工研究动态》2006年第21期,第16页。

魂。和谐文化在不同时代、不同社会,具有不同的内涵与特征。和谐文化的时代性决定了和谐文化具有与时俱进的特点,它必须自觉地适应经济社会发展的客观要求不断进行创新,推动文化向更加和谐的阶段迈进。和谐文化创新最重要的是理论创新,要敏锐把握文化赖以生存的经济基础和社会生活的深刻变化,坚持文化理论和文化观念的与时俱进,不断推动理论创新,对关系全局的重大现实问题,要给予理论上的阐释和说明。

3. 遵循文化发展具有开放性的规律,兼容并蓄,既立足本国又面向世界。和谐文化是在与世界优秀文化的相互交融、相互激荡中发展壮大的,开放性是和谐文化的时代特征。在人类历史发展进程中,不同国家和民族都创造了独特的文化形态,对人类文明的多样性发展起到了重要的推动作用。世界范围内不同文化之间相互激荡、相互碰撞,可以使中华文化和世界优秀文明成果互相吸收、相互融合,使各国文化在"各美其美,美人之美,美美与共"中得到共同发展。

4. 遵循文化发展具有曲折性的规律,经受住各种艰难险阻的严峻考验。和谐文化的培育和发展是一个复杂而艰巨的历史过程,其间必然会交织着进步与落后、精华与糟粕、文明与腐朽的长期较量。当前,拜金主义、享乐主义、极端个人主义等错误思想,仍存在于一些人的观念之中;见利忘义、损公肥私、诚信缺失等丑恶现象,在社会上还有一定的市场;西方敌对势力也在企图用他们的价值观念销蚀和动摇我们的共同理想信念。我们必须充分认识建设和谐文化的艰巨性和复杂性,防止腐朽思想和丑恶现象的滋长蔓延,抵御西方敌对势力对我实行"西化""分化"的图谋,正视和及时解决文化发展中的问题,扎扎实实地推进和谐文化建设。

（二）加强公民道德建设,培育文明社会风尚

当前我国社会生活中,一些人世界观、人生观、价值观扭曲,一些领域道德失范、诚信缺失、假冒伪劣盛行、黄赌毒泛滥,环境污染、生态失衡现象日趋严峻,拜金主义、享乐主义、极端个人主义和消极腐败现象滋生蔓延。这已经成为制约经济社会发展、影响和谐进步的突出问题。建设和谐文化,就是要把加强公民道德建设、培育文明社会风尚作为一项基础工作,摆上重要位置,引导人们树立正确的道德观,培养良好的道德品质,营造文明和谐的社会环境,努力为和谐社会建设提供坚强的道德支撑。①

1. 紧紧抓住社会主义核心价值体系这个根本。社会主义核心价值体系是和谐文化的根本。当前,我们正处在一个思想大活跃、观念大碰撞、文化大交融的时期,社会意识多样、多变的特征日益明显,正确的与错误的、先进的与落后的、主流的与非主流的思想文化相互交织,巩固马克思主义指导地位、用一元化指导思想引领多样化社会思潮的任务十分艰巨。我们党总结先进文化建设的基本经验,提出要建设社会主义核心价值体系,进一步明确了建设和谐文化的性质和方向。

建设社会主义核心价值体系,是在我国经济体制深刻变革、社会结构深刻变动、利益格局深刻调整、思想观念深刻变化的新形势下,凝聚和统一社会各阶层、各利益群体思想的有力武器,是社会主义制度的精神之魂,是社会主义意识形态大厦的基石。没有社

---

① 翟卫华:《建设和谐文化促进社会和谐》,《理论视野》2007 年第 3 期,第 9 页。

会主义核心价值体系的引领和主导,和谐文化建设就会迷失方向、失去根本。在和谐文化建设中,抓住社会主义核心价值体系这个根本,才能形成全社会的和谐精神;才能形成全社会的良好道德风尚,形成全社会的和谐人际关系;才能营造全社会的和谐舆论氛围,塑造全社会的和谐心态。① 只有建设具有广泛感召力的社会主义核心价值体系,才能在尊重差异中扩大社会认同,形成全民族奋发向上的精神力量和团结和睦的精神纽带,打牢全党全国人民团结奋斗的思想基础。坚持社会主义核心价值体系在建设社会主义和谐文化中的指导地位,要求我们必须坚持马克思主义在思想意识形态中的指导地位,牢固树立建设中国特色社会主义的共同理想,弘扬以爱国主义为核心的民族精神和以改革创新为核心的时代精神,倡导爱国主义、集体主义、社会主义思想,倡导以"八荣八耻"为主要内容的社会主义荣辱观,引领社会主流意识朝着健康向上的方向发展,从而为建设社会主义和谐社会提供理论指导和智慧之源。

2. 牢固树立社会主义荣辱观。一个精神缺失、进退无据、无所依凭的社会不可能构成和谐;一个荣辱颠倒、是非混淆、美丑错位的社会无法实现和谐。树立社会主义荣辱观,才能形成维系社会和谐的精神纽带和道德风尚。因此,发展和谐文化,树立以"八荣八耻"为主要内容的社会主义荣辱观,必须倡导爱国、敬业、诚信、友善等道德规范,开展社会公德、职业道德、家庭美德和个人品德教育,加强青少年思想道德建设,在全社会形成知荣辱、讲正气、促和谐的风尚,形成男女平等、尊老爱幼、扶贫济困、礼让宽容的人

---

① 高凤妮、李寿国:《建设和谐文化是构建社会主义和谐社会的重要任务》,《理论导刊》2007 年第 6 期,第 36 页。

际关系;必须普及科学知识,弘扬科学精神,养成健康文明的生活方式;必须发扬艰苦奋斗精神,提倡勤俭节约,反对拜金主义、享乐主义、极端个人主义;必须弘扬我国传统文化中有利于社会和谐的内容,形成符合传统美德和时代精神的道德规范和行为规范;必须加强政务诚信、商务诚信、社会诚信、个人诚信建设,增强全社会诚实守信意识。

3. 坚持正确的思想舆论导向。和谐社会离不开和谐的舆论。舆论的和谐是社会和谐的重要条件,正确的思想舆论导向是促进社会和谐的重要因素。特别是随着信息传播技术的迅速发展,舆论的作用越来越大,已经成为影响国家生活、群众情绪和社会稳定的重要因素。正确引导社会舆论,积极营造倍加顾全大局、倍加珍视团结、倍加维护稳定的和谐舆论氛围,最大限度地增进干部群众的共识,对于构建社会主义和谐社会至关重要。营造和谐的舆论环境,最根本的是牢牢把握正确的舆论导向。舆论导向正确是党和人民之福,舆论导向错误是党和人民之祸。任何时候任何情况下,都要始终坚持团结稳定鼓劲,正面宣传为主,坚持正确的舆论导向。[①] 在经济社会深刻变革、思想文化日益多样的情况下,社会上出现一点杂音噪音难以避免,关键是要唱响主旋律,在全社会形成积极向上、生动和谐的主流舆论。只有坚持正确导向,始终坚持团结稳定鼓劲、正面宣传为主的方针,充分发挥各类媒体的优势,各展所长、形成合力,不断提高舆论引导水平,通过多种形式和手段的运用,把主题突出出来,才能使有利于国家富强、民族振兴、社会和谐、人民幸福的思想和精神成为时代最强音,才能为改革发展

---

① 徐贵相:《论构建社会主义和谐社会的文化根基》,《中共青岛市委党校青岛行政学院学报》2006 年第 5 期,第 10 页。

稳定营造良好的思想舆论氛围。

4. 努力形成人人促进社会和谐的良好社会风尚。文明道德风尚是社会主义优越性的重要体现,也是社会主义和谐社会的重要特征。一个社会是否和谐,一个国家能否长治久安,很大程度上取决于社会成员的思想道德素质。没有良好的道德规范,失去了共同遵循的行为准则,就无法有效提升人们的精神境界,协调不同利益主体的相互关系,也就无法实现社会的和谐。必须把加强公民道德建设作为构建和谐社会的基础工作,作为建设和谐文化的中心环节,在全社会倡导公民基本道德规范,提倡尊重人、理解人、关心人,热爱集体,热心公益,扶贫帮困,在全社会形成团结互助、平等友爱、共同前进的氛围,促进人与人之间的关系和谐、人与自然的关系和谐、人与社会之间的关系和谐,切实推进社会主义和谐社会的建设,不断提高全民族的思想道德水平和科学文化水平,增强自觉识别和抵御腐朽没落文化侵蚀的能力。

(三)加强文化创新培育和谐文化

建设社会主义和谐文化,重在坚持文化创新。文化创新是以知识更新和价值开拓为目标的精神创造活动,是推动社会进步和实现人类价值的重要实践方式。① 在文化领域里,创新也是文化的不同要素除旧布新、不断取得进展或突破的过程。文化创新不仅是原有文化内容的激活,更应是对固有文化模式或范式的革命性转型。这便要求任何一个民族在文化价值观念、文化知识体系、文化思维方式和文化体制创新中始终坚持时代性、整体性、系统性

---

① 张筱强、马奔腾:《文化创新:理论与实践》,《中共中央党校学报》2002 年第 4 期,第 84 页。

和前瞻性。

在经济全球化、文化多元化、世界多极化的今天，与全球化相伴随的文化竞争日益激烈，创新意识和创新能力在文化竞争中得到了前所未有的重视。文化产业的兴衰与否，能否在世界市场占据一席之地，创新的关键作用毋庸置疑。一个明显的例证，美国并不是一个历史悠久、文化积淀深厚的国度，但美国文化产品却能够从其他民族、国家的传统文化资源中汲取养分，不断推陈出新，创造出巨大的轰动效应，赢得市场和受众。人们在总结美国文化产业成功经验时，无不称道其创新精神及其成功的市场运作。中国有数千年文明史，并成为世界文明古国中唯一没有出现文明断裂的国家，文化得以连续发展、积累，底蕴丰厚①。中国几千年的文明史及其历史积淀，也是不可多得的文化资源，关键在于如何整合开发为文化产业，并充分利用文化产业化运作的方式，通过文化产业提供的具有民族特色的高品位、高质量和高科技含量的文化产品与服务，提升其文化力，并在全球竞争中彰显我国文化的精神价值。但中华传统文化中某些消极因素也导致传统观念与现代理念的冲突，阻碍了文化创新和文化产业的发展。在全球背景下，人类的一切优秀文化遗产和成果，以及不同群体、集团、民族和国家生存和发展过程中相互依存。人类社会各种社会制度、意识形态、文化价值长期共存多元发展。世界上任何一个民族的文化生命力、传承和可持续发展均有赖于其自身文化的创新、丰富和发展。亨廷顿在《文明的冲突与世界秩序的重建》一书中指出："有些国家领导人有时企图抛弃本国文化遗产，使自己国家的认同从一种文

---

①　林拓等：《世界文化产业发展前沿报告》，社会科学文献出版社2004年版，第9页。

明转向另一种文明,然而迄今为止,他们非但没有成功,反而使自己的国家成为精神分裂和无所适从的国家。"①为此,立足于民族精神和优秀文化传统的保护、培育、丰富和发展基础上的中国文化产业创新,必须直面全球化时代社会生活的剧烈转型和世界范围各种思想文化的碰撞、中国大众对文化意义追求的升华这一现实,坚持在中国现代化道路进程中发扬民族文化的优秀传统,在培育和弘扬民族精神中创新文化。

目前,中国的文化产业在国际上竞争力不强,其中固然有许多值得深入探究的原因,但关键因素之一是中国的文化产业创新能力比较差。此外,由于没有形成创新的氛围,中国的文化产业及其产品还存在着大量低水平重复,甚至粗制滥造等现象,文化资源尚未实现合理配置。因此,呼唤文化产业创新和增强自主创新能力已成为时代的诉求。当今世界各国尤其是发达国家文化产业的发展与创新,越来越具有与经济规模相应的影响力,并且开启着文化生成、传播和扩展的新时代,从根本上导致人类精神生产和文化形态的革命性变革。中国文化和文化产业创新应关注民族文化传统精髓。人们强调,当下文化产业的发展要超越传统,但前提是了解传统、弘扬传统。当我们提及批判继承时,一个迫切需要解决的问题是,还应着力普及、弘扬传统文化中的精髓和优良传统,对传统文化有更加精深的认识。② 文化创新是建构,但并不意味着建立在对传统文化彻底解构的基础上。离开本国优秀文化传统的文化创新,必将导致民族的精神分裂和无所适从。

---

① ［美］塞缪尔·亨廷顿著,周琪等译:《文明的冲突与世界秩序的重建》,新华出版社2002年版,第53页。

② 张旭东:《文化创新与文化产业创新相关问题论略》,《北方论丛》2007年第5期,第141页。

参 考 文 献

一、经典文献类

1.《马克思恩格斯选集》第1—4卷,北京:人民出版社1995年第2版。

2.《列宁选集》第1—4卷,北京:人民出版社1995年第3版。

3.《毛泽东选集》第1—4卷,北京:人民出版社1991年第2版。

4.《毛泽东著作选读》上、下册,北京:人民出版社1986年版。

5.《毛泽东文集》第6—8卷,北京:人民出版社1999年版。

6.《邓小平文选》第1—2卷,北京:人民出版社1994年第2版。

7.《邓小平文选》第3卷,北京:人民出版社1993年版。

8.《江泽民文选》第1—3卷,北京:人民出版社2002年版。

9. 中共中央文献研究室编:《三中全会以来重要文献选编》(上、下),北京:人民出版社1982年版。

10. 中共中央文献研究室编:《十二大以来重要文献选编》(上、中、下),北京:人民出版社1986年版。

11. 中共中央文献研究室编:《十三大以来重要文献选编》(上、中),北京:人民出版社1991年版。

12. 中共中央文献研究室编:《十三大以来重要文献选编》(下),北京:人民出版社1993年版。

13. 中共中央文献研究室编:《十四大以来重要文献选编》（上、中、下），北京:人民出版社 1996、1997、1999 年版。

14. 中共中央文献研究室编:《十五大以来重要文献选编》（上、中、下），北京:人民出版社 2000、2001、2003 年版。

15. 中共中央文献研究室编:《江泽民论社会主义精神文明建设》，北京:中央文献出版社 1999 年版。

16. 中共中央文献研究室编:《江泽民论有中国特色社会主义》（专题摘编），北京:中央文献出版社 2002 年版。

17. 中共中央文献研究室编:《建国以来重要文献选编》，北京:中央文献出版社 1992 年版。

18. 胡锦涛:《在"三个代表"重要思想研讨会上的讲话》，北京:人民出版社 2003 年版。

19.《中共中央关于加强党的执政能力建设的决定》，北京:人民出版社 2004 年版。

20. 胡锦涛:《提高构建社会主义和谐社会的能力》，北京:人民出版社 2005 年版。

21.《构建社会主义和谐社会学习读本》，北京:中共党史出版社 2005 年版。

22. 中央党校文史教研部:《中国共产党与中国先进文化》，北京:中央党校出版社 2002 年版。

23. 胡锦涛:《在省部级主要领导干部提高构建社会主义和谐社会能力专题研讨班上的讲话》，《人民日报》2005 年 6 月 27 日。

24. 胡锦涛:《牢固树立社会主义荣辱观》，《求是》2006 年第 9 期。

25.《中共中央关于构建社会主义和谐社会若干重大问题的决定》，《光明日报》2006 年 10 月 12 日第 1 版。

26. 胡锦涛:《高举中国特色社会主义伟大旗帜为夺取全面建设小康社会新胜利而奋斗——在中国共产党第十七次全国代表大会上的讲话》,《人民日报》2007 年 10 月 25 日。

二、史料

1. 薄一波:《若干重大决策与事件的回顾》,北京:中共中央党校出版社 1991 年版。

2. 胡绳主编:《中国共产党的七十年》,北京:中央党史出版社 1991 年版。

3. 肖连东等著:《求索中国:"文革"前十年史》,北京:红旗出版社 1999 年版。

4. 中央文明办编:《改革开放以来社会主义精神文明大事记》,沈阳:辽宁人民出版社 2001 年版。

5. 李维汉:《回忆与研究》,北京:中共党史资料出版社 1986 年版。

6. 逄先知:《回顾毛泽东关于和平演变的论述》,北京:中央文献出版社 1990 年版。

三、国外学者的著作

1. [德]奥斯瓦尔德·斯宾格勒:《西方的没落》,北京:商务印书馆 1993 年版。

2. [美]塞缪尔·亨廷顿:《文明的冲突与世界秩序的重建》,北京:新华出版社 2002 年版。

3. [德]哈拉尔德·米勒:《文明的共存——对塞缪尔·亨廷顿"文明的冲突论"的批判》,郦红、那滨译,北京:新华出版社 2002 年版。

4. ［美］塞缪尔·亨廷顿、彼得·伯杰主编:《全球化的文化动力》,北京:新华出版社 2004 年版。

5. ［美］塞缪尔·亨廷顿、劳伦斯·哈里森主编:《文化的重要作用——价值观如何影响人类进步》,北京:新华出版社 2002 年版。

6. ［德］马克斯·韦伯:《新教伦理与资本主义精神》,于晓等译,北京:三联书店 1987 年版。

7. ［英］汤因比:《历史研究》,曹未风等译,上海:上海人民出版社 1986 年版。

8. ［德］黑格尔:《历史哲学》,北京:三联书店 1956 年版。

9. ［德］黑格尔:《美学》,北京:商务印书馆 1982 年版。

10. ［德］施太格缪勒:《当代哲学主流》,北京:商务印书馆 1986 年版。

11. ［英］约翰·汤姆林森著,郭英剑译:《全球化与文化》,南京:南京大学出版社 2002 年版。

12. ［美］贝莱德·克鲁克洪:《文化与个人》,高佳等译,杭州:浙江人民出版社 1986 年版。

13. 摩尔根:《古代社会序言》,北京:商务印书馆 1983 年版。

14. ［英］马林诺夫斯基:《文化论》,弗孝通等译,北京:中国民间文艺出版社 1987 年版。

15. ［美］丹尼尔·贝尔:《后工业社会的来临》,北京:商务印书馆 1986 年版。

16. ［美］丹尼尔·贝尔:《资本主义文化矛盾》,北京:三联书店 1989 年版。

17. ［英］C. W. 沃特森:《多元文化主义》,长春:吉林人民出版社。

18. [德]赖因哈德劳特著,沈真等译:《陀思妥耶夫斯基哲学》,南宁:广西师范大学出版社 2005 年版。

19. [德]恩斯特·卡西尔:《人论》,上海译文出版社 1985年版。

20. [美]曼纽尔·卡斯特:《网络社会的崛起》,夏铸九等译,北京:社会科学文献出版社 2001 年版。

21. [美]菲利普·巴格比:《文化:历史的投影》,上海人民出版社 1987 年版。

22. [美]C.恩伯和 M.恩伯:《文化的变异》,沈阳:辽宁人民出版社 1998 年版。

23. [美]杜威:《自由与文化》,北京:商务印书馆 1964 年版。

24. [德]蓝德曼:《哲学人类学》,北京:工人出版社 1988年版。

25. [意]康帕内拉:《太阳城》,北京:商务印书馆 1982 年版。

26. [英]托马斯·莫尔:《乌托邦》,北京:商务印书馆 1982年版。

27. 王燕生等译:《圣西门选集》,北京:商务印书馆 1985年版。

28. 赵俊欣等译:《傅立叶选集》,北京:商务印书馆 1982年版。

29. 柯象峰等译:《欧文选集》,北京:商务印书馆 1979 年版。

30. [法]摩莱里:《自然法典》,北京:商务印书馆 1982 年版。

31. 费希特:《论学者的使命、人的使命》,北京:商务印书馆 1984 年版。

32. [德]鲁道夫·奥伊肯:《生活的意义与价值》,上海译文出版社 2005 年版。

33. 詹姆逊:《文化转向》,北京:中国社会科学出版社2000年版。

34. 本尼迪克特:《文化模式》,北京:三联书店1988年版。

35. 斯图亚特·霍尔:《文化研究:两种范式》,陶东风译,《文化研究》第1辑,2000年6月。

36. 安东尼·吉登斯:《现代性的后果》,田禾译,译林出版社2000年版。

37. 马歇尔·伯曼:《一切坚固的东西都烟消云散了——现代性体验》,北京:商务印书馆2003年版。

38. [英]戴维赫尔德等著:《全球大变革——全球化时代的政治、经济、与文化》,杨雪冬等译,北京:社会科学文献出版社2001年版。

39. L. J. 宾克莱:《理想的冲突——西方社会中变化着的价值观念》,北京:商务印书馆1983年版。

40. 欧文·拉兹洛:《多种文化的星球——联合国教科文组织国家专家小组的报告》引论,戴侃等译,北京:社会科学文献出版社2001年版。

41. [苏]弗·让·凯勒主编:《文化的本质与历程》,陈文江等译,杭州:浙江人民出版社1989年版。

42. [美]约翰·罗尔斯:《正义论》,何怀宏译,北京:中国社会科学出版社1988年版。

43. [德]卡尔·雅斯贝尔斯:《当代的精神处境》,黄藿译,生活·读书·新知三联书店。

44. [德]马尔库塞:《单向度的人》,北京:商务印书馆1983年版。

45. [德]马尔库塞:《现代文明与人的困境》,北京:商务印书馆 1983 年版。

46. [德]黑格尔:《小逻辑》,北京:商务印书馆 1980 年版。

47. [德]黑格尔:《逻辑学》,北京:商务印书馆 1980 年版。

48. [德]黑格尔:《精神哲学》,北京:商务印书馆 1981 年版。

49. [德]黑格尔:《精神现象学》,北京:商务印书馆 1981 年版。

50. [美]丹尼尔·贝尔:《后工业社会的来临》,北京:商务印书馆 1984 年版。

51. [英]达尔文:《人类的由来》,北京:商务印书馆 1983 年版。

52. [英]亚当·弗格森:《道德哲学原理》,上海:上海世纪出版集团 2003 年版。

53. [德]斐迪南·滕尼斯:《新时代的精神》,北京:北京大学出版社 2006 年版。

54. [法]弗朗索瓦·佩鲁:《新发展观》,北京:华夏出版社 1987 年版。

55. [美]L. 科塞:《社会冲突的功能》,北京:华夏出版社 1989 年版。

56. [美]彼得·德鲁克:《后资本主义社会》,上海:上海译文出版社 1998 年版。

57. [法]卢梭:《社会契约论》,何兆武译,北京:商务印书馆 1980 年版。

58. [法]卢梭:《爱弥儿》,北京:商务印书馆 1978 年版。

59. 亚里士多德:《政治学》,北京:商务印书馆 1965 年版。

60. [美]艾伦杜宁:《多少算够? ——消费社会与地球的未来》,毕韦译,长春:吉林人民出版社 1997 年版。

61. [荷兰]舒尔曼:《科技文明与人类未来》,北京:东方出版社 1995 年版。

62. [美]罗尔斯顿:《环境伦理学》,北京:中国社会科学出版社 2000 年版。

63. [德]汉斯萨克塞:《生态哲学》,北京:东方出版社 1991 年版。

64. [英]安东尼·吉登斯:《现代性与自我认同》,赵旭东、方文译,北京:三联书店 1998 年版。

65. [英]安东尼·吉登斯:《民族——国家与暴力》,赵力涛、胡宗泽译,三联书店 1998 年版。

66. [德]乌里希·贝克:《风险社会》,何博闻译,南京:译林出版社 2004 年版。

67. [美]马斯洛:《人的潜能和价值》,北京:华夏出版社 1987 年版。

68. [美]罗洛·梅:《人寻找自己》,冯川、阳刚译,贵阳:贵州人民出版社和 1991 年版。

69. [美]罗兰·罗伯森:《全球化——社会理论与全球文化》,梁光严译,上海:上海人民出版社 2000 年版。

70. [德]赖纳·特茨拉夫:《全球化压力下的世界文化》,吴志成、韦苏等译,南昌:江西人民出版社 2001 年版。

71. [美]阿尔文·托夫勒:《未来的冲击》,孟广均等译,北京:新华出版社 1996 年版。

72. [法]让·波德里亚:《消费社会》,刘成福译,南京:南京大学出版社 2001 年版。

73. [美]E. A. 罗斯:《社会控制》,北京:华夏出版社 1989 年版。

74. ［德］马克斯·韦伯:《儒教与道教》,南京:江苏人民出版社 1995 年版。

75. ［英］安东尼·吉登斯:《社会的构成》,北京:三联书店 1998 年版。

76. ［日］池田大作、［英］汤因比:《展望 21 世纪》,荀春生等译,北京:国际文化出版公司 1985 年版。

77. H. 杜卡斯、B. 霍夫曼:《爱因斯坦谈人生》,北京:世界知识出版社 1979 年版。

78. 理查德·保罗、琳达·埃尔德:《思考的力量》,上海:上海世纪出版集团 2006 年版。

79. ［德］迪特森·格哈斯著,张文武等译:《文明内部的冲突与世界秩序》,北京:新华出版社 2004 年版。

80. ［德］彼得科斯洛夫斯基著,毛怡红译:《后现代文化——技术发展的社会文化后果》,北京:中央编译出版社 2006 年 12 月版。

81. ［英］安吉拉·默克罗比著,田晓菲译:《后现代主义与大众文化》,北京:中央编译出版社 2006 年 12 月版。

82. ［美］赛义德:《后殖民主义文化理论》,陈永国等译,北京:中国社会科学出版社 1999 年版。

83. ［美］希尔斯:《论传统》,上海:上海人民出版社 1991 年版。

84. ［美］艾恺:《最后的儒家——梁漱溟与中国现代化的两难》,王宗昱、冀建中译,南京:江苏人民出版社 1996 年版。

85. 爱弥尔·涂尔干:《道德教育》,陈光金、沈杰、朱谐汉译,上海:上海人民出版社 2001 年版。

86. ［德］孙志文:《现代人的焦虑和希望》,北京:生活·读书·新知三联书店 1994 年版。

87. ［美］亚伯拉罕·马斯洛:《人类价值论》,石家庄:河北人民出版社 1988 年版。

88. ［古希腊］伯拉图:《理想国》,郭斌和,张竹明译,北京:商务印书馆,1986 年版。

89. ［古罗马］西塞罗:《论义务》,王焕生译,北京:中国政法大学出版社 1999 年版。

90. ［古罗马］奥古斯丁:《忏悔录》,周士良译,北京:商务印书馆,1963 年版。

91. ［法］孟德斯鸠:《论法的精神》(上、下),张雁深译,北京:商务印书馆,1961、1963 年版。

92. ［英］洛克:《政府论》(上、下),瞿菊农、叶启芳译,北京:商务印书馆,1982、1964 年版。

93. ［意］马基雅维利:《君主论》,潘汉典译,北京:商务印书馆,1985 年版。

94. ［南］米拉·马尔科维奇:《社会学》,徐坤明、夏士华译,北京:中国社会科学出版社 1997 年版。

95. ［意］安东尼奥·葛兰西:《狱中札记》,曹雷雨、姜丽、张铣译,北京:中国社会科学出版社 2000 年版。

96. ［美］詹姆斯·麦克莱伦:《教育哲学》,宋少云、陈平译,北京:生活·读书·新知三联书店 1988 年版。

97. ［美］杜威:《民主主义与教育》,王承绪译,北京:人民教育出版社 1990 年版。

98. ［德］雅斯贝尔斯:《什么是教育》,邹进译,北京:生活·读书·新知三联书店 1991 年版。

99. ［苏］苏霍姆林斯基:《育人三部曲》,毕淑芝、赵玮、唐其慈等译,北京:人民教育出版社 1998 年版。

100. [英]怀特海:《教育的目的》,徐汝舟译,北京:生活·读书·新知三联书店 2002 年版。

101. [俄]列夫·谢苗诺维奇·维果茨基:《教育心理学》,龚浩然译,杭州:浙江教育出版社 2003 年版。

102. [美]拉瑞·P.纳希:《道德领域中的教育》,刘春琼、解光夫译,哈尔滨:黑龙江人民出版社 2003 年版。

103. [美]尼克松:《1999:不战而胜》,王观声、郭健哉、徐亚男等译,北京:世界知识出版社 1989 年版。

104. [美]布热津斯基:《大失败——二十世纪共产主义的兴亡》,军事科学院外国军事研究部译,北京:军事科学出版社 1989 年版。

105. [美]约瑟夫·奈:《美国定能领导世界吗》,何小东、盖玉云译,北京:军事译文出版社 1992 年版。

106. [英]塞缪尔·斯迈尔斯:《品格的力量》,刘曙光、宋景堂译,北京:北京图书馆出版社 1999 年版。

107. [英]史蒂文森:《人性七论:基督教、弗洛伊德、洛伦茨、马克思、萨特、斯金纳和柏拉图论人性》,赵汇译,北京:国际文化出版公司,1988 年版。

108. [英]约翰·B.汤普森著:《意识形态与现代文化》,南京:译林出版社 2005 年版。

109. [英]汤林森:《文化帝国主义》,冯建三译,上海:上海人民出版社 1999 年版。

200. [英]塞西尔:《保守主义》,北京:商务印书馆,1986 年版。

201. [英]R.G.柯林武德:《历史的观念》,何兆武、张文杰译,北京：中国社会科学出版社 1986 年版。

202.［美］彼得·辛格：《实践伦理学》，北京：东方出版社 2005 年版。

四、国内学者的著作

梁漱溟：《中国文化要义》，上海：上海世纪出版集团 2005 年版。

梁漱溟：《东西文化及其哲学》，北京：商务印书馆 1999 年版。

钱穆：《中国文化史导论》，北京：商务印书馆 1994 年版。

陈序经：《中国文化的出路》，北京：中国人民大学出版社 2004 年版。

冯友兰：《中国哲学简史》，北京：北京大学出版社 1985 年版。

柳诒徵：《中国文化史》，上、下册，上海：上海古籍出版社 2001 年版。

李泽厚：《中国近代思想史论》，北京：人民出版社 1979 年版。

李泽厚：《中国现代思想史》，合肥：安徽文艺出版社 1994 年版。

张岱年、方克立：《中国文化概论》，北京：北京师范大学出版社 2004 年版。

10. 龚书铎主编：《中国近代文化概论》，北京：中华书局 2002 年版。

11. 衣俊卿：《现代化与文化阻滞力》，北京：人民出版社 2005 年版。

12. 孙美堂：《文化价值论》，昆明：云南人民出版社 2005 年版。

13.（美）孙隆基：《中国文化的深层结构》，南宁：广西师范大学出版社 2004 年版。

14. 李庆霞:《社会转型中的文化冲突》,哈尔滨:黑龙江人民出版社 2004 年版。

15. 范进、金华:《当代资本主义的文化》,福州:福建人民出版社 1996 年版。

16. 上海市邓小平理论研究中心编:《中国文化发展前沿问题研究》,上海:上海人民出版社 2002 年版。

17. 王勇:《二十一世纪中国文化前瞻》,济南:山东文艺出版社 1998 年版。

18. 邹广文:《社会发展的文化诉求》,石家庄:河北大学出版社 2004 年版。

19. 罗归国:《中国现代化若干重大理论问题》,北京:中共中央党校出版社 2004 年版。。

20. 李喜所主编,张静等著:《五千年中外文化交流史》第三卷,北京:世界知识出版社 2001 年版。

21. 张静:《郭嵩焘思想文化研究》,天津:南开大学出版社 2001 年版。

22. 刘景泉主编:《与时俱进开拓创新》,天津:南开大学出版社 2003 年版。

23. 武东生:《现代新儒家人生哲学研究》,沈阳:辽宁大学出版社 1994 年版。

24. 李毅:《中国马克思主义与现代新儒学》,沈阳:辽宁大学出版社 1994 年版。

25. 秦宣主编:《构建社会主义和谐社会专集》,北京:中国人民大学出版社 2005 年版。

26. 中共中央宣传部舆情信息局编:《论构建社会主义和谐社

会》,北京:学习出版社2005年版。

27. 赵继伦等著:《精神文明的时代审视》,北京:人民出版社2004年版。

28. 李君如主编:《社会主义和谐社会论》,北京:人民出版社2005年版。

29. 朱贻庭主编:《儒家文化与和谐社会》,南京:学林出版社2005年版。

30. 樊勇:《文化建设与全面小康》,北京:社会科学文献出版社2005年版。

31. 罗荣渠主编:《从"西化"到现代化》,北京:北京大学出版社1990年版。

32. 李士生:《中国传统文化散论》,北京:中国社会出版社2005年版。

33. 高晚欣、郑淑芬主编:《中国传统文化概论》,哈尔滨:哈尔滨工程大学出版社2002年版。

34. 李宗桂:《中国文化概论》,济南:中山大学出版社1988年版。

35. 李鹏程:《当代文化哲学沉思》,北京:人民出版社1994年版。

36. 冯天瑜、何晓明、周积明著:《中华文化史》,上海:上海人民出版社。

37. 费孝通:《乡土中国》,北京:生活·读书·新知三联书店1985年版。

38. 罗荣渠:《现代化新论》,北京:商务印书馆2002年版。

39. 郭广银等著:《伦理新论:中国市场经济体制下的道德建设》,北京:人民出版社2004年版。

40. 杨善民、韩锋:《文化哲学》,济南:山东大学出版社 2002 年版。

41. 刘敬鲁:《人社会文化——时代变革的思想之路》,北京:中国人民大学出版社 2002 年版。

42. 许明、花建主编:《文化发展论》,北京:北京大学出版社

43. 周晓阳、张多来:《现代文化哲学》,长沙:湖南大学出版社

44. 高宣扬:《当代社会理论》,北京:中国人民大学出版社 2005 年版。

45. 詹世友:《道德教化与经济技术时代》,南昌:江西人民出版社 2002 年版。

46. [美]成中英:《中国文化的现代化与世界化》,北京:中国和平出版社 1988 年版。

47. 曾小华:《文化·制度与社会变革》,北京:中国经济出版社 2004 年版。

48. 缪家福:《全球化与民族文化多样性》,北京:人民出版社 2005 年版。

49. 韦政通:《中国文化与现代生活》,北京:中国人民大学出版社 2005 年版。

50. 柴文华:《现代新儒家文化观研究》,北京:生活·读书·新知三联书店 2004 年版。

51. 赵行良:《中国文化的精神价值》,上海:上海古籍出版社 2003 年版。

52. 马广海:《文化人类学》,济南:山东大学出版社 2003 年版。

53. 唐君毅:《道德自我之建立》,南宁:广西师范大学出版社 2005 年版。

54. 郝登峰:《现代精神动力论》,广州:广东人民出版社2005年版。

55. 饶会林主编:《城市文化与文明研究》,北京:高等教育出版社2005年版。

56. 李凤鸣:《空想社会主义思想史》,上海:上海人民出版社1980年版。

57. 李伯淳主编:《中华文化与21世纪》,北京:中国言实出版社2003年版。

58. 贺麟:《文化与人生》,北京:商务印书馆1988年版。

59. 张岱年:《文化与价值》,北京:新华出版社2004年版。

60. 卿文光:《论黑格尔的中国文化观》,北京:社会科学文献出版社2005年版。

61. 张意:《文化与符号权力》,北京:中国社会科学出版社2005年版。

62. 杨威:《中国传统日常生活世界的文化透视》,北京:人民出版社2005年版。

63. 张庆熊:《自我、主体际性与文化交流》,上海:上海人民出版社1999年版。

64. 蔡俊生、陈荷清、韩林德:《文化论》,北京:人民出版社2003年版。

65. 司马云杰:《文化社会学》,济南:山东人民出版社1987年版。

66. 邹广文:《人类文化的流变与整合》,长春:吉林人民出版社1998年版。

67. 世界环境与发展委员会:《我们共同的未来》,长春:吉林人民出版社1997年版。

68. 方世南、范俊玉:《先进文化与小康社会》,苏州:苏州大学出版社 2003 年版。

69. 李德顺:《价值论》,北京:中国人民大学出版社 1987 年版。

70. 韩民青:《文化论》,南宁:广西人民出版社 1989 年版。

71. 魏则胜:《道德建设的文化机制研究》,广州:广东人民出版社 2005 年版。

72. 景中强:《马克思精神生产理论研究》,北京:中国社会科学出版社 2004 年版。

73. 龚群:《道德乌托邦的重构》,北京:商务印书馆 2005 年版。

74. 邹建平:《诚信论》,天津:天津人民出版社 2005 年版。

75. 许连纯、徐洪波:《中国现代化进程中的腐败问题研究》,郑州:河南人民出版社 2005 年版。

76. 项家祥、王正平主编:《小康社会与都市文化建设》,上海:上海三联书店 2004 年版。

77. 李瑜青等著:《人本思潮与中国文化》,北京:东方出版社 1998 年版。

78. 陈先达:《陈先达文集》(第四卷),北京:中国人民大学出版社 2006 年版。

79. 熊月之主编:《多元文化视野下的和谐社会》,上海:上海书店出版社 2006 年版。

80. 乔健等主编:《文化、族群与社会的反思》,北京大学出版社 2005 年版。

81. 唐君毅:《中国文化之精神价值》,南宁:广西师范大学出版社 2005 年版。

82. 刘长明主编:《和谐发展研究》,北京:社会科学文献出版社 2007 年版。

83. 赵凡主编:《哲学视野中的和谐生活》,北京:中国政法大学出版社 2006 年版。

84. 冷溶主编:《科学发展观与构建社会主义和谐社会》,北京:社会科学文献出版社 2007 年版。

85. 中国辩证唯物主义研究会编:《论和谐社会》,北京:中共中央党校出版社 2006 年版。

86. 徐华等著:《和谐社会和谐中国》,西安:西安交通大学出版社 2006 年版。

87. 方力主编:《构建社会主义和谐社会新探》,北京:人民出版社 2006 年版。

88. 周建明、胡鞍钢、王绍光主编:《和谐社会构建——欧洲的经验与中国的探索》,北京:清华大学出版社 2007 年版。

89. 吕建中、陈雪平:《和谐社会主义——通向共产主义的科学路径》,北京:经济科学出版社 2006 年版。

90. 薛德震:《以人为本构建和谐社会 20 论》,北京:人民出版社 2006 年版。

91. 黄德林主编:《公共关系与和谐社会构建》,北京:中国地质大学出版社 2006 年版。

92. 石印秀:《市场经济与人际关系》,哈尔滨:黑龙江人民出版社 1995 年版。

93. 费孝通:《论文化与文化自觉》,北京:群言出版社 2007 年版。

94. 张岱年:《文化论》,石家庄:河北教育出版社 1996 年版。

95. 卢风:《人类的家园——现代文化矛盾的哲学反思》,长沙：湖南大学出版社 1996 年版。

96. 魏英敏：《当代中国伦理与道德》，北京：昆仑出版社 2001 年版。

97. 胡伟希：《中国本土文化视野下的西方哲学》，北京：首都师范大学出版社 2002 年版。

98. 李德顺、孙伟平：《道德价值论》，昆明：云南人民出版社 2005 年版。

99. 冯友兰：《一种人生观》，北京：中国人民大学出版社 2005 年版。

100. 唐君毅：《文化意识与道德理性》，北京：中国社会科学出版社 2005 年版。

101. 韩震：《思考的痕迹——文化碰撞中的思想生成》，北京：北京师范大学出版社 2006 年版。

102. 陆扬、王毅：《文化研究导论》，上海：复旦大学出版社 2006 年版。

103. 周宪主编：《文化现代性精粹读本》，北京：中国人民大学出版社 2006 年版。

104. 朱希祥：《当代文化的哲学阐释》，上海：华东师范大学出版社 2006 年版。

105. 薛晓源、曹荣湘主编：《全球化与文化资本》，北京：社会科学文献出版社 2005 年版。

106. 张汝伦：《思考与批判》，上海：上海三联书店 1999 年版。

107. 洪晓楠：《文化哲学思潮简论》，上海：上海三联书店 2000 年版。

108. 李毅：《回顾与前瞻：20 世纪中国文化思潮与先进文化的发展》，天津：天津人民出版社 2004 年版。

109. 衣俊卿、尹树广、王国有等著:《20 世纪的文化批判》,北京:中央编译出版社 2003 年版。

110. 石元康:《从中国文化到现代性:典范转移?》,北京:生活·读书·新知三联书店 2000 年版。

111. 胡逢详:《社会变革与文化传统:中国近代文化保守主义思潮研究》,上海:上海人民出版社 2000 年版。

112. 邵汉明:《中国文化精神》,北京:商务印书馆 2000 年版。

113. 俞可平:《全球化悖论》,北京:中央编译出版社 1998 年版。

114. 许纪霖:《寻求意义——现代化变迁与文化批判》,上海:上海三联书店 1997 年版。

115. 丰子义:《现代化进程的矛盾与探求》,北京:北京出版社 1999 年版。

116. 方克立:《现代新儒学与中国现代化》,天津:天津人民出版社 1997 年版。

117. 方克立主编:《走向 21 世纪的中国文化》,太原:山西教育出版社 1999 年版。

118. 李毅:《中国马克思主义与当代文化保守主义思潮研究》,天津:天津社会科学院出版社 1998 年版。

119. 吴俊杰、张红等编著:《中国构建和谐社会问题报告》,北京:中国发展出版社 2005 年版。

五、英文著作类

1. Archer, M. S. *Culture and Agency : The Place of Culture in Social Theory*, Cambridge : Cambridge University Press.

2. Giddens, A. 1989, Sociology, London : Polity.

3. Bell, D. , *The Contradictions of Capitalism* (London: Heine-mann, 1979).

4. Giddens, A. , *The Consequences of Modernity* (Cambridge: Polity Press, 1992).

5. Macfarlane, A. , *The Culture of Capitalism* (Oxford: Black-well,1987).

6. MacIntyre, A. , *After Virtue* (London: Duckworth,1985).

7. Tester, K. , *Moral Culture* (London: Sage,1997).

8. Clifford Geertz, *The Interpretation of Cultures*. New York, Basic Books, Inc. , Publishers, New York, 1973.

9. L. Kohlberg & E. Turiel, Moral Development and Moral Edu-cation. In Lesser, S. G. (Ed.), Psychology and Education practice, 1971.

10. Orit Ichilov. *Political socialization, citizenship education, and democracy*. New York: Teachers Colllege Press,1990.

11. J. Edward power, *Philosophy of Education*, Prentice-Hall, Inc. ,1982.

12. L. J. Brinkley, *Conflict of Ideals Changing Values in Western Society*. New York, 1969.

致　　谢

　　文化研究何其广阔深邃;我亦自知,以我浅陋微薄之学力,实难担当"和谐文化建设研究"的时代使命。然而文化内蕴的人文魅力和高尚精神,更有导师张静教授的热情勉励和悉心指导,使我终敢知难而进,选择了从事文化研究的探索之路。一路走来,深深感悟:文化探索的学术历程也是探索者个人精神境界和人格灵魂升华的心路历程;纸上有形无声的文字背后,蕴藏的是无形有声的思想力量。故,无论艰难或苦痛,不论成功或失败,我都无悔作出文化研究的选择。

　　我荣幸自己能够在周恩来总理的母校、有着深厚文化底蕴的"北辰学府"——南开大学深造和研习,更庆幸能够师从兼睿智美德于一身的张静教授从事文化研究。本篇论文从选题到框架结构的设计以及写作的全过程,都得到了张老师的悉心指导和勉励支持。张老师忘我的敬业精神和高尚的道德人格令我感佩,这也成为我勉力如期完成论文的巨大精神动力。在此谨向恩师表达最衷心的感谢!

　　本篇论文的完成还受益于很多老师的指导和帮助。首先是论文指导小组的刘景泉老师、李毅老师、武东生老师、赵铁锁老师,几位老师在论文开题时提出的建设性意见和建议,对我的研究思路有很大启发。刘景泉老师还经常传授给我们治学经验和研究方法,勉励鞭策我们只争朝夕、勤奋进取。在南开的学习生活中,还有幸聆听了王元明老师、邵云瑞老师、杨永志老师以及 Donnald Bird 等老师的课程，收获良多，受益匪浅，谨向他们表示由衷的感谢。

光阴荏苒，三年南开园的求学生活即将结束。然而，张静老师以及其他各位导师的学术人品将会与美丽的南开园一起，深刻久远地镌刻在我心中。老师们的人格楷模和学术造诣亦将令我受益终身。老师们务实求真的治学精神和正直坦荡的胸襟气魄，更是我治学做人的灯塔和标杆。

博士生活紧张忙碌，却又充实愉快，因为有了诸位同窗学友的相互关心和勉励。在此，真诚感谢同学刘会新、李彦昭、其木格、冉文伟等几位博士以及室友卞建华、张雪平博士。几年的学习生活我们一起走过，各种甘苦我们一起分享，这份珍贵的同学情谊让校园生活更美好。

感谢我的家人，他们给予我的精神上的慰藉和生活上的支持，使我能够集中精力和时间，潜心于论文写作。尤其让我感动的是我的先生陶伦康博士。在我读博期间，他自己也在西南政法大学攻读博士学位，同时还继续承担着学校的教学科研工作。此间，他不仅承担起了全部的家务和辅导教育孩子，在精神上，他也一直是给我希望、带我飞翔的"隐形的翅膀"。儿子陶兴哲也以他优异的成绩和健全的身心成长，保障我能够安心在学校像他一样做个快乐的学生。浓浓的亲情是最珍贵的人生财富，家人的关爱是我永久的力量源泉！

借此机会，我还要对支持和关心我学习的云南师范大学的老师们表示感谢。

本书的完成是建立在众多国内外学者的研究成果基础上的，谨向他们表达诚挚谢意。

　　本书虽已草成，我亦勉尽其力，但囿于本人学养的不足，疏漏、错讹之处在所难免，敬请各位专家学者、老师同学批评赐教！

鄢 本 凤

2008 年 3 月 22 日于南开大学

责任编辑:孙　牧　陈鹏鸣
封面设计:徐　晖
责任校对:邱丽娜

图书在版编目(CIP)数据

社会主义和谐文化建设研究/鄢本凤 著.
-北京:人民出版社,2010.1
ISBN 978－7－01－008599－9

Ⅰ.社… Ⅱ.鄢… Ⅲ.社会主义-文化事业-建设-研究-中国
　Ⅳ.G12

中国版本图书馆 CIP 数据核字(2009)第 243940 号

社会主义和谐文化建设研究

SHEHUI ZHUYI HEXIE WENHUA JIANSHE YANJIU

鄢本凤　著

人民出版社 出版发行
(100706　北京朝阳门内大街 166 号)

北京市文林印务有限公司印刷　新华书店经销

2010 年 1 月第 1 版　2010 年 1 月北京第 1 次印刷
开本:880 毫米×1230 毫米 1/32　印张:12.75
字数:300 千字

ISBN 978－7－01－008599－9　定价:28.00 元

邮购地址 100706　北京朝阳门内大街 166 号
人民东方图书销售中心　电话 (010)65250042　65289539